周蓓 主編

『民國專題史』叢書

劉繼宣 束世澂 著

河南人民出版社

中華民族拓殖南洋史

叙述中國與南洋的歷史關系以及南洋華僑的狀況，包括人口、教育、政治、經濟及華僑在當地的貢獻等

圖書在版編目(CIP)數據

中華民族拓殖南洋史 / 劉繼宣，束世澂著．—鄭州：
河南人民出版社，2016．4(2017．1重印)
(民國專題史叢書 / 周蓓主編)
ISBN 978-7-215-10096-1

Ⅰ．①中… Ⅱ．①劉… ②束… Ⅲ．①國際關係史-中國、東南亞②華僑狀況-東南亞-現代 Ⅳ．①D829．33②D693．73

中國版本圖書館CIP數據核字(2016)第080725號

河南人民出版社出版發行
(地址：鄭州市經五路66號　郵政編碼：450002　電話：65788063)
新華書店經銷　　河南新華印刷集團有限公司印刷
開本 710毫米×1000毫米　1/16　印張 23．75
字數 340千字
2016年4月第1版　　2017年1月第3次印刷

定價：152．00圓

出版前言

中國現代學術體系是在晚清西學東漸的大潮中逐步形成的。至民國初建，中央政治權威進一步分散和削弱，加之新文化運動帶給國人思想上的空前解放，新學的啓蒙，新知識分子的産生，民國學術如草長鶯飛，進入一個自由而蓬勃的時代。中國傳統學科乃中國學術之根基與菁華所在，民國學人采用『取今復古，别立新宗』之方法，引入西方的學術觀念，積極改造，使史學、文學等學科向現代學術方向轉型。此外，大力推介西方社會科學的新學科和自然科學，在學習、借鑒乃至移植西方現代學術話語和研究範式的過程中，逐漸建立中國現代學科，使中國的學科門類迅速擴展。一時間，新舊更迭，中西交流，百花齊放，萬壑争流，開創了中國現代學術的源頭。

伴隨知識轉型和研究範式轉换而來的，還有學術著作撰寫方式的創新。中國古代的著作向來以單篇流傳，經後人整理匯編後，方以成册成集的面目出現并持續傳播。直到十九世紀末，東西方的歷史編撰體裁不外乎多卷本的編年體、紀傳體和紀事本末體等，章節體的出現標志着近代西方學術規範的産生和新史學的興起。章節體具有依時間順序，按章節編排；因事立題，分篇綜論；既分門别類，又綜合通貫的特點。以章、節搭建起論述之框架，結構分明，邏輯清晰，較傳統的撰寫體裁容量大、系統性强。它的傳入，使中國現代學術體系從内容到形式被納入了全球化的軌道。民國時期專題史的研究、譯介、編纂、出版恰恰是在這樣的背景下欣欣而發，是學術的實驗場，也是歷史的記録儀。編選『民國專題史』叢書的初衷正是爲了從一個側面展示中國學術從傳統向現代過渡的歷史進程。

專題史是對一個學科歷史的總結，是學科入門的必備和學科研究的基礎，也是對一個時代艱深新鋭問題的解答，是學術研究的高點。民國專題史著作中，既包含通論某一學科全部或一時代（區域、國别）的變化過程的，又囊括對一時代或一問題作特殊研究的，還有少部分是對某一專題的史料進行收集的。原創與翻譯并重，翻譯的底本大多選擇該學科的代表著作或歐美大學普及教本，兼顧權威性和流行性，其中日本學者的論著占據了相當比重。日本與中國同屬東亞儒家文化圈，他們在接納西方學術思想和研究模式時，已作了某種消化與調適，從思維轉換的角度看，更便于中國借鑒和利用，他們的著作因而被時人廣泛引進。

與當代學術研究日趨專業化、專門化、專家化的『窄化』道路迥乎不同的是，中國傳統學術崇尚『學問主通不主專，貴通人不尚專家』的通識型治學門徑，處于過渡轉型期的民國學術在不同程度上保留了這種特徵。民國學術大師諸學科貫通一脉、上千年縱横捭闔之功力自不待冗言，外交家著倫理政治史、文學家著哲學史、化學家著戰争史等亦不乏其人，民國專題史研究呈現出開放、融通、跨界撰述的特點。與此同時必須看到，自晚清以來，中國的命運就在外侮屢犯、內亂頻仍的窘境中跌宕彷徨，民族存亡仿若命懸一綫。這股以創建學科、總結經驗、解决問題爲指歸的專題史出版風潮背後，包裹着民國學人企望以西學爲工具拯民族于衰微的探索精神，及以學術救亡的愛國之心。梁任公曾言：『史學者，學問之最博大而最切要者也，國民之明鏡也，愛國心之源泉也。』這種位卑未敢忘憂國的歷史使命感和國民意識是今人無法漠視和遺忘的。

『民國專題史』叢書收録的範圍包括現代各個學科，不僅限于人文社會科學，學科分類以《民國總書目》的分科爲標準，計有哲學、宗教、社會、政治、法律、軍事、經濟、文化、藝術、教育、語言文字、中國文學、外國文學、中國歷史、西方史、自然科學、醫學、工業、交通共19個學科門類。本叢書分輯整理出版，內不分科，單本發行，方便讀者按需索驥。既可作爲大專院校圖書館、學術研究機構館藏之必備資源，也可滿足個人研讀或興趣之收藏。

與目前市場已有的一些專題史叢書相比，『民國專題史』叢書具有規模大、學科全、選本精、原版影印的特點。本叢書選目首重作者的首創、權威和著作影響力，尤其注重選本的稀見性。所謂稀見，即建國後没有再版，且多數圖書館没有收藏，或即便有收藏，也是歸于非公開的珍本之列予以保存，普通讀者難以借閱。部分圖書雖有電子版，但作爲學術研究的經典原著讀本，紙質版本更利于記憶和研究之用。本叢書精揀版本最早、品相最佳的原版圖書作爲底本，因而還具有很高的版本收藏價值。

『民國專題史』的著作是民國學者對于那個時代諸問題之探究，往往有獨到之處，無論其資料、觀點短長得失如何，要之在中國現代學術史的構建與發展進程中，自有其開宗立論之地位。

目次

中華民族拓殖南洋史引用書目

鄭民菲律賓
任壽華南洋通志
薛福成庸盦筆記
漢書地理志
Swettenham: British Malaya
朱鏡宙南洋羣島英屬之部
張其昀外國地理
長永正義國弱民强之支邦
文獻通考
梁書諸夷傳

法顯佛國記

羽溪了諦西域之佛教

宋書夷蠻傳

明史外國傳

萬震南州異物志（向達輯本）

康泰吳時外國傳（向達輯本）

康泰扶南傳（向達輯本）

北史婆利傳

南史

隋書南蠻傳

丁謙佛國記考證

丁謙各史外國傳考證

隋書四夷傳

武堉幹中國國際貿易史

新唐書

舊唐書南蠻傳

樊綽蠻書

宋史外國傳

義淨南海寄歸內法傳

賈耽記邊

杜環經行記

義淨大唐西域求法高僧傳

宋高僧傳

顏斯踪南洋蠡測

桂海虞衡志

大唐西域記

李肇國史補

玄應一切經音義

馬哥孛羅游記

Mas'udi: Les Prairies d'or（馬素提黄金牧地）

元典章

桑原隲藏蒲壽庚考

藤田豐八島夷志略校注

趙汝括諸蕃志（Hirth 等譯註）

事林廣記

周去非嶺外代答

宋會要
宋史禮志
鄭和海圖
元史高興傳
元史史弼傳
馬歡瀛涯勝覽（紀錄彙編本寶顏堂秘笈本）
汪大淵島夷志略（沈曾植廣證）
周致中異域志
每月統計傳
續文獻通考
元史世祖本紀
元史亦黑迷失傳

元史外國傳

角田政治外國地理集成

元史食貨志

明史鄭和傳

梁啓超飲冰室文集

明史成祖本紀

張燮東西洋考

黃省曾西洋朝貢典錄

廣東通志

黃衷海語

費信星槎勝覽（天一閣本古今說海本）

陳仁錫皇明世法錄

馮承鈞譯蘇門答臘古國考

艾儒略職方外紀

明詩綜

張讓三東南海島圖經

李長傅南洋華僑史

薄海蕃域錄

柏林高德（Baring Gould）沙勞越史

溫雄飛南洋華僑通史

張相時華僑中心之南洋

明通鑑

明一統志

徐學聚國朝典彙（明刊本）

名山藏

明會典

象胥錄

徐繼畬瀛環志略

廈門志

清通考

Beal: Buddhist Records of the Western World

Winstedt: British Malaya

Barrows: History of the Philippines

Portuguese Timor. by H. M. Stationery Office

Java and Maduw. „ „ „ „ „

Java Past and Present by Campell

Sumatra. by H. M. Stationery Office

Dutch Borneo. by M. H. Stationery Office

Dutch New Guinea and the Molucca Islands. by H. M. Stationery Office

British New Guinea. and the Molucca Islands.

Celebes. by H. M. Stationery Office

Dutch Timor and the Lesser Sunda Islands.

檳榔嶼開闢史（王日華顧因明合譯）

Foreman: The Philipine Islands.

華僑志 MacNair: The Chinese Abroad.

清季外交史料

海澄縣志

Fernandeg: A Brief History of the Philipine Islands.

John Crowfurd: History of Indian Archipelago.

宋旺相新加坡華僑百年史 One Hundred years of the Chinese in Singapore.

Mills: British Malaya.

Compell: Chinese Coolie Emigration.

王大海海島逸志

胡炳熊南洋華僑殖民偉人傳（陳宗山校訂本）

謝清高海錄

Chinese Migration. by Ta Chen

余闓幣羅芳傳

傅紹曾南洋見聞錄

田中萃一東邦近世史

梁紹文南洋旅行漫記

黃強 馬來鴻雪錄

新嘉坡指南

江亢虎 南遊回想記

小呂宋中西學校三十周年紀念刊

尚木 荷蘭領東印度史

黃澤蒼 荷屬馬來西亞

南洋研究一至四卷

菲律賓研究

Handbook of the Netherlands East-Indies (1930)

黃澤蒼 馬來亞

時事年鑑(1933)(1934)

Statesmen Year Book (1933)

新嘉坡中華總商會特刊

昭和年鑑(1933)

鮑曼戰後新世界

天聲日報十週紀念刊

僑委會華僑快覽

外交公報

華僑旬刊

華僑半月刊

華僑週報

華僑月報

李長傅南洋華僑概況

長風

錢鶴南洋華僑學校之調查及統計

劉士木南洋各屬學校注册條例

長野郎華僑

陳以益爪哇鴻爪

南洋情報

王闢塵各國虐待華僑苛例輯要

吳承洛菲律賓工商考察記

時事月報

申報

時事新報

劉士木錢鶴李則綱合輯華僑教育論文集

南洋華僑教育會議報告

燕京學報
清史稿
中樞政考
福建新通志
永春縣志
立法專刊
呂調陽東南洋鍼路
陳銘樞海南島志
海關貿易統計月報
南海縣志
申報年鑑
工商半月刊

中華民族拓殖南洋史

導言

中華民族，足跡遍五洲，海水到處，殆無不有中國人。其生息于國外者，數逾千萬，聚之足以成國，可謂盛矣！此千萬人，非由政府有殖民政策以主持其移殖也，又非有社會之戮力協助以鼓勵之也，其冒百死，涉重洋，爲祖國爭輝，一反安土重遷之習，詎非吾族之豪俊者乎？

此千萬人日與他族周旋，曉然于利害，其愛國心蓋較國內人士爲尤切。歷屆革命，每得海外僑胞經濟之援助，動輒數十百萬，間所從來，十九皆出自平民也。彼等既於每次舉義，供其血汗，以濟革命之用，及事敗，黨人亡命海外，又必竭誠供應，俾無失所。國人但見其集款之易，不知吾僑愛國之篤，恆有月入十元而捐二三十元者；芙蓉譚德棟至傾其店中之所值五千元以供廣州之起義；安南堤岸黃景南傾其一生之積蓄數千元以充軍需，若此者甚衆。蓋每遇革命之所需，吾僑恆不惜傾家蕩產以赴之，其愛國之誠，可以動天地泣鬼神矣！（參陳宗山南洋華僑于革命中之努力）

吾僑不僅爲經濟之協助已也，其奔走革命擲頭顱者，不知凡幾；黃花岡一役，勒名豐碑者，華僑得九人焉，其他可以概見。故孫中山先生嘗慨然曰：「華僑者革命之母也！」偉哉言乎！

華僑又不僅有造于革命已也。我國向爲入超國，其入超額乃至每年達三萬萬兩以上，民窮財盡，固其宜也。所恃以爲入超之抵補者無他，惟在華僑之匯款。計華僑每年匯款向國總數在一萬萬兩以上，其關係于我國金融者至鉅。使中國無華僑之挹注，其經濟之破產，蓋猶不知何若也！

華僑之關係國運如此，乃治本國史者，率鮮道及，寧非憾事？愚等竊不自量，欲爲華僑史以彌我國史家之缺，顧以材料難于搜集，尚無所就。竊以爲華僑千萬半在南洋，而中國與南洋之交通，又較他域爲早；則我族拓殖南洋之歷史，蓋尤爲華僑史之大宗，所當先行研究者也。

南洋與中國之交通，中西學者，或遠溯於周秦之上，如：

菲律賓大學歷史教授克來云：「西歷紀元前，當中國周秦時，菲人已與中國人來往。菲之政府，且屢致貢于中國。中國以天朝自居，亦賞以爵位及珍物，此政治上之關係也。中國商人，常至菲島貿易綢米等物，歷三月至五月而返，此商業上之關係也。」克氏并舉明證多端：「一曰血統有關；二曰風俗禮節相髣髴；三曰農具相同；四曰宗教儀式亦與中國相同。可見菲律賓與中國最早已有關係云。」（鄭民菲律賓）

考古家溫斯癸博士於一九三三年七月間在南洋檳城演講古打及威斯省之古史，謂據彼發現之結果，當耶穌紀元前四千年前，暹羅人之祖宗，係住在上海與廣州；而馬來人之祖宗，則居于中國南部，巴布亞人種則繁殖于華南各省，及印度支那之北部。彼時純正之中國人，係在黃河流域出沒。該種人最喜子孫，遂日就繁殖，將緊隣之暹羅、馬來、巴布亞各種人驅迫南下。因此暹羅人爲自家地位計，更迫馬來人南下；而馬來人則驅逐巴布亞人南下云。（詳華僑半月刊第二十九期）

任壽華南洋通志謂：「南洋志略序文注中，言鯀妻生士敬，士敬生子曰炎融，驩頭人面鳥喙，有翼，食海中魚，杖翼而行，國于南海，爪亞（爪哇）演劇，古事皆人面而鳥喙，兩手長及地，杖而行，亦略能飛。華史古帝王蛇身牛首，人類之始，不謂無因。又證以爪人黑髮黃面，帷裳蓬戶，席地手食，刈禾載重諸俗，皆中華三代之制，爲鯀之後，亦信史也。」

拉克伯里支那太古文明西原論謂：「當周威烈王時，東西貿易，操於印人之手。印人大都由馬六甲海峽經蘇門答臘及爪哇之南以來中國。」（見羽溪了諦西域之佛教）

凡此諸說，皆尚有待於證實。薛福成庸盦筆記卷四，載一異說，略謂：

一定海某茂才，爲粤寇所擄，逃出後，改業爲賈，嘗賃船之新加坡，遭風飄至爪華島。（爪哇）流寓五年，然後得歸。嘗言爪華南境，有劉莊者，其民皆劉氏，約數千家，聚族而居，蓋前漢惠帝之苗裔也。……

適劉氏重修宗譜，屬茂才爲之序。茂才閱其首卷載劉氏入島顛末，其事甚奇。……其譜曰：……呂太后病篤，以將相大權付呂產呂祿。太后崩，……諸大臣攻殺產祿，遂滅呂氏。當是時，惠帝尚有四子，少帝年已十五，其三弟皆王。少帝後宮生一子，甫三月。張皇后居長樂宮，忽聞金鼓喧擾之聲，語其侍女曰：太后結怨于人深矣！今大臣既滅諸呂，並滅惠帝之嗣，吾孫生甫三月，外間尚不知，可亟馳至未央宮取之。須臾取帝子以來，藏之密室。諸大臣果誣少帝及諸王爲呂氏，以車一乘載少帝出宮，遂與諸王皆被殺。遷張皇后于北宮。后既入北宮，攜兒同行，躬自哺之。以重金許宦者，乘夜抱兒出宮，徑逃南宮俠張僾之家，僾乃后之弟也。收兒密養之。稍稍成立，適南粵使者入貢於漢，張僾夜見使者，俾扶兒入南粵。南粵王趙佗詢知爲惠帝長孫，官以列卿，封之南海蠻夷中地方四百里。後傳數十世，失其故地，遂爲編戶。然族姓蕃衍，雖輾轉遷徙，而二千年宗譜秩然可稽。其家祠所藏有三寶：一曰漢玉小璽，……一曰古銅鏡，……一曰玉如意，……皆張皇后授之帝子，遂永爲傳世之寶。劉氏祠宇宏敞，前祀帝子爲始祖，後祀惠帝及張皇后，塑像皆極精緻云。……」

此說雖恢詭可喜，然實無徵。今所信者，西漢武帝時，海南諸國確已與中國交通，見於漢書地理志。自彼迄今，已歷二千年。此二千年中，南洋諸邦，固曾隸屬中國，敬服中國，我國僑民固曾移殖彼土，開闢彼土，經營彼土，雄長彼土，而所謂南洋者，實中國之南洋也。今也其土地人民既爲白人攫而有之，而數百萬吾國僑胞亦日在强權壓迫之下，人爲刀俎，我爲魚肉，此有心人所爲痛心，而述往事思來者此編之作不容已也！

西力之及南洋，始自明季，明季實爲南僑史一大分野。自此以前，爲中國民族開拓南洋時期，自此以後，爲列强瓜分南洋時期也。

對南洋覆被大地之參天古木施最初之一斧者，中國人也；於猛虎怒號中，關橡樹園，開馬來之錫鑛者，中國人也；瘧疾發源地之邦加，勿里洞兩島，開發之者，中國人也；爪哇之糖與茶，蘇門答臘之煙葉，珈琲，煤炭，婆羅洲之椰子，名震寰宇，其所由產生之勞力，中國人也。吾族自明季以來，迄未停止其開闢南荒之偉業也，所異者主客之勢耳！砂勞越前王查爾斯布羅克（Charles Brooke）賛之曰，「使南洋而無華僑，吾人將一無所能。」英前總督瑞天威贊之曰，「馬來半島之有今日，皆華僑勞力之所賜。」(Swetterham: British Malaya) 嗚呼！吾族擲無數性命於此，固僅換得一聲贊許耶？

所謂南洋者，通常指英屬馬來半島及北婆羅洲，荷屬東印度羣島，美屬菲律賓而言。所謂狹義之南洋也。而廣義之南洋，則併包括安南、暹羅、緬甸在內。此書之範圍，以通常所謂南洋爲限，因安南、暹羅、緬甸，舊隸吾國土宇，國人知之較悉，且其史蹟甚繁，亦非短篇所能盡也。

在此書未敘史事之前，謹先略述南洋之地理環境，俾覽者得一線索：

(一)菲律賓羣島　菲律賓(Philippin) 大小島嶼凡七千，而以呂宋島(Luzon)爲最重要，其分五羣。由東經百十六度四十分至百二十六度三十四分，北緯四度四十分至二十一度十分，全在熱帶中。

1. 呂宋羣島　在菲島北部，以呂宋島爲主。外有民都洛(Mindoro) 馬斯描地 (Masbate) 等

2.米塞亞羣島(Visaya)　以三描(Samar)爲主，外有班乃(Banay)宿務(Cebu)里御洛示(Negros)等。在菲中部。

3.棉蘭老羣島(Mindanao)　以棉蘭老爲主。在菲南。

4.巴撈溫羣島(Paragua)　以巴撈溫爲主。在菲西。

5.蘇祿列島(Sulu)　以蘇祿爲主，在菲島南端。

菲律賓首府曰馬尼剌，(Manila)呂宋西岸之良港也。

(二)香料羣島(Spice Is.)一名摩鹿加羣島(Moluccas)　在西里伯島東，面積四十五萬七千方公里。地分簡邦底(Terate)及安汶(Amboina)二部。

(三)小巽他羣島 (Lesser Sunda Is.) 在爪哇東，包帝汶島，(一作底勿)(Timor)峇厘島(Bali)龍目島(Lombok)巡峇哇島(Sumbawa)巡峇島(Sumba)佛里嶼(Flares)等。

(四)大巽他羣島(Greater Sunda Is.)又分四部：

1.爪哇(Java)　長二千餘里，其地無距海五十里以上者，全島五分之三爲農田。巴達維亞

(Batavia) 泗水(Saerabaya) 及三寶壠(Samarang) 爲全島三大都市。巴城爲爪哇首都，與新加坡及馬尼剌爲南洋三大中心。

2.蘇門答臘(Sumatra) 面積大于爪哇三倍，而人口稀少。棉蘭(Medam) 爲其東岸洲首府，去新加坡極近。西岸之巴東(Padang) 東岸之巴鄰旁(Palambang) (卽巨港) 東南岸之邦加(Banka) 勿里洞(Billiton) 皆爲其著名產業地。

3.婆羅洲 (Borneo) 爲世界第三大島，面積與中國四川省埒，在蘇門答臘東。今南部屬荷，以坤甸(Pontianak) 馬辰 (Banjermassin) 爲政治中心。北部屬英，以山打根 (Sandakan) 爲中心。

4.西里伯島 (Celebes) 在婆羅洲東，由狹長之四島組成。面積六萬九千餘方里，地勢高燥，多火山。島之西南部有望加錫港 (Makassar) 華人稱爲錫江，少風波，稱爲新加坡第二。

(五)新幾內亞(New Guinea) 一名巴布亞。(Pabera) 此島之列入南洋，乃因政治關係，(北部屬荷) 實當處于澳洲。此島爲世界第二大島，其地森林極盛，不宜人居，土人尙有蠻風。

(六)馬來半島現歸英領，分三部：

1.海峽殖民地 (Strait Settlement) 直隸于英皇，又分三區，華人稱為三洲府。

(甲)新加坡 (Singapore) 椰子島，(Cocos Is.) 聖誕島 (Christmas Is.) 納閩島 (Labuan Is.)等屬之。

(乙)馬六甲 (Malacca) 介于新加坡與檳榔嶼之間，百年前為南洋重鎮，今已衰落。

(丙)檳榔嶼(Penang)(一名庇能) 天定(Dindings)及威爾士利省屬之(Province Wellesley)

2.馬來聯邦(Federated Maly States) 凡分四區，華人稱為四州府。

曰霹靂(Perak)曰雪蘭莪(Selongor)曰森美蘭 (Negri Sembilan)(一名芙蓉)曰彭亨，(Pahang) 此四區也，吉隆坡為其首都。

在此外尚有未加入聯邦之小保護國：曰柔佛(Johore)曰吉打(Kedeh)曰加央 (Perlis) 曰吉蘭丹(Kelantan)曰丁加奴(Trengganu)謂之馬來屬邦，華人稱為五州府。

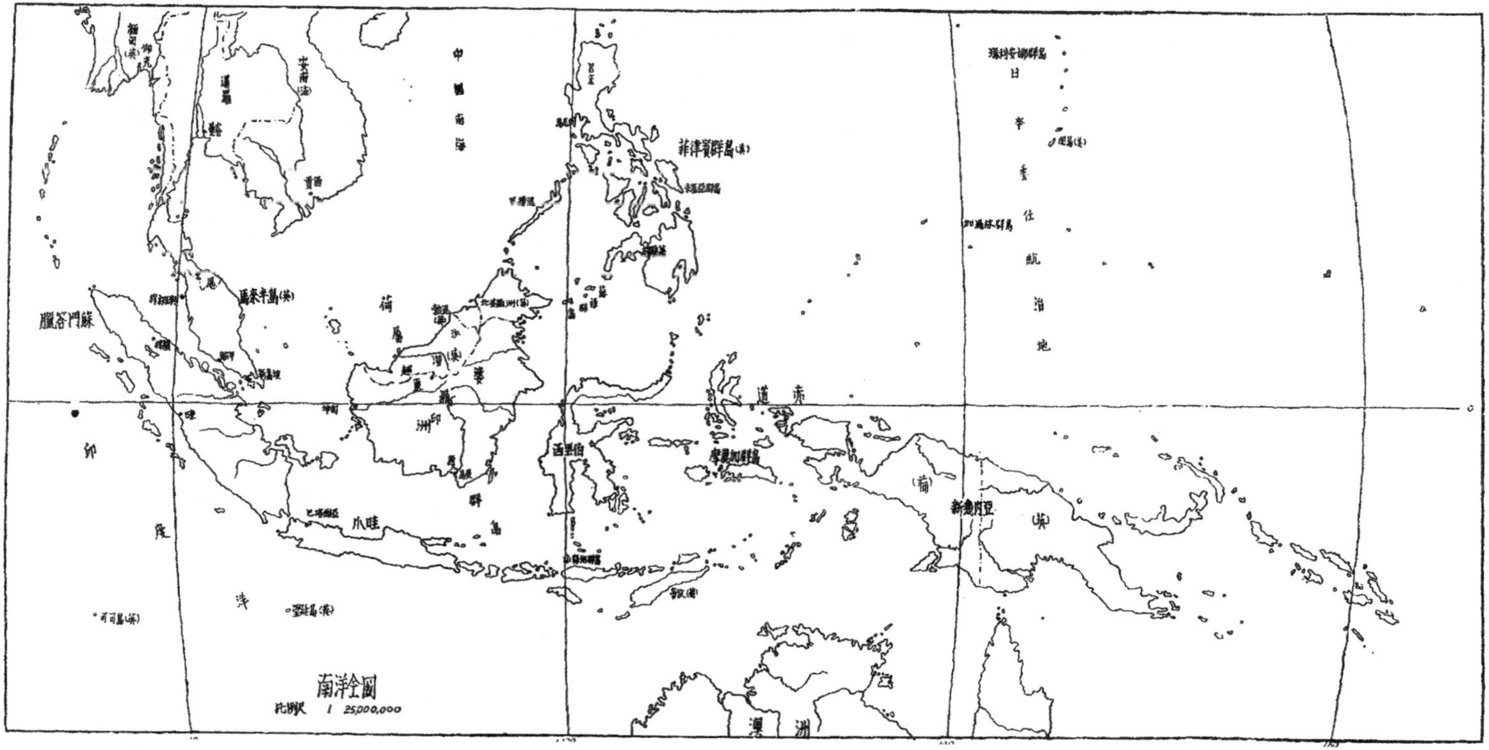

南洋全圖
比例尺 1 25,000,000
中國南海
菲律賓群島(美)
暹羅
安南(法)
西貢
蘇門答臘
馬來半島(英)
爪哇
西里伯
摩鹿加群島
新幾內亞
赤道
印度洋
澳洲
日本委任統治地

此南洋地理環境之大略也。外此尚有不容已於言者：

愚嘗謂中國民族，無論從智力體力各個的團體的方面言，皆不亞於世界任何優秀人種。方今外禍侵陵，日蹙百里，國人或庸有惴惴焉墮其自信力者，則請觀於是篇。萬歷以後，嚴申海禁，西人羣攫南洋而據之，國人之在南洋者，在本國則視爲莠民，在白人則目爲牛馬；迹其所遭之痛苦，蓋爲任何民族之所無者。然我族人猶能積健爲雄，而掌握南洋之經濟權，他族雖傾其國力而謀之，卒不能摧毀也。爲問世界各色種人中，有如此卓絕偉大者乎？

數年前，日人長永正義，曾撰一文，載於海外雜誌，題曰「國弱民强之支那。」日本之南進，不遺餘力，蓋亦曉然於中國國力雖弱，而中國民族乃不可侮也！然則愚等之爲此編，或於喚起民族之自覺心，恢復民族之自信力，不無裨益乎？

第一章 隋以前南洋之歸化

漢書地理志曰：「自日南障塞徐聞合浦船行可五月，有都元國。又船行可四月，有邑盧沒國。又船行可二十餘日，有諶離國。步行可十餘日，有夫甘都盧國。自夫甘都盧國船行可二月餘，有黃支國。民族略與珠崖相類。其州廣大，戶口多，多異物，自武帝以來皆獻見。有譯長屬黃門，與應募者俱入海市明珠、璧流離、奇石、異物，齎黃金、雜繒而往。所至國皆稟食爲耦，蠻夷賈船轉送致之，亦利交易，剽殺人，又苦逢風波溺死，不者數年來還。……平帝元始中（西元一至五年），王莽輔政，欲耀武德，厚遺黃支王，令遣使獻生犀牛。自黃支船行可八月，到皮宗。船行可八月（按南雍本閩本皆作二月），到日南象林界云。黃支之南，有已程不國，漢之譯使，自此還矣。」

此爲我國書籍記載南洋史實之最古者。由上以觀，知漢時南洋一帶，有都元國、邑盧沒國、諶離國、夫甘都盧國、黃支國。漢之譯使，皆曾踐履。諸國在武帝以後，皆來入貢。我國人士，亦時時前往貿易。所至備受優禮。黃支之南，有已程不國，則爲漢人所未至。諸國在今何許，殊難確指。文獻通考謂黃支國在合浦日南之南三萬里，亦難信從。惟我華族向無利人土地之心，卽海南島在漢時已收爲儋耳珠崖二郡者，元帝時亦竟能去，故對此諸邦，殊無赫赫之功；而我先民不憚風波剽殺之險，通聲氣於重洋，斯則可以追念者也。

由漢至晉　書缺有間，南洋狀況，不可詳考。吳孫權時，遣宣化從事朱應，中郎康泰通海南諸國。其所經則有百數十國，因立記傳，（梁書諸夷傳）所著有吳時外國傳，扶南傳等，今已佚。（向達有輯本）吾人於當時之南洋，遂無從詳悉，殊可惋惜。惟晉代有法顯佛國記，流傳至今。其書言，法顯到印度求經，歸途，到師子國：……住二年，更求得彌沙塞律，長阿含，雜阿含，復得一部雜藏，悉漢土所無。得此梵本。

已，即載商人大船，東行二日，便值大風，晝夜十三日，到一島邊，補塞船漏。於是復前，凡九十日許，乃到一國，名耶婆提。其國外道婆羅門興盛，佛法不足名。停此五月日，復隨他商船以四月十六日發東北行趣廣州，一月餘日夜遇黑風暴雨，客悉惶怖。諸婆羅門謂載沙門不利，議投法顯海島；會有阻之者獲免。時天氣連陰海師誤向，經七十餘日糧食水漿欲盡商人議言！常行可五十日，便到廣州，今已過日，將無僻耶？即便西北行求岸，又十二日，到長廣郡界牢山南岸。……法顯住一冬一夏，夏坐訖，遂便南下，向京都。……是歲甲寅，晉義熙十二年，……。」

此段記載頗可珍視。第一，可知五世紀初年（義熙十二年爲西元四一六年）南洋商業漸趨興盛，有經十三晝夜大風而不沈沒與能儲多人糧食水漿經八十餘日而不竭之大船，爲交通上之利器。第二，我國與南洋之貿易甚盛，故商人於南洋地理亦甚熟悉。第三，晉代我國與西南洋貿易，以廣州爲市場。第四，當晉代時，南洋諸邦，尙多信奉婆羅門教。第五，中印僧徒往來，恆經南洋。

師子國據丁謙說即今錫蘭。耶婆提據 Beal: Buddhist Records of the Wernworld. 即是爪哇，古名 Jara Dripa。法顯於義熙十年過此，是爲我國人士之到爪哇之最初見於記載者。實則中印間交通，蘇門答臘爪哇爲必經之路，此道在春秋戰國時，即已熟用。據拉克伯里 Terrien de Lacou Perie: Western Origin of the Chinese Civilization P. 386 說，「在西歷紀元前四一五——三七五年間，周威烈王時，由古代巴比倫人所佔之愛瑟洛 (Evythroed) 以達中國東海岸之海上貿易，既完全操於印度航海者之手。印人大都由馬六甲海峽經蘇門答臘及爪哇之南，以來中國海岸，而輸入印度洋與波斯灣之眞珠等物。」（自羽溪了諦西域之佛教轉引）此說可與漢書地理志相印證。國人之到爪哇，決不自法顯始也。

劉宋時　南洋慕化，阿羅單國闍婆婆達國干陀利國先後於元嘉（西元四二四——四五三）孝建（四五四——四五六）年間奉表入貢。阿羅單國治闍婆洲，（宋書）與闍婆婆達國同在今爪哇地。干陀利即後世所稱三佛齊。（明史）

在今蘇門答臘東南境。（三佛齊有二，詳藤田豐八島夷志略校註）是劉宋勢力，幾被南洋全境也。茲綜合諸籍，述其史實於次：

據宋書夷蠻傳，阿羅單國元嘉七年（西元四三〇）遣使獻金剛指環，及赤鸚鵡鳥，天竺國白疊吉貝，葉波國古貝等物。十年，（西元四三三）阿羅單國王毗沙跋摩奉表曰：

「常勝天子陛下，諸佛世尊，常樂安隱，達六通爲世間導，是名如來。應供正覺，遺形舍利，造諸塔像，莊嚴國土，如須彌山；村邑聚落，次第羅匝，城郭館宇，如忉利天宮；宮殿高廣，樓閣莊嚴，四兵具足，能伏怨敵，國土豐樂，無諸患難。奉承先王，正法治化。人民良善，慶無不利。處雪山陰，雪水流注，百川洋溢，八味淸淨，周匝屈曲，順趣大海，一切衆生，咸得受用。于諸國土，殊勝第一，是名震旦。大宋揚都，承嗣常勝大王之業，德合天心，仁廕四海，聖智周備，化無不順，雖人是天，獲世降生，功德寶藏，大悲救世，爲我尊主，常勝天子。是故至誠五體敬禮，阿羅丹國王毗沙跋摩稽首問訊。」

其後爲子所篡奪。十年又上表曰：

「大吉天子足下，離滔怒癡，哀愍羣生，相好具足，天龍神等，恭敬供養世尊威德，身光明照，如水中月，如日初出，閻自蒙普照十方，其白如雪，亦如月光，清淨如華，顏色照耀，威儀殊勝，諸天龍神之所恭敬。以正法寶，梵行衆生，莊嚴國土，人民熾盛，安隱快樂，城閣高峻，如乾他山，衆多勇士，守護此城，樓閣莊嚴，道巷平正，著種種衣，猶如天服，于一切國，爲最殊勝。吉揚州城，無憂天主，愍念羣生，安樂民人，律儀清淨，慈心深廣，正法治化，共養三寶，名稱遠至，一切並聞，民人樂見，如月初生，譬如梵王，世界之主，一切人天，恭敬作禮。阿羅單跋摩以頂禮足，猶如現前；以體布地，如殿陛道，供養恭敬，如奉世尊，以頂著地，曲躬問訊。忝承先烈，嘉慶無量，忽爲惡子所見爭奪，遂失本國。今惟一心歸誠天子，以自存命。今遣毗紉問訊大家，此人忠志，其恩難報，此是大家國，今爲惡子所奪，而見驅擯，意頗忿惋，規欲雪復。伏願大家，聽毗紉買諸鎧仗袍襖及馬，願爲料理毗紉使得時還。前遣闍邪仙婆羅訶，蒙大家厚賜，悉惡子奪去，啓大家使知。

今奉薄獻，願垂納受。」

此後又遣使來，二十六年（西元四四九）太祖詔曰，「訶羅丹媻皇媻達三國，頻越遐海，款化納貢，遠誠宜甄，可並加除授。」乃遣使策命之曰，「惟汝慕義款化，效誠荒遐思之所洽，殊遠必甄；用敷典章，顯茲策授，爾其欽奉凝命，永固厥職，可不愼歟！」二十九年（西元四五三）又遣長史槃和沙彌獻方物。此爲中國帝王策命南洋諸國之始。

闍婆羅達國於元嘉十二年（西元四三五）國王師黎婆達陁阿羅跋摩遣使奉表曰：

「宋國大主大吉天子足下，敬禮一切種智安隱天人師降伏四魔，成等正覺轉尊法輪，度脫衆生，敎化已周入于涅槃。舍利流布，起無量塔，衆寶莊嚴如須彌山；經法流布如日照明；無量淨僧猶如列宿；國界廣大人民衆多，宮殿城郭如忉利天宮。名大宋揚州大國，大吉天子安處其中，紹繼先聖，王有四海，閻浮提內莫不來服。悉以玆水普飲一切，我雖在遠亦霑靈潤。是以雖隔巨海常遙臣屬，願照至誠，垂哀納受，若蒙聽許，當年遣信，若有所須，惟命是獻，伏願信受，不生異想。今遣使主佛大陀婆副使葛抵奉宣微誠，稽首敬禮大吉天子足下。陀婆所啓願見信受，諸有所請願見賜聽。今奉微物，以表微心！」（見宋書夷蠻傳）

觀其所謂「雖隔巨海常遙臣屬，」則其歸附我國，固不始於劉宋時矣。

干陀利國據文獻通考在南海洲上，其俗與林邑扶南略同。出斑布，吉貝，檳榔，特精好，爲諸國之極。宋孝武世，王釋婆羅郡鄰陀遣長使竺留陁獻金銀寶器。（梁書諸夷傳略同）

梁代 馬來半島蘇門答臘諸國，皆來入貢。婆羅洲亦自是始通中國。而馬來半島上柔佛部，尤爲當時東西貿易中心。分述其史實如次：

1. 馬來半島諸國

（甲）頓遜國 吳丹陽太守萬震南州異物志及泰康吳時外國傳諸書，卽言及此國。（見太平御覽藝文類聚諸書）但未見與中國交通之確證。按梁書諸夷傳其國在扶南南三千餘里，在海埼上，地方千里，城去海十里，有五王，竝羈屬扶南。東界通交州，諸賈人西界接天竺安息徼外諸國。核其地位，當在今柔佛部地。（新加坡古名 Tamasak 見 British Malaya 與頓遜音近）梁書言諸國「往還交易，其市東西交會，日有萬餘人，珍寶貨物無所不有。……」可見其地中西人士輻湊之盛。

（乙）丹丹國　據北史婆利傳，此國在赤土南，當在今馬來吉蘭丹地。其國于中大通二年（西元五三〇）遣使奉表曰：「伏承聖主至德仁治，信重三寶，佛法興顯，衆僧殷集，法事日盛，威嚴整肅，朝望國執，慈愍蒼生，八方六合，莫不歸服。化隣諸天，非可言喻，不任慶善，若蹔奉見尊足。謹奉送牙像及塔各二軀，並獻火齊珠、吉貝、雜香藥等。」大同元年（西元五三五）復遣使獻金銀、瑠璃、寶香藥等物。（梁書諸夷傳）

2. 蘇門答臘　其時有干陀利國曾納貢于劉宋。天監元年（西元五〇二）其王瞿曇修跋陀羅以四月八日夢見一僧，謂之曰：「中國今有聖主，十年之後，佛法大興，汝若遣使貢奉敬禮，則土地豐樂，商旅百倍。若不信我，則境土不得自安。」修跋陀羅初未能信，既而又夢此僧曰：「汝若不信我，當與汝往觀之。」乃於夢中來至中國，拜覲天子。既覺，心異之。陀羅本工畫，乃寫夢中所見高祖容飾，飾以丹青。仍遣使并畫工奉獻玉盤等物。使人既至，模寫高祖形以還其國，比本畫則符同焉。因盛以寶函，日加禮敬。後跋陀死，子毗邪跋摩立。十七年，遣長史毗員跋摩奉表曰：

「常勝天子陛下，諸佛世尊，常樂安隱，六通三達，爲世間尊，是名如來，應供正覺，遺形舍利，造諸塔像，莊嚴國土，如須彌山。邑居聚落，次第羅滿，城郭館宇，如忉利天宮，具足四兵，能伏怨敵，國土安樂，無諸患難，人民和善，受化正法，度無不通，猶處雪山，八味淸淨，百川洋溢，周回屈曲，順趣大海，一切衆生，咸得受用。于諸國土，殊勝第一，是名震旦，大梁揚都天子。仁廕四海，德合天心，雖人是天，降生護世，功德寶藏，救世大悲，爲我尊主，威儀具足，是故至誠敬禮天子足下，稽首問訊，奉獻金芙蓉雜香藥等，願垂納受。」

普通元年（西元五二〇）復遣使獻方物。（梁書）

3. 婆羅洲　梁時有婆利國，在廣州東南海中洲上，去廣州二月日行。（南史）按北史婆利傳言，自交阯海南過赤土丹丹乃至其國，以其方位核之，蓋在婆羅洲無疑。蠻書之浡泥，諸蕃志之渤泥，佛泥，即婆利之音轉也。此土「自古不通中國。天監十六年（西元五一七）來獻金席。普通三年（西元五二二）又獻方物數十種。」（梁書）蓋自梁時華化始越蘇門答臘而東也。

由以上事實，知由宋至梁，南洋諸國已自信奉婆羅門教，轉而趨向佛法。觀於闍婆及干陀利之表文盛歎佛法，及阿羅單國遣沙彌來獻方物，可以概見此種轉移，必係中印僧徒宣揚之功。而闍婆干陀利二國表文文詞典雅，非其本土人力所能爲，或係居留兩國之我國人士代爲捉刀，此可爲六代時我國僑民移殖南洋之旁證。南洋諸國既崇佛教，而江左君民亦傾心釋理，同氣感召，致諸邦之臣貢，其一因矣。

隋代．．　馬來半島之丹丹曾貢方物。婆羅洲上之婆利國，在隋時國王姓利利邪那，名護濫那婆。大業十二年（西元六一六）亦遣使朝貢。其後遂絕。（隋書南蠻傳）馬來半島東北岸有赤土國（據丁謙考證在巴大年吉蘭丹丁加奴等部地）前籍未見，自是始通中國，爲隋代一大事。

赤土國扶南之別種也。在南海中，其地土色多赤故名。東波羅剌，西婆羅娑，南訶羅迦，北距大海，地方數千里。王姓瞿曇，居僧祇城，人皆穿耳剪髮，以香油塗身。俗敬佛，尤重婆羅門。煬帝卽位，募能通絕域者。大業三年（西元六〇七）主事常駿王君政等請使赤土。（隋書四夷傳）帝大悅，遣齎物五千段以賜赤土王。其年十月駿等自南海郡乘舟，晝夜二旬，每日遇便風，至焦石山，而過東南詣陵伽鉢拔多洲，西與林邑相對。上有神祠焉。又南行至師子石。自是島嶼連接。又行二三日，西望見狼牙修國之山，於是南達雞籠島，至於赤土之界。其王遣婆羅門鳩摩羅以舶三十艘來迎，吹蠡擊鼓樂。隋使進金鏁以纜船，月鑷金合二枚貯香油，金瓶八枚貯香水，白疊布四條，以擬供使者盥洗。其日未時，那邪迦又將象二頭，持孔雀蓋以迎使人；并致金盤金花以籍詔函。男女百人奏蠡鼓，婆羅門二人導路至王宮。駿等坐奏天竺樂事畢。駿等還館。又遣婆羅門就館送食，以草葉爲盤，其大方丈，因謂駿曰，今是大國臣，非復赤土國矣！後數日，請駿等入宴，儀衛導從，如初見之禮。王前設兩牀，牀並設草葉盤，方一丈五尺，上有黃白紫赤四色之餅，牛羊魚鼈猪瑇瑁之肉百餘品。延駿升牀，從者於地席。各有金鍾置酒，女樂迭奏，禮遺甚厚。遣那邪迦隨貢方物，並獻金芙蓉冠、龍腦香，以鑄金爲多羅葉，隱成文以爲表，金函封之。令婆羅門以香花奏蠡鼓而送之。既入海，見綠魚羣飛海上。浮海十日，至林邑東南，並山而行，循海北岸達於交阯。駿以明年春與那邪迦於弘農謁帝，帝大悅，授駿等執戟都尉，那邪迦等官賞各有差。（見通考，隋書略同）

以上爲隋以前南洋羣島諸國與中國之關係。我國史乘，大都注意朝貢，而不詳國人在南洋貿易居住等事。法顯佛國記重在記求法始末，對於經過各地之華僑狀況，亦無暇詳及。惟細察諸書，亦有我國僑民移殖南洋羣島之證據。如漢書地理志云，「剽殺人，又苦風波溺死，不者數年來還。」是我國人士前往南洋者，幸免於風波盜賊之險，往往經數年而歸。此數年日月，必不僅耗費於風波往返中，意必有居留事，此一證也。文獻通考卷三三二闍婆條下云，「中國賈人至者，待以賓館，食豐潔。」爪哇既有中國賓館，蘇門答臘、馬來半島亦必有之，此二證也。至於中國對南洋之貿易，有一特點，往往借朝貢而行。武堉幹中國國際貿易史中已詳證之。大抵南洋羣島諸國，初震於中國之國威，而來朝貢，繼見對華貿易之利，遂有冒朝貢之名而行貿易之實者。彼能來我亦能往，我國人士遂多南下者憑藉國威，備受諸國優禮，此必有樂不思蜀者。故殖民事實，亦即連帶發生。吾人但見史籍上有朝貢之記載，其必有僑民移殖之事，可推想得之。

第二章　唐代與南洋之關係

有唐一代，南洋諸國多來朝貢通商。久絕貢使之爪哇，亦復通中國。華僑之移殖南洋，亦自是始見於記載。茲綜合諸書之記載，分述於次：

1. 馬來半島諸國　有赤土丹丹朝貢中國。

赤土國于總章二年（西元六六九年）遣使者與環王使者偕朝。（通考）

單單（丹丹）王姓刹利，乾封（西元六六六——六六七）總章（六六八——六六九）時，兩獻方物。（新唐書）

2. 蘇門答臘諸國　有墮婆登及室利佛逝遣使朝貢。

墮婆登在林巴南海行二月，東與訶陵，西與迷黎車接，北隣大海。風俗與訶陵略同。其國種稻，每月一熟。亦有文字，書之于貝多葉。……貞觀二十一年（西元六四七）其王遣使獻古貝、象牙、白檀。

太宗璽書報之，幷賜以雜物。（舊唐書南蠻傳）按此國卽通考之婆登。據丁謙氏考證，在三佛齊境。

室利佛逝國，一曰尸利佛誓。過軍徒弄山二千里，地東西千里，南北四千里，有城十四，以二國分總，西曰郞婆露斯。咸亨（西元六七〇——六七三）至開元（七一三——七四〇）間數遣使者朝。表爲邊吏侵掠，有詔廣州慰撫。又獻侏儒，僧祇女各二及歌舞。官使者爲折衝，以其王爲左威衛大將軍，賜紫袍金鈿帶。後遣子入獻，詔宴于曲江，宰相會，冊封賓義王，授右金吾衛大將軍，還之。（新唐書南蠻傳）天祐元年（西元九〇四）復貢方物，授其使都蕃長蒲訶粟寧遠將軍。（宋史）按賈躭記，邊從軍突弄山五日行至海峽，北岸則爲羅越，南岸則爲佛逝國。軍突弄山卽崑崙(Pulo Condore) 爲下交阯極南之島。佛逝在峽南，當在蘇門答臘境。義淨求法高僧傳云，東風汎泊一月到室利佛逝國。後乘王舶經十五日達末羅瑜洲。而其南海寄歸傳則曰，末羅游洲，（卽末羅瑜洲）卽今尸利佛逝國是。（卽室利佛逝）是知唐時有新舊兩室利佛逝，相距十五日程。又按南海寄歸傳，室利佛逝春秋中圭影不縮不盈，日中人立，並皆無影，是舊國在東岸赤道直下之地。嶺外代答有詹卑國隸三佛齊，世法錄謂三佛齊今王所部稱詹卑國，故藤田豐八以室利佛逝卽浡淋邦，（Palimbang）新室利佛逝即詹卑，(Gambi)其說良是。宋元諸書所稱之三佛齊，又室利佛逝之音轉也。

3. 爪哇諸國　爪哇境內之來朝者，有訶陵國。

訶陵亦曰社婆，曰闍婆在南海中；東距婆利，西墮婆登，南瀕海，北眞臘。以木為城。王居闍婆城，其祖吉延東遷婆露斯伽城，旁小國二十八皆臣服。貞觀中與墮和羅墮婆登遣使入貢。太宗以璽詔優答之。（墮和羅據丁謙考證在緬甸東南達歪境）上元間（肅宗年號西元七六〇至七六一）國人推女子為王。威令嚴肅，道不拾遺。大曆中（七六六至七七九）使者三至。元和八年（八一三）獻僧祇奴四五，鸚鵡頻伽鳥等。憲宗拜內四門府左果毅，使者讓其弟，帝嘉美，並官之。訖大和（文宗八二七至八三五）再朝貢。咸通中（八六〇至八七三）遣使獻女樂。（新唐書及通考）按賈記云，自軍突山南海行五日，至海峽。又東行四五日至訶陵。南海洲中之最大者。島夷志略云，爪哇即古闍婆國，則訶陵之在爪哇境可知。元和八年之事，據舊唐書在元和十年，其使者名李訶內，訶內以果毅讓弟詔褒從之。十三年，其國又獻僧祇女二人，鸚鵡，玳瑁，及牛犀等，與此小異，姑記于此。

4. 婆羅洲諸國。

婆羅洲上婆利國，曾于梁代入貢。隋大業中獻方物。唐時其「王姓刹利邪伽名護路那婆，貞觀四年（西元六三〇）遣使朝貢，隨林邑使獻方物。」（舊唐書南蠻傳）按通考云「赤土西南入海得婆羅」亦指此地。南海寄歸傳稱爲婆里洲。

以上諸國「周圍或可百里，或數百里，或可百驛。」其來中國貿易者，國人或漫不加別，總名曰崑崙。蓋南海諸邦，最初至交阯廣州者，爲掘倫洲人（卽崑崙）遂以此名一切南海國矣。南海寄歸傳所謂「良爲掘倫初至交阯，遂使總喚崑崙國焉。」是也。

南海諸國崇信佛法，「純唯根本有部……多是小乘，唯末羅遊（蘇門答臘）少有大乘」（南海寄歸傳序）其供養我國僧人，至爲殷厚。茲具錄其儀節於次。于以見我國僧侶在唐代南洋之地位，卽國人之居留南洋者可思也。

「南海十洲，齋供殷厚。初日將檳榔一顆，及片子香油幷米屑少許，並悉盛之葉器，安大盤中，白氎蓋之。金瓶盛水，當前瀝地，令于後日中前塗身澡俗。第二日過午已後，則擊鼓樂，設香華，延請尊儀，棚車輦輿幡旗，映日法俗，雲奔引至家庭，張施帷蓋，金銅尊像，瑩飾皎然。塗以香泥，置淨盤內，咸持香水，虔誠沐浴。拭以香氈，捧入堂中，盛設香燈，方爲稱讚，然後上座爲其施主說伽他。申述功德，方始請僧出外澡漱，飲沙糖水，多啖檳榔，然後取散。至第三日，禺中入寺，敬白時到，僧洗浴已，引向齋家，重設尊儀，略爲澡沐，香華鼓樂，倍於昨晨。所有供養，尊前普列，于像兩邊，各嚴童女，或五或十，或可童子，量時有無。或擎香爐，執金澡罐，或捧香燈鮮華白佛，所有粧臺鏡奩之屬，或悉持來佛前奉獻。……次請一僧，座前長跪，讚歎佛德。次復別請兩僧，各升佛邊一座，略誦小經半紙一紙，或慶形像，共點佛睛，以求勝福。然後隨便各就一邊，反襵袈裟兩角前繫，澡手就餐。……若是王家及餘富者，並授銅盤銅椀，及以葉器，大如席許，餚饌飲食，數盈百味。國王乃捨尊貴位，自稱奴僕，與僧授食，虔恭徹到，隨着皆受，更無遮法。若但取足而已，施主心便不快，見其盈溢，方成意滿。粳米飯則四斗五斗，餅果等則三盤兩盤，其親屬鄰伍之家，咸齎助供，或飯或餅，羹菜非一。然一人殘食，可供三四，若盛設者，十人食亦未能盡。其所殘食，皆任衆僧，令淨人將去。……衆僧亦既食了，盥漱又畢，乃掃除餘食，令地清潔，布以華燈，燒香散馥，持所施物，列在衆前。次行香泥，如梧子許，僧各揩手，令使香潔。次行檳榔、豆蔻，糅以丁香、龍腦，咀嚼能令口香，亦乃消食去癊其香藥等皆須淨瓶水洗，以鮮藥裹授與衆僧施主至上座前，或就能者以著瓶水，如銅箸迸注不絕，下以盤承。師乃手中執華承其注水口誦陀那伽他……稱施主名願令富樂，復持現福迴爲先亡後爲皇王，資及龍鬼願國土成熟，人物乂安，而釋迦聖教住莫滅……（南海寄歸內法傳卷一）

閱者或疑以上所述，乃對一切僧徒之禮節，而非對我國僧人特加之敬禮，斯實不然；當時我國僧在南海諸邦，「所到之處，聞是提婆弗呾羅，僧莫不大生敬禮；提婆是天，弗呾羅是子，云是支那天子所居處來也。」（南海寄歸傳卷三）諸邦所敬禮者，實在支那天子，不重在僧也。意者當時國人之往南洋者，必受彼土熱烈之歡迎。而留居其地者感情尤能融洽。觀於義淨能在室利佛誓停住四載，留連未歸，（南海寄歸傳卷四）則我國人士之留居者必甚夥也。然古籍於此多不留意，茲錄其見於記載者於次，以志鱗爪。

杜環　隨鎮西節使高仙芝西征。天寶十載，（西元七五一）至四海。寶應初，賈商船，自廣州而回。曾歷南洋諸邦，著有經行記。見通考。（寶應爲西元七六二——七六三）

常慜　并州人由海道往印度訶陵國舟覆溺死其弟子一人偕亡。

明遠　益州清城人由交阯泛海往印度經訶陵至師子國。

義朗　益州成都人由海道往印度住錫蘭頗久。

智岸　成都人與義朗偕行。

義玄　義朗弟與義朗偕行。

會寧　成都人麟德中由海道往印度至訶陵國得大涅槃經，後分補譯送歸，旋客死海外。（麟德爲六六四——六六五）

運期　交州人會寧弟子，寧遣其賫譯本還尋復獨遊。

解脫天　交州人由海道往印度留學大覺寺。

智行　愛州人由海道至西印度。

慧琰　交州人智行弟子，隨師到僧訶羅國。

大乘燈　愛州人由海道經師子國入南印度。

彼岸　高昌人，詳下。

智岸　高昌人，與彼岸少長京師，後隨使臣王玄策泛海游印，遇疾俱卒。所攜漢譯本瑜珈及餘經論，保存于室利佛逝國。

曇閏　洛陽人，由海道往印度，至渤盆國，遇疾死。

道琳　荊州江陵人，因欲研究戒律，由海道往印度。

曇光　江陵人，由海道往東印度。

慧命　江陵人，由海道往印度，至占波，屢遭艱苦，廢然而返。

僧哲　澧州人，由海道往印度。

靈運　澧州人，與哲同游。

智弘　洛陽人，當時印度使臣王玄策之姪，與無行同泛海西游。

無行　江陵人，與智弘同游。

法振　荊州人，由海道往印度。

乘悟　同州人，與法振同行，至瞻波病死。

乘如　梁州人，與法振同行。

大津　澧州人，永淳二年（六八三）泛海西游，留印十年，復附舶歸。義淨之南海寄歸傳即託津帶返者。（以上皆見義淨大唐西域求法高僧傳）

義淨　淨年十五，便畜志西游，年三十七乃成行。咸亨二年（西元六七一）初發足至番禺，得法侶數十人，及將登舶，餘皆能退，淨奮厲孤行，備歷艱險，經二十五年，歷三十餘國而歸。去時經爪哇蘇門答臘及馬來半島之吉達。歸途曾留室利佛逝四年餘。（見求法高僧傳及南海寄歸傳）

貞固　滎川人，永昌元年（六八九）義淨在印度附書廣州制旨寺，求紙墨供寫經之用，並求助譯之人，固年四十，奮焉邁往。

孟懷業　廣州人，貞固弟子，隨師游學。

道宏　汴州人，隨貞固出游。

法朗　襄陽人，隨貞固出游，年僅二十四，後在訶陵遇疾卒。（以上亦見求法高僧傳）

慧日，東萊人嗣聖十九年（七〇二）西游泛船歷南洋諸國，三年乃至印度。（見宋高僧傳）

以上爲國人在南洋踪跡之可考者。在唐時爪哇蘇門答臘馬來半島之南部，爲中西海上交通要道，國人移殖者當復不少；惟書闕有間，不可詳考。顏斯踪南洋蠡測謂新忌利坡（卽新加坡）有唐人墳墓。東西洋考謂爪哇國人分三種，卽唐人，土人，西番賈胡，可證唐人往居諸土者正多也。五代時阿剌伯人馬素提（Mas'udi）所著之黃金牧地（Les Prairies d'or）敍述中國船本直至波斯灣貿易，波斯船亦至中國；至黃巢亂後，地方官無法律公道可言，商人皆裹足不前，乃皆於喀拉城（Killah）相會云。又氏於九四三年（石晉天福八年）至蘇門答臘，見其地有華人甚多，從事耕植，而巴鄰旁尤爲萃會之區。亦係避黃巢亂而來云。

愚按玄奘法師盛稱當日渡海之難，此唐初則然也。中葉以後，高僧西去，率由海道；其時海上交通實大有進步。李肇國史補云「南海船，外國船也。……師子國船最大，梯而上下數丈，皆積寶貨。……船發之後，海路必養白鴿爲信，船沒則鴿雖數千里，亦能歸也。」當日之傳書鴿，蓋有今日無線電之功用也。玄應一切經音義一云，船大者長二十丈，載六七百人。此自指唐代船舶而言，蓋中國亦自有舶也。

自唐中葉以降，卽有用推進機於船舶者。如李皐爲戰艦挾二輪踏之，鼓水疾進，駛於障馬。（新唐書八十）宋代洞庭湖賊，以輪激水，其行如飛。（岳飛傳）然普通航海，仍用帆船，其製歷五代宋元而日進。檣柱多者達十二柱，（易逢巴圖塔紀行（Ibn Balūta））每船有船室五六十間。（馬哥孛羅游記）船中有網首，雜事，以理事，（萍州可談）有武備以防海賊，（元典章）有柴水船以給役。（元典章）故自唐末五代以後，大食商人，阿剌伯商人，凡來航中國者，皆以附中國船舶爲便。（蒲壽庚考）此一時期中，我國人固擅長航海造船之業，世莫與京也。惜自明代，嚴禁下海，此種進步，乃中止耳。

天下之事，必無無因之果。觀於近世葡萄牙人與荷蘭人長於航海，而占有殖民地甚廣，則我國自唐以後，殖民海外，日益發達，自屬意中事，馬素提所記其一鱗

爪哇

第三章　宋代之南洋經營

菲律賓羣島距中國最近而見於記載者，則自宋始。通考闍婆條云：「有摩逸國太平興國七年，（西元九八二）載寶貨至廣州海岸。」諸蕃志云「麻逸在渤泥之北。」通考之摩逸，卽諸蕃志之麻逸，云在渤泥之北，當在今菲律賓羣島上。布門德氏菲律賓人種考謂：「麻德（Mait）者，黑人國之義，卽今 Mindoro 之古名也。」麻逸爲 Mait 之對音，殆無可疑；然則所謂摩逸、麻逸者，卽今菲島中之民都洛，而其義則爲黑人國也。（藤田豐八島夷志略校注）

太平興國七年，爲西元九八二年，殆是菲島始通中國之歲。此後我國人士商販彼土，移殖彼土者，實繁有徒。諸蕃志記之較詳，其文曰：

「麻逸國在渤泥之北，團聚千餘家，夾溪而居。土人披布如被，或腰布蔽體。有銅佛像，散布草野，不知所自盜少至其境商船入港，駐于官場前。官場者其國闤闠之所也。登舟與之雜處。酋長日用白傘，故商人必賚以爲贐。交易之例，蠻賈叢至，隨笆篱搬取物貨而去。初若不可曉。徐辨認搬貨之人，亦無遺失。蠻賈迺以其貨轉入他島嶼貿易，率至七八月始歸。以其所得準償舶商，亦有過期不還者。故販麻逸，舶回最晚。三嶼白蒲延蒲里嚕里銀東流新里漢等，皆其屬也。土產黃蠟，吉貝，眞珠，瑇瑁，藥檳榔，于達布，商人用甆器，貨金，鐵鼎，烏鉛，五色琉璃珠，鐵針等博易。」

其曰商船入港，聚於官場前，曰登舟與之雜處，則其土人欣喜我國人士可知。曰亦有過期不歸者，則我國人士往往因經商而移殖彼土可知也。三嶼者，據諸蕃志爲加麻延，巴姥酉，巴吉弄三部。各有種落，散居島嶼，舶舟至則出而貿易，總謂之三嶼。其風俗大略與麻逸同。夏德氏 (Hirth) 謂卽今菲律賓羣島西南邊之Calamian, Palawan, Busanga, 音不甚相近。藤田氏謂呂宋本嶼西南角 Sierra de Marireles 舊名 Camaya，殆是加麻延。巴吉弄，島夷志略作巴弄吉，則是 Balanga 之對音也。至巴姥酉，殆是呂宋本嶼南端之 Balanyan。其說頗可信。是諸蕃志所謂三嶼。在今呂宋本嶼之西部一帶地段也。白蒲延據夏德考證卽是呂宋北岸海上之 Babayan 嶼。蒲里嚕據藤田豐八氏考證謂卽今呂宋嶼東南之 Manila。蓋此名甚古，在西班牙人占據其地以前已稱此名，而島夷志畧之麻里嚕與志合，則蒲里嚕 Manila 之對音無疑也。里銀東流新里漢則不可考。要之宋代之麻逸國，非特據有民都洛，其勢力且及於呂宋之東南部也。

當時我國人士非特貿易居住於民都洛（麻逸）亦且與麻逸屬邦呂宋諸地通商。茲具錄諸蕃志之記載於次，於以見先民之冒險精神也。

「三嶼乃麻逸之屬，其風俗與麻逸同。每聚落各約千餘家，地多崇岡疊嶂，峭拔如壁。憑高依險，編茅爲屋。山無水源，婦女以首絫擎二三甕，取水于溪，登涉如履平地。窮谷別有種落號海膽，人形小，眼圓而黃，虬髮露齒，巢于木顚，或三五爲羣，踣伏榛莽，以暗箭射人，多罹其害，投以甆椀，則俯拾忻然，跳呼而去。番商每抵一聚落，未敢登岸，先駐舟中流，鳴鼓以招之。蠻賈爭棹小舟，持吉貝黃蠟番布椰心簟等至，與貿易如議之價未決，必賈豪自至說諭，餽以絹傘甆器籐籠，仍留一二爲質，然後登岸互市。交易畢，則返其質。停舟不過三四日，又轉而之他。諸蠻之居，環繞三嶼，不相統屬。其山倚東北隅，南風時至，激水衝山，波濤迅駛，不可泊舟，故販三嶼者，率四五月間卽理歸棹。博易用甆器、皂綾、纈絹、五色燒珠、鉛網墜、白錫爲貨。」

「蒲里嚕與三嶼聯屬，聚落差盛，人多猛悍，好攻劫。海多鹵股之石，槎牙如枯木，芒刃銛于劍戟，舟過其側，預曲折以避之。產青琅玕、珊瑚樹，然絕難得。風俗博易與三嶼同。」按嶺外代答亦云：近佛國，多野島，蠻賊蠻賊居之，號麻囉奴。商舶飄至其國，擒人以巨竹夾而燒食之。」

此外有毗舍耶國，語言不通，商販不及，袒裸盱睢，殆畜類也。泉有海島曰彭湖，隸晉江縣，與其國密邇，煙火相望，時至寇掠，其來不測，多罹生噉之害，民居苦之。淳熙間（一一七四——一一八九）國之酋豪常率數百輩猝至泉之水澳、圍頭等村，恣行兇暴，戕人無數，淫其婦女，已而殺之。喜鐵器及匙筯，人閉戶則免，但刓其門圈而去。擲以匙筯，則俯拾之，可緩數步。官軍擒捕，見鐵騎則競刓其甲，駢首就戮而不悔。臨敵用標槍，繫繩十餘丈爲操縱，蓋愛其鐵，不忍棄也。不駕舟楫，惟以竹筏從事，可摺疊如屏風。急則羣舁之，泅水而遁。（見諸蕃志，宋史外國傳略同）其國即今菲律賓羣島中部之米塞亞(Visaya)諸島。在宋代猶至野蠻，時爲國民患。則菲島南部在當時爲我族拓殖所不及可知也。

以上所述，爲宋代拓殖菲島之事實，亦爲宋代對南洋拓殖最可記念之事，故先述之。菲島而外，宋人於馬來、爪哇、蘇門答臘、婆羅洲諸地，亦繼續經營，蓋至宋代中國商賈始遍布南洋諸島也。更分敘其史跡於次：

1. 馬來半島諸國　馬來半島上在宋代認中國爲宗主者，有丹眉流、佛羅安諸國：

丹眉流　即諸蕃志之單馬令，桂海虞衡志之登樓眉。在宋時爲三佛齊屬國。「其國無王，有地主。」（事林廣記）其地主呼爲相公，以木作柵爲城，廣六七尺，高二丈餘，上堪征戰。國人乘牛，打鬃，跣足，屋舍官場用木，民居用竹，障以葉，繫以籐。土產黃蠟、降眞香、速香、烏樠木、腦子、象牙、犀角。番商用絹傘、雨傘、荷池纈絹、酒、米、鹽、糖、甆器、盆鉢、麤重等物，及用金銀爲盤盂博易。本國以所得金銀器糾集日囉亭等國，類聚獻入三佛齊國。（見諸蕃志）眞宗咸平四年（西一〇〇一）國主多須機遣使打古馬副使打臘判官剳皮泥等九人來貢木香千斤，鍮鑞各百斤，胡黃連三十五斤，紅氈一合，花布四段，蘇木萬斤，象牙六十一株。召見崇德殿，賜以冠帶服物，及還，又賜多須機詔書，以敦獎之。（見通考）寧宗慶元二年（西元一一九六）進金三埕，金傘一柄。（事林廣記）按諸蕃志云：凌牙斯國自單馬令風帆六晝夜可到，亦有陸程。又云佛囉安國自凌牙斯加四日可到；亦可遵陸，其隣蓬豐（Pahang）登牙儂（今丁加奴）吉蘭丹。據此則單馬令及佛囉安，與凌牙斯皆有陸路可通，而佛囉安國與蓬豐諸地爲隣，則單馬令在今馬來半島區域可知。蓋卽今彭亨部北境之淡比領地（Te-mbeling）地，以淡比領河得名也。

佛囉安國　據諸蕃志，地與蓬豐（卽彭亨）登牙儂（卽丁加奴）吉蘭丹爲隣。「地亦產香，氣味腥烈」（見嶺外代答）又產「象牙，蕃以金銀，甆鐵，漆器，酒米，糖麥博易，歲貢三佛齊」（見諸蕃志）

2. 蘇門答臘　蘇門答臘有三佛齊及藍無里，宗主中國。南毗國通貿易，監篦國爲當日國人往來孔道。

三佛齊　在宋代最強盛，「國無所產而人習戰攻，陸攻水戰，奮擊無前，以故隣國咸懾服焉。」（嶺外代答）蓋馭有本島及馬來半島之南部，爪哇之一部。舉「蓬豐，登牙儂，凌牙斯加，吉蘭丹，佛囉安，日羅亭，潛邁，拔沓，單馬令，加羅希，巴林馮，新拖，監毗，藍無里，細蘭，皆其屬國也。（諸蕃志）「蕃舶過境，不入其國者，必出師盡殺之。」（代答）國人多姓蒲，（諸蕃志）土產紅藤，紫鉚，箋沈香，檳榔子。無緡錢，土俗以金銀貿易諸物。四時之氣，多熱少寒，冬無霜雪，人用香油塗身，其地無麥，有米及青白豆，雞魚鵝鴨，頗類中土。有柳花酒，椰子酒，檳榔酒，皆非麴蘖所醞，飲之亦醉。樂有小琴小鼓，崑崙奴踏曲爲樂。國中文字，用蕃書，以其王指環爲印。亦有中國文字，上章表卽用焉。累甓爲城，周數十里。用椰葉覆屋，人民散居城外，不輸租賦。有所征伐，隨時調發，立酋長率領，皆自備兵器糧糗。汎海使風二十日至廣州。如泉州，舟行順風，月餘亦可到。（通考）建隆元年（西元九六〇）九月，其王悉利胡大霞里檀遣使李遮帝來朝貢。二年夏，又遣使蒲蔑貢方物。是冬，其王室利烏耶遣使朝貢。其國號生留王李犀林男迷日來亦遣使同至貢方物。三年，又遣使來貢，回賜以白犛牛尾，白甆器，銀器，錦綵鞍轡二副。開寶四年（西元九七一）遣使以水晶，火油來貢。五年（西元九七二）又來貢。七年，（西元九七四）又貢象牙，乳香，薔薇水，萬歲棗，偏桃，白沙糖，水晶，指環，瑠璃瓶，珊瑚樹。八年，（西元九七五）又遣使貢方物。賜以冠帶器幣。（宋史外國傳）太平興國五年（西元九八〇）入貢。雍熙二年，（西元九八五）端拱二年，（西元九八九）俱入貢。淳化三年（西元九九二）冬，廣州言三佛齊朝貢使蒲押陀黎前來自京回，聞本國爲闍婆所侵，住南海凡一年。今春乘船至占城，風信不利，復還，乞降詔諭本國，從之。咸平六年（西元一〇〇三）遣使來貢。且言本國建佛寺以祝聖壽，願賜名及鐘。上嘉其意，詔以承天萬壽爲寺額，并鑄鐘以賜。來使俱授以官。大中祥符元年（西元一〇〇八）其王遣使來貢，詔許赴泰山陪位于朝覲壇，遣賜甚厚。天禧元年（西一〇一七）遣使奉金字表貢珍珠象牙等物，使還，賜禮物獎慰之。天聖六年（西一〇二八）其王遣使入貢，舊制蕃國使之貢，賜以閒金塗銀帶，時特以渾金帶賜之。熙寧十年（西一〇七七）使大首領地華伽囉來，以爲保順慕化大將軍，賜詔寵之。（通考）元豐二年（西一〇七九）七月，遣詹卑國使來貢。（代答）後又來貢，率以白金，眞珠，婆律，薰陸香備方物，廣州受表入言，俟報乃護至闕下。天子念其道里遼遠，每優賜遣歸。二年（一〇九七）賜錢六萬四千緡，銀萬五百兩，官其來使，乞買金帶，白金器物，及僧紫衣師牒，皆如所請給之。（通考）五年，廣州南蕃綱首，以其主管國事國王（宋會要作詹卑國主）之女唐字書，寄龍腦及布與提舉市舶孫迥，迥不敢受，言于朝，詔令估值輸之官，而市帛以報。元祐三年（西一〇八八）遣使入見，以金蓮花眞珠龍腦撒殿，官其來使。六年及紹聖中再入貢。（通考）紹興七年，（西一一三七）貢南珠、象齒、龍涎、珊瑚、琉璃、香藥。（宋史禮志）有司議：「三佛齊國王敕告綾紙，幷欲用黃色，餘依所賜大食國例」從之。二十六年，復入貢。乾道八年（西一一七二）國王書乞將銅搭船，僱人造瓦回蕃，詔從之，自從不許。淳熙五年（西一一七八）來貢方物，乞比占城進奉例。回賜從之。詔免到闕，令泉州管待，章表遞奏。其子稱乾道四年（西一一六八）承襲，乞依舊封爵。詔襲其父舊封，仍賜襲金帶鞍馬幣帛有差。（文獻通考）此國鄉慕中國之誠，蓋非他國所能及也。三佛齊扼諸蕃舟車之咽喉，（諸蕃志）東自闍婆，西自大食，無不由其境以至中國。（代答）即此想見諸國之慴服焉。

藍無里　土產蘇木、象牙、白藤。國人好鬥，多用藥箭。北風二十餘日到南毗，管下細蘭國。……國人肌膚甚黑，以縵纏身，露頂跣足，以手掬飯，器皿用銅。……其山林低昂，周環朝供，產貓兒睛、紅玻瓈、腦，青紅，寶珠，地產白豆蔻，木蘭皮，麤細香，番商轉易用檀香，丁香，腦子，金銀，甆器，馬，象，絲帛等爲貨。歲進貢于三佛齊。（諸蕃志）按志所謂番商番舶，乃指經營對外貿易之商之舶而言，實乃指我國之商舶也。如此條之甆與絲帛，實產于中國可證也。藍無里，即嶺外代答之藍里，元史之南巫里島夷志略之喃哑哩，馬哥孛羅遊記之 Lambri 也。亨利玉爾(Henry Yule)契丹及往契丹之路引 Gro-eoweltt 氏說謂喃哑哩即在亞崎(Achiu)左近。證以海圖蘇門答臘西北端有南巫星。（星當爲里字之譌）蓋可信也。

南毗國　在大海之西南，南接三佛齊，風驅月餘，可至其國。（宋史外國傳）國多風。王先差官及兵卒百餘人，持水灑地，以防颶風播揚。精飲食，鼎以百計，日一易之。有官名翰林，供王飲食，喜戰鬥，善刀稍，習弓箭，鑿雜白銀爲錢，鏤官印記，民用以貿易。土產珍珠，諸色番布，其國最遠，番舶罕到，有時羅巴，智力千，父子其種類也。入居泉之城南，自是，舶舟多至其國矣。（見通考，諸蕃志略同）按丁謙宋史外國傳考證以爲南毗，即明史南浡利，南巫里，即諸蕃志之藍無里。其地略當今之亞崎。諸蕃志別有南毗，則南浡利非南毗可知。志曰：藍無里北風二十餘日到南毗管下細蘭國。宋史南毗南接三佛齊，則其地當在蘇門答臘中部。宋史謂風飄月餘，可至其國。通考謂其國最遠。自時羅巴智力千父子入居泉之城南，船舶乃多至其國。皆指國人往來貿易居住者而言。時羅巴父子則又來我國歡迎國人往商彼土者也。

監篦國　島夷志略作監毗「舊屬三佛齊，後因爭戰遂自立爲王。土產白錫，象牙，眞珠。」（諸蕃志）據藤田氏考證：今 Tanjang Bajan 亦稱 Tanjang Kampi 卽監篦岬之義也。其側有港，今稱 Langsar 代答及志之監篦國，海圖之甘杯港，殆在此地。其說良是。其國與宋人有何關係，雖未見于記載，然諸蕃志謂「其國當路口，船舶多泊此」，意必爲我國商人來往之通道，且舊屬三佛齊，故附于此。

3. 爪哇　爪哇奉中國爲宗主者，有闍婆國，而蘇吉丹新拖打板隸焉。

闍婆　闍婆卽唐書之訶陵。雄長爪哇。宋太宗淳化三年（西九九二）十二月，其王穆羅茶遣使陀湛，副使蒲亞里，判官李陀那假澄等來朝貢。陀湛云：中國有眞主，本國乃修朝貢之禮。國王貢象牙，眞珠，繡花銷金，及繡絲絞，雜色絲絞，吉貝織雜色絞布，檀香，玳瑁，檳榔，盤犀裝劍，藤織花簟，白鸚鵡，七寶飾檀香亭子。其使別貢玳瑁，龍腦，丁香，藤織花簟。先是朝貢使汎船六十日至明州定海縣，掌市舶監察御史張肅先釋奏其使飾服之狀，與嘗來入波斯相類。譯者言云「金主舶大商毛旭者，建溪人，數往來本國，因假其鄉導來朝貢。」又言「其國王一號曰夏至馬羅夜，王妃曰落肩娑婆利，本國亦署置僚屬。又其船中婦人名眉珠，椎髻無首飾，以蠻布纏身。其國與三佛齊有讐怨，互相攻戰。本國山多猴，不畏人，呼以霄霄之聲卽出，或投以果實，則有大猴二先至，土人謂之猴王猴夫人，食畢，羣猴食其餘。」使既至，上令有司優待之，及使還，賜金幣甚厚，仍賜良馬，戎具，以從其請。其使云：鄰國名婆羅門，有法善察人情，人欲相危害者，皆先知之。大觀三年（西一一〇九）闍婆復遣使入貢，詔禮之如交阯。建炎三年（西一一二九）制授懷遠軍節度，琳州管內觀察處置等使，金紫光祿大夫，檢校司空，使持節琳州諸軍事，琳州刺史，大夫上柱國，闍婆國王食邑二千四百戶，食實封一千戶，悉里地茶蘭固野可特授檢校司空，加食邑實封，以南郊加恩也。自後每遇大禮，必加食邑。（見宋史及通考）

其地坦平，宜種植，產稻，麻，粟，豆，無麥，耕田用牛，民輸十一之租，煑海爲鹽，多魚，鼈，雞，鴨，山羊，兼椎馬牛以食。果實有大瓜，椰子，甘蔗，芋，出象牙，犀角，眞珠，龍腦，瑇瑁，檀香，茴香，丁香，荳蔻，蓽澄茄，降眞香，花簟，番劍，胡椒，檳榔，硫黃，紅花，蘇木，白鸚鵡。亦務蠶織。以銅，銀，鍮，錫，雜鑄為錢。錢六十準金一兩，三十二準金半兩。番商興販用夾雜金銀及金銀器皿，五色纈絹，皂綾，川芎，白芷，硃砂，綠礬，白礬，硼砂，砒霜，漆器，鐵鼎，青白甆器交易。此番胡椒萃聚，商船利倍蓰之獲，往往冒禁潛載銅錢博換。朝廷屢行禁止興販，番商詭計易其名曰蘇吉丹。（見諸蕃志）

蘇吉丹　闍婆之支國，西接新拖，東連打板。有山峻極，名保老岸。番船未到，先見此山，頂聳五峯，時有雲覆其上。（諸蕃志）據夏德考證，其地在今中部爪哇。「其國王以五色布纏頭，跣足，路行蔽以涼傘，或皂或白。從者五百餘人，各持鎗劍鏢刀之屬。民間貿易用雜白銀鑿為幣，狀如骰子，上鏤番官印記。六十四隻準貨金一兩，每隻博米三十升，或四十升至百升。其他貿易悉用是，名曰闍婆金，可見此國即闍婆也。架造屋宇與新拖同。地多米穀，巨富之家倉儲萬餘石。有樹名婆羅密，其實如東瓜，皮如栗殼，肉如柑瓣，味極甘美。亦有荔枝，芭蕉，甘蔗，與中國同。胡椒最多，時和歲豐，貨銀二十五兩，可博十包至二十包，每包五十升。設有凶歉寇擾，但易其半。採椒之人為辛氣薰迫，多患頭痛，餌川芎可愈。蠻婦搽抹及婦人染指甲衣帛之屬，多用硃砂，故番商興販率以二物為貨。厚遇商賈，無宿泊飲食之費。其地連百花園，麻東，打板，禧寧，戎牙路。東峙，打綱，黃麻，駐麻，篤，牛論，丹戎，武囉，底勿，平牙夷，勿奴孤，皆闍婆之屬國也。（諸蕃志）

新拖　在蘇吉丹東。「民務耕種，架造屋宇，悉用木植，覆以欅欄皮，藉以木板，障以藤蔑，男女裹體以布纏腰，剪髮僅留半寸。山產胡椒，粒小而重，勝於打板。地產東瓜，甘蔗，匏，豆，茄，菜；但地無正官，好行剽掠，番商罕至興販。（見諸蕃志）

打板國　東連大闍婆，藤田豐八謂卽今之杜並。（Tuban）「居民架造之屋宇，與中國同。一（諸蕃志）蓋夙受華化者。「其地平坦，有港通舟車往來，產青鹽，綿羊，鸚鵡之屬。番官勇猛，舉東邊賊國爲姻，彼以省親爲名，番船多遭刼掠之患，甚至俘人以爲奇貨，每人換金二兩或三兩，以此商貨遂絕。」（諸番志）

4. 婆羅洲　婆羅洲上有渤泥國，奉中國爲宗主。

渤泥　卽梁隋之婆利。「其國以板爲城，城中居民萬餘人，所統十四州，王居覆以貝多葉，民舍覆以草。王之服色，略倣中國。器皿多用金。地無麥，有麻稻，以沙糊爲糧。土地所出，梅花腦，速腦，金脚腦，米腦，黃蠟，降眞香，瑇瑁。番商興販用貨金銀，假錦，建陽錦，五色絹，五色茸，琉璃珠，琉璃瓶子，白錫，烏鉛，網墜，牙臂環，臙脂，漆椀楪，青甆器等博易。番舶抵岸三日，其王與眷屬率大人（王之左右號曰大人）到船問勞。船人用錦藉跳板迎肅，款之酒醴，用金銀器皿，祿蓆涼傘等分獻有差。既泊舟登岸，皆未及博易之事，商賈日以中國飲食獻其王；故舟往佛泥，必挾善庖者一二輩與俱。朔望並講賀禮。幾月餘，方請其王與大人論定物價。價定，然後鳴鼓以召遠近之人，聽其貿易。價未定而私貿易者罰。俗重商賈，有罪抵死者，罰而不殺。船回日，其王亦釃酒椎牛，祖席，酢以腦子番布等，稱其所施。船舟雖貿易迄事，必候六月望日，排辦佛節，然後出港。（諸蕃志）宋太平興國二年（西九七七）其王向打遣使齎表貢大片龍腦，光龍腦，蒼腦，玳瑁，檀香，象牙，其表以數重小囊緘封之，非中國紙，類木皮，薄瑩滑，色微綠，而長數尺，闊寸餘，橫卷之僅可盈握。其字小細，橫讀之，以華言譯之云：「勃泥國王向打稽首拜皇帝萬歲萬歲萬萬歲，願皇帝萬歲，今遣使進貢，向打聞朝廷無路得到，昨有蕃人蒲盧歇泊水口，令人迎到州。言自中朝來，比詣闍婆國，遇猛風吹其船不得去。此時聞自中國來，人皆大喜，卽造舶船，令蒲盧歇導達入貢朝。所遣使人只願平善見皇帝，每年令人入朝，每年修貢。慮風吹至占城界，望皇帝詔占城升望皇帝詔占城，今有向打船到，不得留。臣本國無異物，乞皇帝勿怪。」其表文如是，詔館其使于禮賓院，優賜以遣之。元豐五年（西一〇八二）二月其王錫理麻喏復遣使貢方物，其使乞從泉州乘海船歸國，從之。（通考）

觀於以上所述，三佛齊國在宋代實雄長南洋，而此國則對中國稱臣受封，年年入貢，恭順無匹，卽中國在南洋之勢力可思矣。當時海南諸邦之入貢者，蓋歸福建路提舉市舶所管轄，而懷徠諸邦，亦爲此司之責職。宋會要占城條云：政和五年（西一一一五）八月八日禮部言，福建路提舉市舶司狀：「本路昨自興復市舶，已於泉州置來遠驛，及已差人前去羅斛占城國說諭招納，許令將寶貨前來投進外，今相度欲乞諸蕃國貢奉使副判官首領所至州軍，並用妓樂迎送，許乘輪或馬……其餘應干約束事件，並乞依蕃蠻入貢條例施行。」……卽此可見其崖略矣。

三佛齊而外，能與之頡抗者，惟有闍婆。二國國勢既盛，遂爲商賈薈集所，故嶺外代答曰：「正南諸國，三佛齊其都會也。」「東南諸蕃國，闍婆其都會也。」而此二國，在此時亦實有華民移殖之事，可以考見。觀於通考謂「三佛齊亦有中國文字。」若無華人留居，何能有此？諸蕃志謂「打板國居民架造屋宇，與中國同。」若無華民久住其地，華化何能影響及於居屋？諸蕃志又謂「蘇吉丹厚遇商賈，無宿泊飲食之費。」一是南洋島國固有極力招致華人者也。渤泥王衣服略倣中國，聞有中國人至，皆大歡喜，當時我族所至，咸受歡迎也。

第四章　元代之南洋拓殖

元代之南洋經營，視前代尤有進步，而出兵征爪哇，尤爲一代大事。茲先叙述其顚末，次及其他。

初爪哇黥使者孟琪。（元史高興傳）至元二十六年（西一二八九）冬，史弼行淮東宣慰使，入朝。世祖欲征爪哇，謂弼曰：諸臣爲吾腹心者少，欲以爪哇事付汝。對曰：陛下命臣，臣何敢自愛。二十九年二月（西一二九二）拜弼榮祿大夫福建等處行中書省平章政事，往征爪哇。以亦黑迷失高興副之。會福建江西湖廣三行省兵凡二萬，設左右軍都元帥府二，征行上萬戶四，發舟千艘，給糧一年，鈔四萬錠，降虎符十，金符四十，銀符百，金衣段百端，用備功賞。亦黑迷失等陛辭。帝曰：卿等至爪哇，明告其國軍民，朝廷初與爪哇通使，往來交好，後刺詔使孟右丞之面，以此進討。九月，軍會慶元，弼亦黑迷失領省事赴泉州，興率輜重自慶元登舟涉海。十一月，福建江西湖廣三省軍會泉州。十二月，弼以五千人合諸軍發泉州，自後渚啓行，風急濤湧，舟掀簸，士卒皆數日不能食。過七洲洋萬里石塘（據鄭和海圖瓊州獨猪山海上有萬里石塘嶼蓋今 Macelesfield Banks 地也。）歷交趾占城界。（元史史弼傳爪哇傳）

三十年春正月，至東董西董山牛崎嶼，入混沌大洋，橄欖嶼假里馬答（今 Karimata）勾闌（即交闌山今 Jelam）等山，駐兵伐木，造小舟以入。（史弼傳）三月，亦黑迷失孫參政先領本省幕官幷招諭爪哇等處宣慰司官曲出海牙楊梓全忠祖萬戶張塔剌赤等五百餘人船十艘，先往招諭之。大軍繼進於吉利門（今 Kariman-Java）弼與進至爪哇之杜並足。（亦名打板今 Tuban 見元史爪哇傳）是時大軍經月，不克登岸，船中之水已盡，軍士失措。史弼高興二將拜天祝曰：「奉命伐蠻，天若與之則泉生，不與則泉無。」禱畢，奮力鎗海灘，泉水隨鎗插處湧出，水

味甘淡，衆飲而得全生。相傳謂得天助也。（紀錄彙編本瀛涯勝覽）

既登岸，議水陸竝進。弼與孫參政帥都元帥那海萬戶寧居仁等水軍自杜並足由戎牙路港口（Garggala）至八節澗，（在今泗水上，按高興傳亦黑迷失自水路進，與此不同，今從爪哇傳）興與亦黑迷失帥都元帥鄭鎮國萬戶脫歡等馬步軍自杜並足陸行。以萬戶申元爲前鋒，遣副元帥土虎登哥萬戶褚懷遠李忠等乘鑽鋒船，由戎牙路於麻喏巴歇（卽滿者伯夷今Majapait）浮梁前進，赴八節澗期會。招諭爪哇宣撫司官主，爪哇主壻土罕必闍耶舉國納降。土罕必闍耶不能離軍，先令楊梓甘州不花全忠祖引其宰相昔剌難荅吒耶等五十餘人來迎。（爪哇傳）

三月一日會軍八節澗。澗上接杜馬班王府（今Tumapel）下通莆奔大海，乃爪哇咽喉必爭之地。又其謀臣希寧官沿河船舟，觀望成敗，再三招諭不降。行省於澗邊設偃月宮，留萬戶王天祥守河津，土虎登哥李忠等領水軍；鄭鎮國省都鎮撫倫信等領馬步軍，水陸竝進。希寧官懼，棄船宵遁。獲鬼頭大船百餘艘。令都元帥那

海，萬戶寧居仁鄭珪高德誠張受等，鎮八節澗海口，大軍復進。（爪哇傳）

時爪哇與隣國葛郎搆怨，爪哇主哈只葛達那加剌已爲葛郎主哈只葛當所殺。其壻土罕必闍耶攻哈只葛當不勝，退保麻喏八歇。聞弼等至，遣使以其國山川戶口及葛郎國地圖迎降，求救。（史弼傳）亦黑迷失張參政先往安慰土罕必闍耶。鄭鎮國引軍赴章孤（據瀛涯勝覽章孤在滿者伯夷東北，相距半日程）接援。興進至麻喏巴歇，都稱葛郎兵未知遠近，興回八節澗。亦黑迷失尋報賊兵今夜當至，召興赴麻喏巴歇。七日葛郎兵三路攻土罕必闍耶。八日黎明，亦黑迷失孫參政率萬戶李明迎賊於西南，不遇。興與脫歡由東南路與賊戰，殺數百人，餘奔潰山谷。日中。西南路賊又至，興又戰，至晡又敗之。（爪哇傳）哈只葛當走歸國。（史弼傳）

高興言爪哇雖降，倘中變與葛郎聯合，則孤軍懸絕，事不可測。弼遂分兵三道，（史弼傳）伐葛郎，期十九日會答哈，聽砲聲接戰。土虎登哥等水軍泝流而上。亦黑迷失等由西道，興等由東道進，土罕必闍耶繼其後。十九日至答哈，（Kediri）葛郞國主，以兵十餘萬交戰。自卯至未，連三戰。賊敗奔潰，擁入河死者數萬人，殺五千人。國主入城拒守，官軍圍之，且招其降。是夕國王哈只葛當出降。四月二日，（爪哇傳）土罕必闍耶乞歸，易降表，及所藏珍寶入朝。弼與亦黑迷失許之，遣萬戶担只不丁甘州不花以兵二百人，獲之還國。（史弼傳）

時高興方諭降諸小國，哈只葛當子昔剌八的，昔剌舟不合逃入山谷，興獨帥千人深入，虜昔剌舟不合還至答哈城。史弼亦黑迷失已遣使護土罕必闍耶歸國，具入貢禮。興深言其失計。（高興傳）

十九日土罕必闍耶背叛逃去，留軍拒戰。担只不丁甘州不花省掾馮祥皆遇害。（爪哇傳）合衆來攻。（高興傳）乘軍還，夾路攘奪，弼自斷後，逐誅哈只葛當父子，且戰且行。行三百里，得登舟行六十八日，夜達泉州。士卒死者三千餘人。有司數其俘獲金寶香布等，直五十餘萬。又以沒埋國所上金字表，及金銀犀象等物進。於是詔治縱爪哇者，弼與亦黑迷失皆獲罪，興獨以不預議，且功多，賜五十兩。（史

弼傳高興傳）

此役所費甚多，而所得者僅葛郎王父子，及沒埋國之貢表，對爪哇實未能征服。按諸元史亦無再征爪哇之事。而元人汪大淵島夷志略謂「大德年間（一二九七——一三〇七）亦黑迷失，平章史弼高興曾往其地，令臣屬納稅貢，立衙門，振綱紀，設舖兵以遞文書」。似非事實。按史弼傳弼死于元貞三年，似不及預大德年間事。高興傳，興死於皇慶二年，（一三一三）然傳中未言大德年間曾往爪哇。此島志與元史不合之點也。但史弼以縱爪哇削職，至元貞三年始復爲平章政事。而元貞無三年，元貞三年已改爲大德元年，（一二九七）元史以三年系於元貞之下，或係漏大德年號；且高興在元貞大德年間，亦任福建浙江行省平章政事，則又與島志合。明史爪哇傳謂爪哇於元末尙入貢於元。則大德中，諸人因曾招諭爪哇，而元史漏之也。姑存之以備考。

此下請敘元代與南洋諸島之關係：

(一)爪哇

爪哇　爪哇卽古闍婆國，門遮把逸山（卽滿者伯夷）係官場所居，宮室壯麗，地廣人稠，實甲東洋諸蕃。（島夷志略）其國在元代甚强，征伐隣民，收服回教。至永樂三年，有回教師領大軍强服其土人，使棄舊教而拜回回教主，是後印度舊教遂微。（每月統紀傳）蓋爪哇以其國力挾印度教雄視隣國者百有餘年矣。其國「與中國爲商，往來不絕」（元周致中異域志上）「自泉州船一月可到」（異域志上）我國人士移居彼土者甚多。「其地有杜板（卽杜並）流寓者多廣東漳泉人。又東行半日至廝村，中國人客此成聚落，遂名新邨，約千餘家，邨主廣東人，番船至此互市，金寶充溢。又南水行可半日至淡水港，乘小艇二十餘里至蘇魯馬益港（蘇兒把牙河）旁大洲多中國人。」（見續通考）按此條多本瀛涯勝覽，爲明初人作，則所記當爲元代事也。蓋中國僑民在元代已布滿爪哇境內，握有經濟上之權威矣。

葛郎　爲爪哇之隣國，其與爪哇搆怨，殆爲新舊教之爭。元初出兵爪哇，虜其國王「哈只葛當，妻子官屬百餘人，及地圖戶籍，所上金字表以還。」（元史爪哇傳）蓋自是臣屬中國。按葛郎殆卽通典及唐書之訶陵，諸蕃志之禧寧，島夷志略之希苓，實卽荅哈（Doho）今（Kediri）是也。

打板　元史作杜並足，係爪哇之屬國，故元史稱之曰爪哇之杜並足，卽今Toban地。其地「但有千家，二酋主之。流寓者多廣東漳泉人。」（續文獻通考）

重迦羅　國無酋長，年尊者統攝，在杜瓶（卽杜並）之東，與爪哇界（指滿者伯夷）相接。地產細花木棉，單椰子，木棉花紗。貿易之貨用花銀花宣絹諸色布。（島夷志略）元代征爪哇，由此進兵。按諸蕃志「打板國東達大闍婆，號戎牙路」，則大闍婆卽係戎牙路也。重迦羅在杜並之東，卽係戎牙路可知。蓋皆 Janggala 之對音。其地遺址在今泗水地方，故曰與爪哇相接。島夷志略謂「諸蕃不事耕種，專尚寇掠，舶人所不及也。」則戎牙路爲舶人所常及可知。

(二)菲律賓羣島　元代與此島有商業之關係，而無政治之關係，其當日貿易情形如下：

三島　三島，元史作三嶼，已見前章。其地田瘠，穀少，俗質朴。（島夷志略）其人民最爲仰慕中華。「男子常附舶至泉州經紀，罄其資囊以文其身。既歸其國，則國人以尊長之禮待之，延之上座，雖父老亦不得與爭焉。習俗以其至唐，故貴之也。」（島夷志略）元世祖至元三十年（西元一二九三）命選人招誘之。平章政事伯顏等言，「臣等與識者議此國之民不及二百戶，時有至泉州爲商賈者。去年入瑠求軍船過其國，國人餉以糧食，館我將校，無它志也，乞不遣使。」帝從之。（元史三嶼傳）是其國始終內順之徵也。其地產黃蠟，木棉，花布，貿易之貨用銅珠，青白花碗，小花印布，鐵塊之屬。（島夷志略）

麻逸　田膏腴，氣候稍暖，俗尚節義。（島夷志略）其與中國船貿易，「貨用銅鼎，鐵塊，五采紅布，紅絹，牙錠之屬。蠻賈議價領去博易土貨，然後准價，船商守信，終始不爽約。」（島夷志略）

毗舍耶　此國日以寇掠爲事，見於宋史。至元代猶未改其習俗。島夷志略謂，「其國無酋長，地無出產，時裹乾糧，掉小舟過外番，伏荒山窮谷無人之境，遇捕魚採薪者，輒生擒以歸，鬻于他國。每人易金二兩。故東洋聞毗舍耶之名，皆畏而遁焉。」特不復有寇掠中國事。

麻里嚕　即諸蕃志之蒲黑嚕，今馬尼剌地是也。其地山隆而水多鹵股石，林少田高而瘠，民多種薯芋，地氣熱，俗尚義。地產玳瑁，黃蠟，降香，竹布，棉花。貿易之貨用足錠，青布，磁器盤，處州磁，水罈，大甕，鐵鼎之屬。（島夷志略）

民多郎　殆卽今棉蘭老島。國爲臨海要津，溪通海，水不鹹。田沃饒，米穀廉，氣候熱，俗尙儉。男女椎髮穿短皂衫，下繫青布短裙。民鑿井而飮，煑海爲鹽，釀小米爲酒。有酋長。地產烏梨木，麝，檀，木棉花，木麂皮。貨用漆器，銅鼎，闍婆紅絹，青布，斗錫，酒之屬。（島夷志略）

蘇祿　此國前此未聞，卽今之 Sulu。其地以石崎山爲保障，山畬田瘠，宜種粟麥。民食沙糊魚蝦螺蛤。氣候半熱，俗鄙薄。男女斷髮纏皂縵，繫小印花布。煑海爲鹽，釀蔗漿爲酒，織竹布爲業。有酋長。地產中等降眞條，黃蠟，玳瑁，珍珠。較之沙星八丹第三港等處所產者優。此蘇祿之珠，色青白而圓，其價甚昂。中國人首飾用之。其色不退，號爲絕品。有徑寸者，其出產之地，大者已直七八百餘錠，中者二三百錠，小者一二十餘錠。其餘小珠一萬上兩重者，或一千至三四百兩重者，出于西洋第三港，此地無之。貿易之貨，赤金，花銀，八都剌布，青珠，處器（處州磁器）鐵器之屬。（島夷志略）

（三）婆羅洲　與中國有貿易關係，且有中國移民。

渤泥　據藤田豐八說，其國殆在Borne。卽今 Brunei 島之西岸上。其國一基宇雄敞，原田獲利，俗侈。男女椎髻，以五采繫腰，花錦爲衫。崇奉佛像唯嚴。有酋長，仍選其國能算者一人掌文簿，計其

出納收稅，無纖毫之差焉。地產降眞，黃蠟，玳瑁，梅花片腦，貨用白銀，赤金色緞，牙箱，鐵器之屬。（島夷志略）

華人之留居者綦衆。至得彼土人之歡心。島夷志略謂其俗「尤敬愛唐人，醉則扶之以歸歇處」，蓋記實也。

蒲奔　據藤田氏說，在今 Borneo 東南岸 Tana Bumbu 地。「地控海濱，山蹲白石。不宜耕種。有酋長。地產白藤，浮留藤，檳榔。貿易之貨用青甆器，粗碗，海南布，鐵線，大小埕甕之屬。」（島夷志略）

假里馬打　即今 Karimati，元史作假里馬答。元征爪哇，曾經其地。其國「田下，穀不收。氣候熱，俗澆薄，罔知廉恥。採蕉實爲食，煮海爲鹽，以適他國易米。地產番羊，高大者可騎，日行五六十里。及紫玳瑁。貿易之貨，用琉黃，珊瑚珠，闍婆布，青色燒珠，小花印布之屬。（島夷志略）

勾欄山　據斐氏說，即今假里馬打東之 Gelam 地。元征爪哇，曾經其地。元史作「拘欄」，其地當南洋要衝，多中國僑民。島夷志略記其地曰：嶺高有樹林，茂密，田瘠穀少，氣候熱，俗射獵爲事。國初軍士征闍婆，（指史密高興征爪哇事）遭風于山下，輒損舟。一舟幸免，唯存釘灰，見其山多木，故于其地造舟一十餘艘。若檣陀，若帆，若篙，靡不具備。飄然長往。有病卒百餘人不能去者遂留山中。今唐人與番人叢雜而居之。男女椎髻穿短衫繫巫崙布。地產熊，豹，鹿，麂皮，玳瑁。貿易之貨用穀米，五色青布，銅器，青器之屬。（島夷志略）

(四)蘇門答臘　元初招降須文答拉，喃哑哩，及末來由諸邦，蓋蘇島國多臣屬。

三佛齊　據藤田豐八說，卽今詹卑(Gambi)其地人煙稠密，田土沃美。氣候暖，春夏常雨。俗淳，喜潔淨，故於水上架屋。有酋長。地產梅花片腦，中等降眞香，檳榔，木棉布，細花木。貿易之貨，用色絹，紅硝珠，絲布，花布，銅鐵鍋之屬。（島夷志略）

須文答剌　乃 Sumudra (Sumatra)之對音，元史之速木都剌，馬哥孛羅游記之 Samara，者指此。今 Pasei 河左岸，距海口約二哩處，有邑落曰 Samudra，卽其遺址。（荷氏說）其地峻嶺掩抱，地勢臨海，田磽穀少，而俗薄。土產腦子，降眞香，味短，鶴頂，斗錫。種茄樹，高丈有餘，經三四年不悴。貿易之貨，用西洋絲布，樟腦，薔薇水，黃油傘，青布，五色緞之屬。（島夷志略）至元二十三年（西一

二八六）上表來獻，仍貢方物。（世祖本紀）元征爪哇，復遣使招降此國。（亦黑迷失傳）

花面：據瀛涯勝覽，那孤兒王又名花面王，在蘇門答剌西。星槎勝覽云：其國與蘇門答剌隣境，傍南巫里洋，逶迤山地。是此國在蘇門答剌城西，濱海地方也。其國田極肥美，足食有餘。男女以墨汁刺于其面，故謂之花面國。（島志）亦稱達哥羅國(Dagroian 即大花面之廈門音）其國人俗自稱爲蒙古大汗（元世祖）之臣屬。（馬哥孛羅游記）其國境內「氣候倍熱，俗淳，有酋長，地產牛，羊，雞，鴨，檳榔，甘蔗，荖葉，木棉。貨用鐵條，青布，粗碗，青處器之屬。舶經其地，不過貿易以供日用，餘無可興販也。」（島夷志略）

喃巫哩：即元史之南巫里，南無力；諸蕃志之藍無里；馬哥孛羅遊記之 Lambri，蓋即今 Achin 角沿洋地方。（藤田豐八說）田瘠穀少，氣候暖。俗尚劫掠。地產鶴頂，龜筒，玳瑁，降眞香，冠于各番。貿易之貨，用金，銀，鐵器，薔薇水，紅絲布，樟腦，青白花碗之屬。（島夷志略）至元二十三年（一二八六）會上表貢獻。（世祖本紀）至正二十一年（一三六一）福建行省又遣使人八合魯思招降此國，與別里刺，Perlok 理倫，大力，等四國。（見元史本紀）

（五）馬來半島　元初招降末來由諸邦，貿易甚盛。

丹馬令　貿易之貨用甘理布，紅布，青白花碗之屬。（島夷志略）其國有酋長，無王，宋慶元間（一一九五——一二〇〇），進金五墁金傘上柄；元求其利，不至。（周致中異域志卷下）

彭坑　卽明一統志名山藏之彭亨，諸蕃志三佛齊屬國之蓬豐，今之 Pahang 是也。田沃，穀稍登，氣候半熱。有酋長。地產黃熟香頭，沉速，打白香，（藤田氏說打白卽樹膠）腦子，花錫，粗降。其貿易之貨用諸色絹，闍婆布，銅鐵器，漆磁器，鼓板之屬。（島夷志略）

吉蘭丹　卽今 Kelantan，宋時爲三佛齊屬國。（諸蕃志）地勢博大，山瘠田少，夏熱而倍收，氣候平熱；風俗尙禮。民煮海爲鹽，織木棉爲業。有酋長。地產上等沉速，粗降眞香，黃臘，龜筒，鶴頂，檳榔。有小港，索遷極深，水鹹魚美，出花錫。貨用塘頭市布，占城布，青盤花碗，紅綠焇珠，琴阮，鼓板之屬。（島夷志略）至元二十三年（西一二八六）遣子弟上表來獻，並貢方物。（世祖本紀作急蘭亦帶，外國傳作急亦鱘，茲從桑原騭藏蒲壽庚考說）

丁家盧　卽今 Trigganu，亦卽諸蕃志三佛齊屬國之登牙儂，元史之丁呵兒。其地山高曠田，中下，下民食足。春多雨，氣候微熱。風俗尚怪。其酋長勤儉守土。地產降眞，腦子，黃蠟，玳瑁。貨用青白花磁器，占城布，小紅絹，斗錫，酒之屬。（島夷志略）至元二十三年（一二八六）來貢方物（世祖本紀）

龍牙門　島夷志略謂「門以單馬錫番（新加坡之古名）兩山相交，若龍牙門中有水道以間之。」殆卽新加坡舊硤 Governador。（藤田豐八說）其地田瘠稻少，氣候熱，四五月多淫雨。俗好刼掠。昔酋長掘地得玉冠。歲之始，以見月爲正初，酋長戴冠披服受賀。今亦遞相傳授。男女兼中國人居之。多椎髻，穿短布衫，繫青布梢。產粗降眞，斗錫。貿易之貨，赤金，青緞，花布，處磁器，鐵鼎之類。蓋以山無美材，貢無異貨，以通泉州之貿易，皆剽竊之物也。舶往西洋，本番置之不問；回船之際，至吉利門，舶人須駕箭棚，張布幕，利器械以防之。賊舟二三百隻，必默來迎戰，數日，若僥倖順風，或不遇之；否則人爲所戮，貨爲所有，則人死係乎頃刻之間也！（島夷志略）按此地純屬賊區，猶有中國人居之，其殺力眞不可及。則馬來島上風俗淳厚之地，必益爲吾國僑民麕集之所，可從此推之矣。

蘇洛鬲　蘇洛鬲乃吉打國舊名 Srokam 之對音。（藤田氏說）其地田瘠，穀少，氣候少暖，風俗勇悍。民煮海爲鹽。有酋長。地產上等降眞，片腦，鶴頂，沈速，玳瑁。貿易之貨用青白花器，海巫崙布，銀，鐵，水埕，小罐，銅鼎之屬。（島夷志略）

（六）摩鹿加羣島　中國人與有貿易，前此未聞也。

文老古　文老古卽名山藏，東西洋考及象胥錄之美洛居。乃 Maluka (Moluccas) 之對音。（藤田豐八說）地勢卑窄，山林茂密，田瘠稻少，氣候熱，俗薄。民煮海爲鹽，取沙糊爲食。地產丁香，其樹滿山，然多不能常生，三年中間或二年熟。有酋長。地每歲望唐船販其地。往往以五梅雞雛出，必唐船一隻來。（句有譌誤）二雞雛出，必有二隻來。以此占之，如響斯應。貿易之貨用銀，鐵，水綾，絲布，巫崙八節那澗之布，土印布，象齒，燒珠，青甆，埕器之屬。（島夷志略）

（七）帝汶島（Timor）此島有中國往貿易，亦前此所未聞也。

古里地悶　其名見于島夷志略。藤田氏謂卽諸蕃志之底門，底勿。東西洋考名山藏之遲悶，云古里地悶也。地悶遲悶乃 Timor 之對音，古里吉里乃 Gili 之對音，謂島也。其地「山無異木，唯檀樹爲最盛。以銀鐵碗西洋絲布色絹之屬爲之貿易。地（指貿易地）謂之馬頭，凡十有二所。有酋長。田宜穀粟，氣候不齊，朝熱而夜冷。風俗淫濫。市所酒肉價廉，婦不知恥。部領目縱食而貪酒色之餘，臥不覆被，至染疾者多死。倘在蕃苟見回舟之期，櫛風沐雨，其疾發而爲狂熱，謂之陰陽交。交則必死。昔臬之吳疾發舶稍（當作梢）衆百有餘人，到彼貿易。旣畢，死者十八九，間存一二，亦多羸弱乏力，駕舟隨風回舶，或時風恬浪息，黃昏之際，則狂蕩歌舞不已；夜半則添炬燁燿，使魂遊而膽寒。（島夷志略）

綜上所述，元代之於南洋，除元初外，政治上之關係蓋鮮，而人民之經營，則勝於前代。一爲貿易範圍之擴大，竟及於摩鹿加及帝汶，爲前代所未有。二爲殖民事業之興盛，馬來爪哇蘇門答臘婆羅洲各島，在元代已證實確有多數華人居住。又據十口相傳，十四世紀間，（略當元代）有閩人名林旺者，航海到菲律賓，爲菲人烈山澤，驅猛獸，教菲人以種種耕稼上之知識，菲人始由游牧時代，漸入農業時代。日用諸物，亦皆自吾國南方輸入，因之吾國南方商人，相繼偕來云。（鄭民菲律賓）厥功偉矣！

華僑足跡所至，實亦不僅於上方所述。今望加錫附近臥瓦 (Gowa) 部落，其酋長有刀，爲元時物。相傳係酋長祖先，直接得自中國人者。（角田政治外國地理集成馬來羣島）是中國人在元代已至西里伯也。

再從諸書所記國人對南洋貿易之貨物觀之，實亦不僅販自中國，往往卽在南洋貿遷往來。如：

民多朗貿易用闍婆紅絹，青布。蘇祿貿易用八都剌（Martaban）布。蒲奔貿易用海南布，假里馬打貿易用闍婆布。舊港貿易用門邦（卽蘇門邦，暹羅地）丸珠，須文答剌貿易用西洋絲布，薔薇水。（此水產于大食）喃哑哩貿易之貨用薔薇水，紅絲布。彭坑貿易之貨用闍婆布，吉蘭丹貿易用塘頭市布，占城布。丁家廬貿易用占城布。蘇洛鬲貿易之貨，用海巫崙布。（巫崙，爪哇之屬）文老古貿易之貨，用巫崙布，八節那澗布，土印布，丹馬令貿易之貨用甘理布。

此類記載，爲元代之特色，宋人未有也。想見當日華人，實握南洋貿易之牛耳也。然貿遷南洋之貨物，自以居住南洋爲便，則又可旁證僑居者之日衆也。

自唐以來，中國已操海上航權，及元世祖時，尤注力於海外經營，復以國帑建造船舶，運載貨物送航海外，從事通商。（元史食貨志）故元代船舶之偉大，竟超越一切紀載。（易逢巴圖塔紀行）其時往來中國印度波斯間之外人，多乘中國船。元代華僑之遠被經濟權之獨操，非偶然也。

移民之分布亦有可言者：大抵自唐以後國人之移殖南洋者以蘇門答臘爲多，而三佛齊（巴鄰旁）尤爲薈萃之區。馬素提所記是也。自元以後，移殖爪哇者乃多，稱其地曰新村，而改稱三佛齊爲舊港。世法錄謂舊港之名，所以別以新村。深得此中關鍵。蓋舊港云者，乃吾族之舊居；新村者，乃吾族之新宅，此皆出自吾僑之口，而非其地有此名也。

第五章　明代之南洋拓殖

有明一代，屢通使南洋。明初三保太監鄭和，徧歷諸番，聲威遠播，尤爲明代一大事。友人向達君別有專篇以考其事。茲姑據明史述其崖略。按明史和出使七次，至南洋者凡六次：（鄭和傳）

第一次　在永樂三年。（一四〇五）是年六月，和及其儕王景弘等奉命通使西洋，將士卒二萬七千八百餘人，多齎金幣，造大舶修四十四丈廣十八丈者六十二，自蘇州河泛海至福建。復自福建五虎門揚帆，首達占城，以次徧歷諸番國，宣天子詔，因給賜其君長，不服，則以武懾之。五年，（一四〇七）九月，和等還，諸國使者隨和朝見。和獻所俘舊港酋長，帝大悅，爵賞有差。舊港者，故三佛齊國也。其酋陳祖義，剽掠商旅。和使招諭，祖義詐降，而潛謀邀刼。和大敗其衆，禽祖義，獻俘，戮于都市。

第二次　在永樂十年（一四一二）十一月，和復奉使西洋。至蘇門答剌，其前僞王子蘇幹剌者，方謀弑主自立。怒和賜不及已，率兵邀擊官軍。和力戰追禽之喃渤利，並俘其妻子。以十三年七月還朝。帝大喜，賚諸將士有差。

第三次　在永樂十四年。（一四一六）是年冬，滿剌加，古里等十九國，咸遣使朝貢，辭還。和復奉命偕往，賜其君長。按成祖本紀，永樂十四年占城，古里，爪哇，滿剌加，蘇門答剌，南巫里，渤泥，彭亨，錫蘭山，溜山，南渤利，阿丹，麻林，忽魯謨斯，柯枝入貢。琉球中山入貢者再。鄭和此去，蓋徧歷諸國，故至十七年（一四一九）七月始還。

第四次　在永樂十九年（一四二一）。是年春正月癸巳，和復奉使西洋。二十年（一四二二）八月，還京師。

第五次　在永樂二十二年。（一四二四）是年正月，舊港酋長施濟孫請襲宣慰使職，和齎敕印往賜之。比還，而成祖晏駕矣。

第六次　在宣德五年（宣宗年號西元一四三〇年。）是年六月，帝以踐祚歲久，而諸番國遠者猶未朝貢。於是和景弘復奉命歷忽魯謨斯等十七國而還。

綜計鄭和經事三朝，先後七奉使，而奉命經營南洋羣島者凡六。所歷西南洋三十餘國，聲威遠震。自和後凡將命海表者，莫不盛稱和以夸外番。然自宣德以還（一四二六——）遠方雖時有至者，要不如永樂時矣！

明代襲永樂之餘威，其南洋之經營，尤有卓著之成績。茲綜合諸書所記，分述其事於次：

1.馬來半島諸國　如滿剌加、彭亨、吉蘭丹諸國，皆隸屬中國。柔佛，九州山等地，亦有國人蹤跡。

滿剌加　即今之馬六甲（Malaca）。自占城向正南，好風船行八日到龍牙門，往西行二日可到此處。舊不稱國，因海有五嶼，遂以名之。無國王，止有頭目掌管此地，爲暹羅所轄，歲輸金四十兩，否則差人征伐。（馬歡瀛涯勝覽）

永樂元年（一四〇三）十月，成祖遣中官尹慶使其地。慶至，宣示威德及招徠之意，其酋西利八兒速剌（明史原作拜里迷蘇剌，實誤，此據東西洋考及朝貢典錄改）大喜，遣使隨慶入朝，貢方物。三年（一四〇五）九月至京師，帝嘉之，封爲滿剌加國王，賜誥印綵幣襲衣黃蓋，復命慶往。其使者言王慕義願同中國列郡，歲效職貢，請封其山爲一國之鎭。帝從之，製碑文勒山上。（明史）綴以詩曰：「西南巨海中國通，輸天灌地億載同。洗日浴月光景融，雨崖露石草木濃，金花寶鈿生青紅，有國于此民俗雍。王好善義思朝宗，願比內郡依華風；出入導從張蓋重，儀文裼襲禮虔恭。大書貞石表爾忠，爾國西山永鎭封！山居海伯翕扈從，皇考陟降在彼穹；後天監視久彌隆，爾衆子孫萬福崇！」（明詩綜）慶等再至，其王益喜，禮待有加。五年（一四〇七）九月，隨使入貢。（明史外國傳）七年，（一四〇九）命中使鄭和賜銀印冠服，從此不復隸暹羅矣！（東西洋考）九年，（一四一一）嗣王拜里迷蘇剌率其妻子及陪臣五百四十人來朝。命中貴海壽禮部郎黃裳迎勞于郭，勅有司供帳飾館待之。詩陛見，貢方物。上御奉天門宴王；（洋考）妃以下宴他所。（明史）光祿日給牲牢。賜王金繡龍衣一襲，金銀器皿，帷帳裀褥咸具。賜妃以兒迷速里，及子姪陪臣文綺紗羅襲衣有差。八月，賜黃金相玉帶，儀仗鞍馬，并賜王妃冠服。九月辭歸，賜宴奉天門。別宴王妃陪臣如初。賜勅勞王，（勅文詳東西洋考卷十一）副以金相玉帶一，儀仗一副，鞍馬二匹，黃金百兩，白金五百兩，鈔四十萬貫，錢二千六百貫，錦羅六百匹，絹千匹，渾金文綺二，金織通袖膝襴二。妃以下各有差。（廣東通志）禮部餞于龍江驛，復賜宴龍江驛。十年夏（一四一二）其姪入謝。及辭歸，命中官甘泉偕往。旋又入貢。十二年（一四一四）王子母幹撒干的兒沙來朝，告其父訃。即命襲封，賜金幣。嗣後或間歲入貢以爲常。（明史）十七年（一四一九）王亦思罕答兒沙嗣，更率妻子來朝。言爲暹羅所侵，惟陛下卵翼之。上爲降詔暹羅國王，無開兵隙。暹羅旋遣使來謝侵伐之罪。滿剌加所得保境息肩者，皆中國賜也！二十二年，（一四二四）王西里麻哈剌來朝。（東西洋考）

宣德六年，（一四三一）遣使者來言暹羅謀侵本國，王欲入朝，懼爲所阻；欲奏聞無能書者，令臣等三人附蘇門答剌貢舟入訴。帝命附鄭和舟歸國。因令和齎敕諭責以輯睦鄰封。八年，（一四三三）王率妻子陪臣來朝。抵南京，天已寒，命俟春和北上；別遣人齎敕勞賜王及妃。洎入朝，宴賚如禮。及還，有司爲治舟。王復遣其弟貢駝馬方物。時英宗已嗣位，而王猶在廣東，賜敕獎王，命守臣送還國。（明史）正統十年，（一四四五）其使者請賜王息力八密息瓦兒丟八沙護國敕書，（此王與一四二四之王，馮承鈞疑爲一人，未確，二王同有息力名稱，乃巫語神聖之義，非同名也。）及蟒服傘蓋，以鎮服國人。又言王欲親詣闕下，從人多，乞賜一巨舟，以便遠涉。帝（英宗）悉從之。（明史）

景泰六年，（一四五五）速魯檀無答佛哪沙貢馬及方物，請封爲王。詔給事中王暉往。已復入貢。（明史）

天順三年，（一四五九）王子蘇丹芒速沙請封。遣使册封爲王。（東西洋考）

成化十年，（一四七四）給事中陳峻……誘其王入貢。（時已久疎朝貢）十四年，（一四七八）復因其嗣王馬哈木沙請封，命給事中林榮，行人黃乾亨往册。進抵洋嶼，遭風溺海死。爾後遂罷封使。（世法錄）

正德中，（一五〇六——一五二一）其國被佛郎機（荷蘭之誤）仇殺。其王蘇端媽末（即馬哈木沙，蓋 Muhammad Sah 與 Sultan Muhammad 殊不異也，參馮承鈞蘇門答剌古國考序）見逐，退體坡堤兵去復國。（世法錄）

嘉靖初，（一五二二——）遣使貢方物，給賞如例。（世法錄）後佛郎機（荷蘭）强，舉兵侵奪其地，……滿剌加竟爲所滅。（明史外國傳）按滿剌加至萬歷二十七年（一五九九）乃爲荷蘭所奪，此誤。

此國在明代爲西南洋交通孔道。永樂初，中使自閩中至其國，由是而達西洋古力里士國，分䑸偏往支柯丹拐葛剌普忽謨斯等處。迨其返也，咸于是聚焉！蓋諸番之會也。（名山藏）此國物價，視華五倍。（世法錄）又復遣人到中國沿海招人前往貿易。（嘉靖二十七年杜汝楨奏，滿剌加番人，私招沿海無賴往來販鬻，見世法錄）故此國多中國移民。明史謂其國人「男女椎髻身體黝黑，間有白者，唐人種也。」蓋記實也。惟「其俗禁食豕肉，華人流寓，或有食者，輒見惡，謂其厭穢。」（黃衷海語）此則風尚不同耳！

柔佛 明史謂其地近彭亨，一名烏丁礁林。據丁謙說：烏丁礁林乃其種人名，非國名也。其酋好鬥，屢開疆隙；彭亨丁機宜之間，迄無寧日。（東西洋考）田瘠，不宜稼穡，歲藉諸邦淡米以食。（星槎勝覽）華人販他國者多就之；或邀至其國。（明史）然我舟至止，都有常輸，貿易祇在舟中，無復舖舍。（東西洋考）

吉蘭丹 明史作急蘭丹，即今之 Kelantan 也。永樂九年（一四一一）王麻哈剌查苦馬兒遣使朝貢。十年，（一四一二）命鄭和齎敕獎其王，賚以錦綺紗羅綵帛。（明史外國傳）嘉靖（一

五二二——一五六六）末，海寇餘衆遁歸于此，生聚至二千餘人，行刼海中，商船苦之。（東西洋考）

九州山　卽今之 Sembilen，（森美蘭）蓋馬來語之 Pula 此云島也，其 Sembilen 此云九也。（梁啓超鄭和傳）山與滿剌加接境，產沉香黃熟香。永樂七年（一四〇九）正使太監鄭和等差官兵入山採香，徑有八九尺，長有八九丈者六株。香淸味遠，黑花細紋，其實罕哉！番人張目吐舌，悉皆稱讚天兵力贔贔之神，蛟走兔虎奔也。（費信星槎勝覽）

2. 蘇門答臘諸國

三佛齊　洪武三年（一三七〇）太祖遣行人趙述，詔諭其國。明年，（一三七一）其王馬哈剌札八剌卜遣使奉金葉表，隨入貢。詔賜大統曆，及錦綺有差。戶部言其貨船至泉州宜徵稅，命勿徵。六年，（一三七二）王怛麻沙那阿者遣使朝貢。又一表，賀明年正旦。時其國有三王。七年，（一三七四）王麻那哈寶林邦遣使來貢。九月，王僧伽烈宇蘭遣使入貢。九年，（一三七六）怛麻沙那阿者卒，子麻那者巫里嗣。明年遣貢方物，言嗣子不敢擅立，請命于朝。天子嘉其義，命使臣齎敕印封爲三佛齊王。時爪哇强，已威服三佛齊而役屬之，聞之大怒。遣人誘朝使邀殺之。天子亦不能問罪，其國益衰。（明史）久之，丞相胡惟庸事發，事連三佛齊，懼而貢絕。三十年，（一三九七）命移檄暹羅，達于爪哇，俾戒諭三佛齊，嘉與更始。（東西洋考）

時爪哇已破三佛齊，國中大亂。爪哇亦不能盡有其地，華人流寓者，往往起而據之。有梁道明者，廣州南海人，久居其國，閩、粵軍民泛海從之者數千家，推道明爲首，雄視一方。（明史外國傳）指揮孫鉉使南海，遇其子及二奴，挾與俱來。（廣東通志）永樂二年，（一四〇五）成祖以行人譚勝受（世法錄作譚勝）與道明同邑，命偕千戶楊信等，（明史）及其二奴，齎敕往招。（廣東通志）道明及其黨鄭伯可，隨入朝貢方物。（明史）留副酋施進卿代領其衆。（東西洋考）賜道明襲衣，鈔百五十錠，文綺一二表裏，絹七十二匹。勝受奏事稱旨，擢浙江按察史。（廣東通志）道明受賜而還。四年，（一四〇六）舊港頭目陳祖義遣子士良，道明遣從子觀政，並來朝。後朝貢漸稀。（明史外國傳）

萬曆丁丑，（一五七七）中國人見大盜林朝曦在三佛齊，列肆爲蕃舶長，如中國市舶官云。（續文獻通考）

三佛齊夙蕃盛，（東西洋考）番舶輻湊，率漳泉東粵人。（世法錄）凡舟至獻果幣有成數。詹卑人（即三佛齊人）商量物價，雖議償金多少；然非償金實償椒也。（東西洋考）其國人喜賈夷婦，他國多載女子易椒以歸。（世法錄）

舊港　爲爪哇所轄。先至淡港入彭家門，用小船入港，則至其國。（瀛涯勝覽）所轄十五州，土沃宜稼。語云：「一年種穀三年生金。」言收穫盛而貿金多也。（明史外國傳）其國之人多廣東漳泉州人移居此地。人甚富饒。（瀛涯勝覽）在宋時名巴林馮，元代稱舊港。所以改名者，以別于新村也。（世法錄）

洪武年間（一三六八——一三九八）廣東人陳祖義等全家移于此處，充爲頭目，甚是豪橫。凡有經過客人，輒便刼奪財物。（瀛涯勝覽）永樂四年（一四〇六）遣子士良來朝，然仍爲盜海上，貢使往來者苦之。五年（一四〇七）鄭和自西洋還，遣人招諭之，祖義詐降；潛謀邀擊。施進卿（據世法錄乃祖義鄉人）告于和。祖義來襲，被禽獻于朝，伏誅。時進卿適遣壻邱彥誠朝貢，命設舊港宣慰司，以進卿爲使，賜誥印及冠帶。自是屢入貢。然進卿雖受朝命，猶服屬爪哇，其地狹小，非古時三佛

齊比也！（明史外國傳）

施進卿者，亦廣東人，本人死，位不傳子，立其女施二姐爲王。一切賞罰黜陟，皆從其制。（瀛涯勝覽）按明史及世法錄皆云永樂二十二年（一四二四）進卿子嗣職。與此不同。然此年鄭和奉特使齎印敕往賜，馬歡親自聞見，不容有誤。蓋其表文稱子，而明代官書從之；馬歡所說，則道其實也。

洪熙元年，（一四二五）遣使入貢，訴舊印爲火燬。帝（仁宗）命重給。其後朝貢漸稀。（明史）

嘉靖（一五二二——一五六六）末，廣東饒平人張璉作亂，蹂躪廣東江西福建三省，勢極猖獗。合三省兵會剿，調兵二十餘萬，凡三年乃平之官軍報捷，謂已就戮。（明通鑑）萬曆五年，（一五七七）商人詣舊港者，見璉列肆爲番舶長，漳泉人多附之，猶中國市舶官云。（明史外國傳）

（按三佛齊與舊港，自元末已非一國；明史混之，世法錄亦欠分明，今分析敘述如上。）

舊港市用中國銅錢，布帛，磁器，銅鼎之屬。（名山藏）然自國破以後，（指元末爲爪哇所併）漸覺滿目蕭條，賈人亦稀至矣！（東西洋考）

蘇門答剌　此國見于元史，詳見前章。一作須文答剌，或須文達那。費信謂蘇門答剌古名須文達那。明徐學聚國朝典彙亦云然。明史分蘇門答剌須文達那爲二國，誤甚。考其所以致誤者：洪武十年（一三七七）其國表貢請改曰蘇門答剌；（見名山藏原稱須文達那）然因其國作表章者所用譯名未能統一，故洪武十六年（一三八三）復有稱須文達那者入貢。其事載于明會典。修史者爲所迷惑，故有此誤。惟世法錄謂：「蘇門答剌一名啞齊。」明史謂：「蘇門答剌後易國名曰啞齊。」皆是。啞齊卽今Achin，乃此國之所在地也。元末明初，蘇島紊亂；今知此國在亞齊，賴此耳！

洪武初（一三六八——）國王奉金葉表貢馬及方物。（東西洋考）成祖初（一四〇三——）遣使以卽位詔諭其國。永樂二年（一四〇四）遣副使聞良輔行人寧善賜其酋織金文綺紗羅。中官尹慶使爪哇，便道復使其國。三年（一四〇五）鄭和下西洋，復有賜。和未至，酋宰奴里阿必丁，已遣使隨慶入朝貢方物。詔封爲蘇門答剌國王，賜印誥綵幣襲衣。遂比年入貢。（明史外國傳）已而王被那孤兒花面王侵掠，戰鬥身中藥箭而死。有一子幼小，不能與父報仇。其王之妻與衆誓曰：「有能報夫死之仇，復全其地者，吾願妻之，共主國事。」言訖，本處有一漁翁奮志而言：「我能報之。」遂領兵衆當先殺敗花面王，復雪其讎。花面王被殺，其衆退伏，不敢侵擾。王妻不負前盟，卽與漁人配合稱為老王。家室地賦之類，悉聽老王裁製。永樂七年（一四〇九）效職進貢方物，而沐天恩。永樂十年（一四一二）鄭和復至其國。其先王之子長成，陰與部領殺義父漁翁，奪其位，管其國。漁人有嫡子名蘇幹剌，領衆挈家逃去，隣山自立一寨，不時率領衆侵復父讎。（瀛涯勝覽）王子遣使赴闕陳訴，請救。太宗皇帝命鄭和等就率官兵勦捕。（見費覽）十三年（一四一五）和至其國，蘇幹剌統數萬人邀擊，和勒部卒及國人禦之，大破賊衆，追至南渤利國，俘以歸。其王遣使入謝。按蘇幹剌事，諸書所記略同，惟東西洋考所述，適與他諸書相反，今從衆。

宣德元年（一四二六）遣使入賀。五年（一四三〇）遣和及王景弘遍歷諸國，蘇門答剌與焉。明年遣使入貢者再。八年（一四三三）貢麒麟。九年王弟哈利之漢來朝，卒于京。帝憫之，贈鴻臚少卿，賜誥，有司治喪葬，置守塚戶。時景弘再使其國，王遣弟哈尼者罕隨入朝。明年（一四三五）至，言王老不能治事，請傳位于子。乃封其子阿卜賽亦的為國王。自是貢使漸稀。（以上見明史）

萬歷間（一五七三——一六一九）國兩易姓，其時為王者人奴也。弒王自立，大為防衛，（明史）法制嚴于他國矣！（東西洋考）

此國無麥有禾，一歲二稔。四方商賈輻輳。華人往者，以地遠價高，獲利倍他國。（明史外國傳）

船到，有把水報王，遣衆來接。船主隨之人見，進果幣于王。王爲設食，貿易輸稅，號稱公平。（東西洋考）

其國之西曰那孤兒，又西曰黎代，皆羈于蘇門。（西洋朝貢典錄）

那孤兒　那孤兒王又名花面王，在蘇門答剌西，地連止有一大山村。地方不廣，人民止有千餘家。田少人多，以耕陸爲生，米粮稀少；猪羊雞鴨皆有。言語動靜，與蘇門答剌國相同。土無出產，乃小國也。（瀛涯勝覽）永樂中，鄭和使其國，其酋長常入貢方物。（明史）

黎代國　黎代國在那孤兒地界之西。此處南是大山，北臨大海，西連南浡里國（南渤利）爲界。國人三千家，自推一人爲王，以主其事。爲蘇門答剌所轄，土無所產，言語行動與蘇門答剌同。山有野犀牛至多，王亦差人捕獲，隨同蘇門答剌國進貢中國。（瀛涯勝覽）

南渤利　即元史之南巫里。王及居民皆回回人，僅千餘家。俗朴質。地少穀，人多食魚蝦。（明史外國傳）永樂七年（一四〇九）王奉臣下數十人自隨寶船，至京進貢。（西洋朝貢典錄注）十年（一四一二）其王馬哈麻沙遣使附蘇門答剌入貢。賜其使襲衣，賜王印誥錦綺羅紗綵幣，遣鄭和撫諭其國。終成祖時，比年入貢。其王子沙者罕亦遣使入貢。宣德五年，（一四三〇）鄭和遍賜諸國，南渤利亦與焉。（明史外國傳）

・阿魯・ 一名啞魯，卽島夷志略之淡洋，今之Aru也。（藤田豐八說）民業耕漁，風俗淳朴，婚喪禮與爪哇滿剌加同。市易用小棉布曰栲泥。國皆回回人也。產飛虎有黃連香金銀香之類。（瀛涯勝覽）永樂九年，（西元一四一一）西洋朝貢典錄作永樂三年）王速魯唐忽遣使附古里諸國入貢。（典錄其貢物象牙熟腦）賜其使冠帶綵幣寶鈔。其王亦有賜。十年，（一四一二）鄭和使其國。十七年，（一四一九）王子段阿剌沙遣使入貢。十九年，（一四二一）二十一年，（一四二三）再入貢。宣德五年，（一四三〇）鄭和使諸番，亦有賜。其後貢使不至。（明史）

3.爪哇諸國 明代爪哇，海島各自有主。多象無馬騾。諸國每爭白象，卽治兵相攻擊。爭白象者，白象所在，卽爲盟主也。（艾儒略職方外紀）茲綜合諸書，錄其可考者于次。

・爪哇・ 爪哇在元明之際，雄視南洋。婆羅洲蘇門答臘島上諸國，多隸屬焉。瀛涯勝覽謂：「其國凡有四處，皆無城郭。其他國船來，先至一處名杜板；次至一處名斷村；又至一處名蘇魯馬益；再至一處名滿者伯夷國王居之。」茲據明史及東西洋考述其國與中國政治上關係；而從勝覽述其與中國殖民之關係于次：

洪武二年，（一三六八）太祖遣使以即位詔諭其國。其使臣先奉貢于元，還至福建而元亡，因入居京師。太祖復遣使送之還，且賜以大統曆。三年，（一三六九）以平定沙漠頒詔諸番。九月，其王昔里八達刺蒲遣使奉金葉表來朝貢方物。（世法錄貢白鹿孔雀）宴賚如禮。五年，（一三七一）又遣使隨朝使常克敬來貢。上元（唐肅宗年號西七六〇——七六一）所授宣敕三道。（明史外國傳）時以中朝待所屬三佛齊與之埒使臣（中國使臣）取道，（取道之三佛齊）邀殺之。十三年，（一三八〇）奉金葉表貢黑奴三百人。詔切責絕其貢。三十年，（一三九七）以三佛齊挾詐阻商，命禮部移暹羅轉諭。後其國分東西二王。（皇明世法錄）

永樂元年，（一四〇三）西王都馬板奉表賀即位。二年，東王孛令哈達遣使朝貢，請印，與之。西王亦歲歲貢使來朝。五年，（一四〇七）西王與東王戰，滅東王。時明舟過東王城，西王殺我百七十人。西王懼，遣使謝罪。敕責西王，令償死者金六萬。已，僅入貢萬金。禮官請索如約。上曰：「朕利金耶？令遠人知畏耳!」蠲其金賜鈔幣諭之。八年，（一四一〇）貢馬及方物。十一年，（一四一三）復貢。是時中貴人吳賓使爪哇還奏言：「滿剌加國王說稱朝旨從爪哇索舊港地，爪哇人不敢卽寧。」上降勅附來使慰諭之，俾無猜惑。十三年，（一四一五）都馬板更名楊惟亞沙，專使謝恩。十六，（一四一八）十九年，（一四二一）凡再貢；而東王久不至，蓋先是爲西王所破，詭言欲立其子，意竟不果而遂滅也。（東西洋考）

宣德後，（一四二六——）久不至。正統三年，（西一四三八，洋考作正統二年）復來貢。使臣亞烈馬用良、八諦南巫先後乞賜金銀帶；予之。亞烈、八諦，皆官名；用良與通事良殷、南文旦，並漳州人。殷乞還鄉，用良文旦乞使道過里；仍還國。皆報可，命有司給道里費。時眞臘等十一國使臣歸，勅爪哇護其行。（世法錄）八年，（一四四三）廣東參政張琰謂爪哇朝貢頻數，供億費煩，敝中國以事遠人，非計。帝（英宗）納之。其使還，賜三年一貢。十一年，（一四四六）復三貢。後乃漸稀。景泰三年，（一四五二）王巴利武遣使朝貢。天順四年，（一四六〇）王都馬板遣使入貢；使者還，至安慶，酗酒，與入貢番僧鬥，僧死者六人。禮官請治伴送行人罪；使者敕國王自治之。成化元年，（一四六五）入貢。弘治十二年（一四九九）貢使遭風舟壞止通事一舟達廣東。禮官請敕所司量予賜賚遣還；其貢物仍進京師。制可自是貢使鮮有至者。（明史）

此國國王所居曰滿者伯夷（Mojopahit）。其處番人二三百家頭目七八人，以輔其主。天氣長熱如夏田稻一年二熟白芝蔴黃豆皆有大小二麥絕無。國有三等人：一等回回，皆是西番流落此地，衣食諸事皆清致。一等唐人皆是廣東漳泉等處人竄居此地食用亦美潔；多有從回回教門受戒持齋者。（世法錄西番賈胡及唐人雜居服飾多雅潔）一等土人，形貌甚醜異，猱頭赤脚，崇信鬼教。佛書言鬼國其中卽此地也！……番人殷富者甚多，買賣交易行使中國歷代銅錢。國人最喜中國青花磁器。（瀛涯勝覽）

滿者伯夷東北曰章姑，爲其埠頭。再水行七八十里曰蘇盧馬益，番名蘇兒把牙。（見瀛涯勝覽卽今泗水）是爲市聚貨商舶米糧港口有聚。（星槎勝覽）港旁大洲林木蔚茂，千餘家，强半是中國人。（東西洋考）

蘇盧馬益北二十餘里爲斷村；一曰革兒昔者故沽灘地。中國人客此而成聚落，遂名新村。約千

餘家村主廣東人也。諸番船至此互市,金寶番珍充溢,居人多富。(寶顏堂秘笈本瀛涯勝覽)爲爪哇最富饒之區。(明史)

新村西行半日爲杜板(Tuban)番名賭班。(又名蘇吉丹,見名山藏)此處約千餘家,以上,皆頭目爲主。其間多有中國、廣東、漳州人,流居此地。(瀛涯勝覽)

由上所述,是知所謂爪哇,在當時僅有此四要地。中國人實充滿其間,勢力極盛;而新村一地尤爲中國人一手所開拓。爪哇政府亦用中國人爲官吏;而身任爪哇官吏之中國人,其出入祖國,亦爲中國政府所容許。稽之明律及世法錄,皆有私自出海之禁,固知立法嚴而行法恕也。

重迦羅 地與爪哇相接。田穀與爪哇同,氣候常暑。風俗頗淳,貨(貿易)用花銀花絹。(星槎勝覽)

4.婆羅洲諸國 據明史所載,有浡泥婆羅二國。東南海島圖經謂實即一國。李長傅南洋華僑史以爲浡泥即 Brunei;婆羅在何地不可考。按東西洋考、瀛涯勝覽、明史皆云婆羅一名文萊。文萊即 Brunei之譯音,至今華僑尚以此名其地;則婆羅自係今之 Brunei,元史之浡泥無疑。而明史所謂浡泥，統十有四州，原非小邦，（西洋朝貢典錄）不易歧誤。觀浡泥「俗脩浮圖教像而禮之，善持齋戒，」（見同上）與婆羅「禁食猪肉」（東西洋考）信仰迥然不同。決非一國。洋考曰：大泥即古浡泥。又曰：吉蘭丹渤泥之馬頭也。明史謂渤泥後改爲大泥。葢明人誤認大泥（Patani）爲古之浡泥耳！大泥與暹羅接壤；（今爲暹羅屬地）而暹羅爲佛教國，故大泥亦有同風。卽其見明使撤王位以拜；（典錄）永樂六年，（一四〇八）率妻子來朝，（明史）其恭親比于宗藩，亦效當日之暹羅也。浡泥既係大泥，不在此書範圍內，故不列入。

婆羅 又名文萊。永樂三年（一四〇五）十月，遣使者齎璽書綵幣撫諭其王。（明史）四年，遣其臣勿黎哥來朝，幷貢方物。賜王及妃文綺。（東西洋考）萬曆時，（一五七三——一六一九）爲王者閩人也。或言鄭和使婆羅，有閩人從之，因留居其地，其後人竟據其國而王之。邸旁有中國碑，王有金印一，篆文，上作獸形，言永樂朝（一四〇三——一四二四）所賜。（世法錄云不載會典，或其王假以彈壓夷落，非頒自上方也。）民間嫁娶，必請此印印背上，以爲榮。後佛郎機（西班牙）橫，舉兵來擊，王率國人走入山谷中，放藥水流出，毒殺其人無算。（明史）佛郎機奔呂宋。（東西洋考）

王反國。（明史）

國人前往貿易者，船到進王方物，其貿易則有大庫二庫大判二判，稱官等酋，主其事。（東西洋考）

按婆羅國王為中國人，西人亦有此記載，較為翔實。據蘇祿史所述：中國使臣有黃森屏者，後任支那巴坦加總督。其女于一三七五年（洪武八年）嫁Bruni第二蘇丹阿合曼（Akhmed）凡二十餘傳以迄今。其王統由女系遞傳。阿合曼之女嫁愛麗(Sherip Ali)後繼王位，即今Bruni王始祖也。（Baring Gould 沙勞越史）今渤泥 (Bruni) 有黃總兵之墓。渤泥王尚時修祭墓典禮。（溫雄飛南洋華僑通史）蓋儼然奉為始祖也！

文郎馬神　即今馬辰（Banjer-Massin）。其國以木為城，城只一半，餘半皆山也。王宮繡女數百人，王出乘象或泛舟，以繡女自隨，威儀甚盛。民居多縛木水上，築屋以居。初盛食以蕉葉為盤，及通中國，乃漸用磁器。又好市華人磁甕，畫龍其外，人死，貯甕中以葬。其俗不淫，姦者論死。華人與夷女通，輒削其髮，以女妻之，不聽歸也。女人喬髮，髮苦短。見華人髮長，心慕之，問何以致此？一或紿之曰：我生長中華用華水沐之耳！夷女競市船中水，欲以沐髮；華人故靳之，以爲笑端焉！女人慕悅華人，輒持香蕉，甘蔗，及茉莉花相贈，不妨往復嘲謔，第國禁甚嚴，無敢私通者。

入山深處，有村名烏籠里彈，地饒沙金，第入攜貨往市，擊小銅鼓爲號，貨列地中，主者退丈許；深山人乃前視貨，當意者置金于貨側。主者遙語欲售，則持貨去；不售，則懷其金，踹蹦歸矣！烏籠里彈之深處，曰金山，幽澗迴流，驅舟良苦，兩岸繁陰，木多拱抱，每夕景曉，禽聲四合，幾斷人腸；華商卽乘興以行，未有不中道返者也！（東西洋考）

或云：馬文淵遣兵十餘家，其國故國有馬名（名山藏。）此雖附會，要可備一說以待考也。

交欄山　見前章。此山人以射獵爲業，相傳高史征爪哇時，登此造船，留病卒百餘而蕃育者也。

（西洋朝貢典錄）

5. 菲律賓羣島諸國　明代此羣島有國人移殖，鉅萬前此未曾有也。諸國史蹟如次：

呂宋　呂宋居南海中，去漳州甚近。洪武五年（一三七二）正月，遣使偕瑣里諸國來貢。永樂三年，（一四〇五）十月，遣官齎詔諭其國。八年（一四一〇）與馮嘉施蘭（Pangasinan）入貢。

自後久不至。（明史外國傳）萬曆四年，（一五七六）助討逋賊有功，來貢。（世法錄）時佛郎機（西班牙）與呂宋互市，久之見其國弱可取，竟乘其無備，襲殺其主，逐其人民而據其國。

先是閩人以其地近且饒富，商販者至數萬人，（名山藏，漳泉人多往焉）往往久居不反，至長子孫。（名山藏，有削髮長子孫者）佛郎機（西班牙）既奪其國，其王遣一酋來鎮，慮華人為變，多逐之歸，留者悉被侵奪。（見明史及東西洋考）

馮嘉施蘭 亦東洋中小國。（今 Pangasinan）永樂四年，（一四〇六）八月，其酋玳瑁里欲二人各率其屬朝貢，賜二人鈔各百錠，文綺六表裏，其從者亦有賜。八年復來朝。（明史外國傳）

合貓里 一名貓里務。地小土瘠，國中多山，山外大海，海饒魚蟲，人亦知耕稼。永樂三年，（一四〇五）國王遣使回回道奴馬高奉表來朝，并貢方物。國于呂宋鄰壤，故與呂宋使者偕來，其後漸成沃土；俗亦近馴。故舶人為之語曰：「若要富，須往貓里霧！」其國人見華人舟，欣然以喜，故市法最平。（東西洋考）後遭寇掠，人多死傷，地亦貧困，商人慮為礁老（今棉蘭老）所刼，鮮有赴者。（明史外國傳）按丁謙說：合貓里即撒馬耳島，在呂宋東南。瀛寰志略作貓里烟。

沙瑤　吶嗶嘽　沙瑤與吶嗶嘽連壤。吶嗶嘽在海畔，沙瑤稍紆入山隈，皆與呂宋近。以板爲城，豎木覆茅爲室。崇釋教，多建禮拜寺。男女之禁甚嚴。物產甚薄。華人商其地，所攜僅磁器鍋釜之類，重者至布而止。後佛郎機（西班牙）據呂宋，多侵奪鄰境，惟二國號令不能及。（明史外國傳四）按此二地當在菲島上，然不可確指其地。

古麻剌朗　蓋即島夷志略之民多朗，今棉蘭荖是。在明時爲一東南海中小國也。永樂十五年（一四一七）九月，遣中官張謙齎敕撫諭其王幹剌義亦奔敦，賜之絨錦紵紗羅。十八年（一四二〇）八月，王率妻子陪臣隨謙來朝，貢方物，禮之如蘇祿國王。王言：「臣愚無知，雖爲國人所推，然未受朝命，幸賜封誥，仍其國號。」從之。乃賜以印誥冠帶儀仗，鞍馬及文綺金織襲衣；妃以下並有賜。明年，（一四二一）正月，辭還，復賜金錢，文綺紗羅，綵帛金織襲衣，麒麟衣；妃以下賜有差。王還至福建，遘疾卒。遣禮部主事楊善諭祭，謚曰康靖，有司治墳葬以王禮。命其子剌苾嗣爲王，率衆歸，賜以鈔幣。（明史外國傳）

蘇祿　永樂十五年，（一四一七）其國東王巴都葛叭答剌，西王巴都葛叭蘇哩，峒王巴都葛叭刺卜，各率其妻子酋目來朝，幷貢方物。賜王冠服金錢錦幣雜器子女姻戚待從賞賚有差。三王者：東王爲長，西王亞之，峒王又亞之。空國來朝，鱗次闕下，亦嚮化之篤也。還次德州，東王以疾歿于驛亭。命有司營葬，吏爲文樹碑墓道。（東西洋考）諭曰恭定。（明史外國傳）長子歸國嗣位；次子安都祿，三子溫哈剌留守墳墓。其子孫分爲安溫二姓，歲領額設祭金八兩。（據雍正十一年夏六月戊午，蘇祿國王奏見清史稿本紀九。）乃敕諭其長子都馬含曰：

「爾父知尊中國，躬率家屬陪臣，遠涉海道，萬里來朝。朕眷其誠悃，已錫王封，優加賜賚，遣官護歸。舟次德州，遭疾殞歿。朕聞之深爲哀悼，已葬祭如禮。爾以嫡長爲國人所屬，宜卽繼承，用綏藩服。今特封爾爲蘇祿國王。爾尙益篤忠貞，敬承天道，以副眷懷，以繼爾父之志！欽哉！」

十八年（一四二〇）西王遣使入貢。十九年（一四二一）東王母遣王叔叭都加蘇里來朝，貢大珠一，其重七兩有奇。二十一年（一四二三）東王妃反國，厚賜遣之。明年入貢。自後不復至。（明史外國傳）

萬曆時賈舶到者，言其城據巉巖之巔，雅稱天險。（萬曆爲西元一五七三——一六一九）佛

郎機（西班牙）屢擁兵攻之，不能克。（東西洋考）

其國山涂田瘠，民食沙糊魚蝦螺蛤。華舟至，彼將貨盡數取去。夷人擕入彼國深處售之，或別販旁國，歸乃以夷貨償我。彼國値歲多珠時，商人得一巨珠擕歸，可享利數十倍。夷人慮我舟之不往也，每返棹，輒留數人爲質，以冀後日之重來。（東西洋考）

6.摩鹿加羣島諸國　明代此島稱美洛居，亦以爲國名。

美洛居　俗訛爲米六合。居東海中，頗稱饒富。有香山，雨後香墮，沿流滿地，居民拾取不竭。其酋委積充棟，以待商舶之售。東洋人不產丁香，獨此地有之，故華人多往市易。（明史外國傳）萬曆時，佛郎機（西班牙）來攻，國人狼籍請降。赦其酋，令守舊爲政于國，歲輸丁香若干。和蘭（荷蘭）旣轉張海外，忽舟師直擣城下，虜其酋曰：「若善事我。」酋唯唯，又裨國事如故。（東西洋考）佛郎機酋大怒，率兵來攻，道爲華人所殺。紅毛番（荷蘭）佛郎機自是歲搆兵，人不堪命。華人留寓者遊說兩國，令各罷兵，分國中萬老高山爲界，始稱休息。（明史外國傳）

7.帝汶島諸國　與國人有貿易關係，見于記載者曰遲悶：

暹問。卽星槎勝覽之吉里地悶。田肥穀盛，沿山皆栴檀。人無姓氏，不知年歲；亦無文字紀事，以石片子爲記。（東西洋考）其俗以立爲尊，夷人見王，則坐地合掌。（世法錄）馬頭商聚十二所。商舶到彼，皆婦女到船交易。人多染疾病，十死八九。蓋其地瘴氣，及其婬汚之故也。貨用金銀鐵器磁碗之屬。（星槎勝覽）

由以上所述觀之，明初南洋諸國，幾無不隸屬中國，爲歷代所未有。人民之移殖，尤繁於前代。非特中國人士繁育於馬來蘇門答臘爪哇菲律賓婆羅洲摩洛加諸島上；且握有偉大勢力。（菲律賓摩洛加確有中國移民，自明始）如梁道明之王三佛齊，陳祖義之爲舊港頭目，施進卿之王舊港，廣東人某之主爪哇新村；以及中國錢幣之通行於爪哇，蘇門答剌，其顯著者也。及萬曆以後（一五七三——）國力不競，西力來侵，華人驟見侵陵，然猶有稱雄南域者：如林朝曦之長三佛齊，張璉之長舊港，閩人之王婆羅，此諸人者，固爲一時豪俊；然亦由國人在南洋之潛勢力所造成也。乃如美洛居國，因荷西交惡而不寧，卒由華人說令兩國罷兵，人民得以稍安，其力不可謂不偉矣！

由上觀之，足見華僑在明代已繁殖南洋。然此衆多之人士，對於各島之經營如何，則往籍鮮有記錄。今可知者，約有二事：

一曰土地之開闢　如爪哇之新村本屬荒地，由華人闢草萊創居，遂成聚落，其一例也。（詳前）

二曰實業之啓發　如馬來半島產錫，世之所共知也。歐洲之知馬來有錫，在一五一一年，（明正德六年）葡人佔據馬六甲以後，見土人以錫爲幣，始知之。我國人之知馬來有錫，則在元末明初，蓋先葡人百餘年。明史有滿剌加產錫之記載，可以爲證。至今馬來錫礦爲中國人所經營者，尚佔總產額百分之六十四。馬來之錫礦，實由中國人發之也。（張相時華僑中心之南洋）

又如馬來之魚業，徵諸馬來古史，馬來人自昔卽知漁魚；然其發達，則在中國人移民增加之後。至今馬來半島西岸之漁業，尚盡在華人手中，此又一例也。（見同上）

二者之外，文化之啓迪，尤爲吾族之偉績。如相傳閩人林旺到菲律賓，菲人始由游牧進於農耕，是其一例。惟文化之啓發，在潛移默化之中，未可歸功於一代之人民，且亦不始於明代也。

自萬曆以後，西力東漸，南洋各島，咸被鯨吞。其開發事業，仍有賴於吾僑；然主客異勢矣！茲綜合以前五章所述，作爲三表：一曰歷代南洋朝貢國表，二曰歷代南洋貿易地擴張表，三曰歷代南洋殖民發展表。所以著吾族獨力經營南洋之總成績也。附以清代事者，資比勘也。

一　歷代南洋朝貢國表

地名＼朝代	宋	梁	隋	唐	宋	元	明	清
菲律賓							呂宋 馮嘉施蘭 合貓里 古麻剌朗 蘇祿	蘇祿
婆羅洲		婆利	婆利	婆利	渤泥		婆羅	

爪哇島	闍婆婆達 呵羅單			訶陵	闍婆	爪哇 葛郎	爪哇	
蘇門答臘	干陀利	干陀利		室利佛逝 隋婆登	三佛齊	須文答剌 花面 喃哑哩	舊港 蘇門答臘 那孤兒 南渤利 三佛齊 黎代 阿魯	
馬來半島	丹丹	丹丹	丹丹 赤土	單單	丹眉流	急蘭亦帶 丁呵兒	吉蘭丹 滿剌加 彭亨	

1. 此表于歷代異名同地各係本條之下，如元之急蘭亦帶，卽明之吉蘭丹也。

2. 此表可見盛衰之跡，清代惟蘇祿仍修朝貢，迄于今日仍與中國人親近，可參清通考及會典。

二　歷代南洋貿易地擴張表

朝代 ＼ 地名	菲律賓	摩鹿加
周	已通貿易	
秦		
漢		
吳		
晉		
宋		
梁		
隋		
唐		
宋	麻逸　三嶼　蒲里嚕	
元	麻逸　三島　麻里嚕　民多朗　蘇祿	文老古
明	呂宋　馮嘉施蘭　古麻剌朗　蘇祿　合貓里　沙瑤　吶嗶嘽	美洛居
清	小呂宋　網巾礁腦　蘇祿　吉哩士　劉仔發　甘馬力　班愛　惡黨　宿務	摩洛加

帝汶島	西里伯	婆羅洲	爪哇島
			已通
			耶婆提
			闍婆達
		婆利	
		婆利	
		婆利	訶陵
		渤泥	闍婆 蘇吉丹 新拖 打板
古里地悶	（通留易）	浡泥 蒲奔 假里馬打 勾欄山	爪哇 葛朗 打板
遲悶		婆羅 交欄山 文郎馬神	爪哇
地問	茫加錫	文來 馬神 咕噠 吧薩 崑甸 萬喇 戴燕 卸敖 新當	噶喇吧 萬丹 士里莫

	馬來半島	
		寶易
	(通頓遜)	
	(中國船曾到檳榔嶼)	
干陀利		
干陀利	頓遜	
	丹丹 赤土 吉達	
室利佛逝 墮婆登	單單 赤土	
三佛齊 藍無里	吉蘭丹 丹眉流 佛囉安 蓬豐 登牙儂	戎牙路
舊港 喃巫哩	龍牙門 吉蘭丹 丹馬令 彭坑 丁家廬 蘇洛鬲	吉利門 重迦羅
舊港 南渤利	柔佛 吉蘭丹 彭享 滿剌加 九州山	重迦羅
舊港	新埠 舊柔佛 咭蘭丹 邦項 丁咖囉 吉德 麻六甲 尖筆闌 沙喇我	北焦浪 三巴朗 蔣里悶

蘇門答臘	
南毗 藍篦	
三佛齊 須文答臘 花面	
三佛齊 蘇門答臘 那孤兒 黎代 阿魯	
大亞齊 灞里 錫里 小亞齊 蘇蘇 叭當 龍牙 茫咕嚕	

1. 同地異名各係本條下。
2. 清代貿易地指海禁未開前而言，根據海錄及瀛寰志略，其書成于嘉道間也。
3. 歷代朝貢國皆通貿易，故悉載之。
4. 自唐以後，凡通貿易地，即有僑居者，故此表亦可作殖民發展表觀。

三　歷代南洋殖民發展表

地名＼朝代	唐	宋	元	明	清開闢時代	清末	附註
菲律賓			（閩人林旺始到菲教菲人農耕）	呂宋	小呂宋	呂宋　馬尼剌　賴予尼洋　民答那　把拉灣　蘇祿	光緒中菲島華種人二十一萬有奇
摩洛加				美洛居	萬老高	摩鹿加　古爾弇脫　盎巴納	各島居民多有中國人面貌
帝汶島					地問	胎槑爾	是島華人有雜番種者
西里伯					茫咖薩	望加錫	光緒中有華人四千有奇

婆羅州	
浡泥	勾欄山
婆羅	交欄山
文來	崑甸　新當　戴燕　咕噠　吧薩　啷敎
渤泥國　北般鳥　山打根　沙勝越　三巴斯　蒙特賴多　崑甸　蘭達　新邦　蘇加答納	新當　桑古　班熱馬生　馬爾達布勒　打喇鹿　古達
華與番人種族雜亂光緒中婆羅州沿海有華人十萬	

爪哇島
訶陵
蘇馬魯益港 (廝村 杜並足)
加瑠吧 下港 蒲家龍 蘇魯馬益 (廝村 賭坂)
噶喇叭 三巴朗
巴達維亞 萬丹 加臘横 井裏汶 不領岸 直葛 貝格隆閩 三寶瓏 抑巴勝 那蘇麻 巴哲倫 給都 噫架加爾大 蘇拉加爾大 阿倫邦 泗里末 馬地溫 給的利 巴蘇朗 薄維卜倫哥
光緒五年華人居留爪哇者共十九萬八千二百三十三人

			爪哇	滿者伯夷		貝蘇幾 邦惹王石 馬都拉	
馬來半島	(義淨曾經過吉達)		龍牙門	吉蘭丹 滿剌加	咭嘯丹 丁咖囉 邦項 舊柔佛 新埠 麻六呷	吉蘭丹 丁噶奴 彭亨 柔佛 白蠟 石蘭莪 松蓋芙蓉 新加坡 檳榔嶼 威利司雷 麻剌甲	華人居半島人數三分之一日增月盛
					大亞齊 爵里	亞齊 西海岸部 萬古累 覽邦	光緒中蘇門答臘有華民十一萬人

蘇門答臘	室利佛逝			舊港 三佛齊	舊港	巴鄰傍 東海岸省 日裏 尼亞斯島 賓董龍 當畢朗 邦加 比里東	

1. 此表以諸書所記，確有僑民居住者爲限，自有遺漏，宜與第二表參看。諸書祇言國名，未分析各地，故古一地名，實當今多地，應當活看。

2. 淸代明爲時代據海錄瀛寰志略，淸末據槟南海島圖經，其書成于光緒二十年。

3. 譯名對照如下：Ternate（古爾拿脫）Amboina（盎巴納）Timor（啲嗼囉）Sambas（三巴斯）Montrado（蒙特賴多）Sintang（新當）Martapura（馬爾達布勒）Kutei（古達）Krawang（加勝横）Cheribon（井裏汶）Preanger（不領岸）Tegal（直葛）Pekalongan（貝格隆岡）Japara（抑巴勒）Banyuma

（邪蘇廝）Bagelen（巴哲倫）Kedu（格都）Jokyakarta（喏架加爾大）Sucakerta（蘇拉加爾大）Rembang（阿倫邦）Surabaya（泗里末）Madiun（馬地溫）Kediri（格地利）Pasurnon（巴蘇湖）Probolingo（彌羅卜鄰哥）Besuki（貝蘇幾）Banguwangi（邦惹士石）Nias（尼亞士）Rhio（紫竈）Tambelan（當卑郎）此皆東南海島圖經所附也。

第六章　列强瓜分南洋事略

第一節　葡萄牙之侵入南洋

歐人自十字軍之役，始知用胡椒，肉桂，丁香，豆蔻，薑，與他種香料，以及絲綢等物。嗣後歐人對東方香料與絲綢之需要，逐漸增加，而意大利人乃壟斷此項貿易。蓋是時地中海與亞洲之交通，厥有三道：一由叙里亞經美索不達米亞而下印度洋。一由黑海繞裏海過土耳其斯坦 Turkestan 而至中國。一由埃及下紅海沿阿拉伯海岸而至印度。在當時美索不達米亞及君士坦丁為土耳其所據，於是歐亞間交通，惟餘埃及一道，別無海程也。時則意大利之威尼斯商人，運其靈活之手腕，取得香料絲綢之專賣權於埃及之蘇丹；由埃及蘇丹，將此項貨物，自紅海輸入，付與威尼斯商人，得相當之稅收，而後轉售於歐人，莫之能競。意人獲利既無量，乃遭他邦人士之嫉視；然欲與之爭，必須另闢新道，不由埃及而達東方然後可。北歐與南洋之交通，乃基於是矣。(R. O. Winstedt: Malaya 及 Barrows: History of the Philippines)

歐人既募思覓新路以直接通商東方，其功乃卒成於葡萄牙人之手。當一四〇〇年（明惠帝建文二年）頃，葡王約翰第一 (John I) 於非洲取得摩洛哥 (Morocco) 之蘇打 (Ceuta) 地，開近代歐洲殖民地之先聲。其子亨利 (Prince Henry) 見土耳其勢不可侮，益建議擴張領土於非洲西岸，造大船，羅人才，經營此事。於一四一九年（明永樂十七年）發現馬地拉羣島 (Madeira Islands) 於摩洛哥西岸。嗣於非之西北岸，覓得卡那利羣島。(Canaris) 繼續南進。至一四四五年，（明英宗正統十年）遂達塞奈格爾河口。(Senegal River) 然在斯時，葡人猶未能獲若何之利益也。

嗣於一四八七年（明憲宗成化二十三年）頃爹亞士（Barthotomew Diarz）達非洲南端之海角，葡王喜名之曰好望角（The Cape of Good Hope）蓋自此可望達產黃金與香料之印度也。十年後，加麻（Vascoda Gama）竟越好望角而達印度之加利各答（Calicut）。於是舉全歐所夢想之遠東航路，一日發見。

然是時葡人通商之願望，乃大爲阿拉伯人及土酋所阻，經數年劇烈競爭後，葡人卒得勝利。此後二十年間，建立商埠六所，東印度商業之基以立。（Barrows）

初時葡人於東印未嘗作帝國之夢也。亞補葵克（Albuquerque）任總督，始着力於建設帝國，建築礮臺，佔波斯海灣之阿墨斯（Ormas）及印度之臥亞；回酋及土人咸讋服，葡人遂獲殖民及商業之霸權，而東進之基以立。（Winstedt）

一五〇九年（明武宗正德四年）葡人率兵至馬來半島之馬六甲（Malacca）。遭馬六甲及印度人及阿拉伯人之嫉視，煽動土人，焚葡人之貨倉，並拘捕之。葡人不能抗，歸於臥亞。臥亞總督亞補葵克率船十九艘，葡兵八百，印兵六百，親攻馬六甲，要求釋放葡人；蘇丹不允，遂焚沿海民居及船舶，以示威。蘇丹懼，釋葡人。亞氏又要求賠償所焚貨倉及建築礮臺商站。蘇丹不允。葡兵登岸，破馬來兵，蘇丹逃於柔佛。葡人遂佔馬六甲，以爲經營南洋之根據地，時則一五一一年也。（正德六年）

嗣後葡人卽進行經營香料羣島，築堡寨於簡那底（Ternate）。不久，安汶成荷人之重站。至一五二一年，（正德十六年）足跡遂及於蘇門答臘，爪哇與婆羅洲。時蘇門答臘以亞齊（Atjch 卽今 Achin）爲强，其蘇丹爲一回教徒。爪哇則因宗教之爭，而陷於無主狀態。葡人於此諸土，咸享有通商特權。

一五八〇年，（明神宗萬曆八年）西葡合併，葡之屬地，歸西轄。至一六四〇年（明思宗崇禎十三年）葡國始再獨立；昔日在南洋之威勢，已全喪失！

今茲葡人在南洋所有者，惟帝汶島之一部。緣是島葡人於十六世紀（明孝宗弘治至神宗萬曆）頃已經佔領。因地爲香料羣島之門戶，故葡人重視之。葡人於一五一二年，（明正德七年）始經營香料羣島；至一五二〇年（正德十五年）帝汶島西部之裏府（Lifou）已爲葡人殖民地之首府，然未嘗意佔領帝汶也。至十六世紀末葉，西班牙虎視香料羣島，與葡人角。葡人乃移佔帝汶之東部，以避其鋒；時則荷人亦開始插足於帝汶矣。

一六一八年，（明萬曆四十六年）荷人據帝汶島西部之苦奔，（Kupang 卽 Koepang）其勢寖强，葡人乃遷於的里，（Dili 卽 Dilly）欲圖恢復苦奔，卒以內部有政教之爭，不能如願。及一七六九年（清乾隆三十四年）頃，黑葡（卽基督敎徒土人種）圍攻裏府，葡人乃焚其城而徙其衆於的里。自此荷西葡東之局遂定。

葡荷分佔帝汶島既多歷年所，而未有一定界線。至一八五四年，（清咸豐四年）由兩國協議分劃。一八五九年，（咸豐九年）雙方簽訂。然界線未經實測，猶多爭議。及一九一四年，（中華民國三年）六月二十五日重勘疆界乃定。此葡人所得佔有帝汶島之一部之略史也。（Portuguese Timor）

第二節　西班牙之侵入南洋

聞葡人之風而起者，爲西班牙。西班牙王查理斯第五，（Charles V）當時雄主也，圖殖民海外。適葡人麥哲倫（Magellan）不得志於本國，說王別求通東印之新路，謂自大西洋西行，可直達東印度。王奇其志，資以巨艦五，水手二百二十五人。麥氏於一五一九年（正德十四年）八月二十日，（陰曆七月二十六）自聖羅加（Sanlúcar）啓椗。次年（正德十五年）十一月一日，（陰曆九月二十二日）入今之麥哲倫海峽，遭風波之險，一艦失蹤，一艦遂至西班牙。廿八日（陰曆十月十九日）麥氏率三舟前進，入巨海，浩淼無際，舟行逾數月，風恬浪靜，氏名之曰太平洋。途中乏食，從者餓死二十人。至一五二一年三月七日（正德十六年正月二十九日）始抵拉特倫羣島，（Ladrons）登岸覓淡水與果實，復進。十六日，（二月初八日）發見米寨亞羣島中之雪毛島。（Zamal）二十五日，（二月十七日）至里馬蘇島，(Limasana) 遇二酋長導之宿務，(Cebu) 時四月七日（三月初一）也。麥氏宣布西王和平待人此行純爲通商傳教而來。與土人盟；遂建商站於宿務。是西班牙勢力達到菲律賓之第一聲，卽西班牙侵入南洋之始也。

時宿務王與對岸種族失和，麥氏助王與敵，中毒矢而沮。餘衆復遭土人之仇視，乃去其地南行，歷棉蘭茬之西岸，經婆羅洲北岸，與蘇祿羣島，卒於十一月八日（十月初十）抵香料羣島之鐵德。(Tidor) 於是西人多年求訪之目的以達。時摩鹿加羣島有二酋，西人咸饋以禮；遂得建商站於鐵德，以與葡人競，而西葡之爭以啓。至一五二九年，（明世宗嘉靖八年）經教王之調解，始訂約息爭。

一五二五年，（嘉靖四年）西王遣第一次遠征隊，跡麥哲倫之所發見。欲達宿務不得，卒於一五二六年十二月三十一日，（嘉靖五年十一月二十八日）達摩鹿加之鐵德。時葡人方與土酋戰，視西人爲敵軍。西人與戰，不能勝，留其地以待援。次年十月，西班牙援軍始自墨西哥受王命來達，併力圖脫走，直至一五三六年

（嘉靖十五年）乃得脫歸。

一五四二年，（嘉靖二十一年）又遣第二次遠征隊，自墨西哥出發，以韋拉洛樸（Villalobos）將之。韋氏至Zamal島，名其土曰菲律賓（Las Felipinas）蓋取與嗣王菲力第二（Philip II）之名同音，以爲頌禱也。是爲菲律賓羣島名稱所從來。然韋氏卒無功。

菲力第二嗣立，遣墨西哥敎王禹登阿泰（Ludanota）及李加斯比（Legazpt）於一五六四年（嘉靖四十三年）率師攻宿務，下之，附近諸島相繼降。一五六九年，（明穆宗隆慶三年）西班牙王遂宣布菲律賓爲西班牙殖民地，李氏遂爲該地總督。一五七一年，（隆慶五年）北攻呂宋，不流血而勝，遂有其地，李氏名其地曰Maynila。Maynila者，本爲花名，其地滿望皆此花，故以名之，卽今之馬尼剌Manila也。氏於一五七二年（隆慶六年）卒，時已征服菲島之北部與中部，嗣是西人繼續蠶食，寖有全土，凡佔領菲島者三百年。（一五六九——一八九八）

及一八九八年，（清光緒二十四年）菲律賓革命起，乃移西班牙主權而悉屬於美。此則西人始料所不及也。（Barrows）

第三節　荷蘭之侵入南洋

歐人之習用香料及東方物品者，其風始於南歐，繼乃播於北歐；而荷蘭南部商業繁盛諸城，（今之比利時地）遂爲此項商業要地。然此數地之土著，不事行船，此項商業操於意大利西班牙及葡萄牙與德國漢斯（Hanse）商人之手。而荷蘭北部諸省（今荷地）之商人，頗有進取心；對於此項商業，初則稍稍嘗試，繼則直至西葡海口購買之，而售於各地。適德國漢斯城市日益衰落，荷人海運事業日益增盛，及一五二九年（嘉靖八年）頃，荷人遂爲經營此項商業之重要份子；然尚非直接購之於南洋羣島，乃購自利斯奔（Lisbon）也。（葡萄牙地）

一五五六年，（嘉靖三十五年）西王查理斯第五讓位於其子腓力第二，時荷蘭七省歸西王統治，王因與法國作戰，向荷蘭貴族及市民徵稅無已。荷人遂於一五六七年（穆宗隆慶元年）擁奧倫治親王威廉 William, The Prince of Orange爲領袖，起而反抗；血戰甚久，至一六〇九年（萬曆三十七年）始獨立爲一共和國。

一五八〇年，（萬曆八年）西葡合併，葡之屬地歸西。斯時荷船尚繼續至西，經營東方物品之商業。及至一五八五年，（萬曆十三年）西王始下令禁荷船至其境內，以報宿怨。一五八七年（萬曆十五年）更下荷船不得至西葡海港之令。荷人憤，乃發心自往東印度矣！

在昔西葡之海運，雇員率多用荷蘭人。有教士柏蘭西 (Plancius) 者，搜集航行之紀載及地圖甚多；荷人益得熟知航海之事。一五九二年，（萬曆二十年）復遣荷特曼 (Hautman) 喬裝商人，至利斯奔，潛查航行印度之事，以定方針。時西葡航印之道，頗苦風波，又懼劫掠。荷人若出其道，更憚西班牙海軍之搜捕。於是乃決向北方探新路；三次出發，率歸無效。

荷人不能復耐，一五九五年四月二日，（萬曆二十三年二月二十四日）遣荷特曼與凱撒（Keyser）率商船四艘，開往印度。船中載兵二百五十，以備刧襲。竟安渡好望角，而至爪哇之萬丹，（Bantan）共航行四百四十六日，是荷蘭人東漸之第一聲也。

一五九八年，（萬曆二十六年）范力克（Van Neck）率商船八艘，達萬丹，行期不及前次之半；而滿載胡椒六十萬磅，丁香二十五萬磅，肉桂二千磅，荳蔻二百磅以歸。荷人雀躍，歎爲未曾有；自是競言東方事。不久爪哇諸島，及摩鹿加羣島，遂咸有荷人足跡。斯時東印各地僑民，有多數小公司出現，競爭甚烈。荷政府懼其影響於國富與國力，鑒於一六〇〇年，（萬曆二十八年）英人有東印度公司之組織，從事於大規模之經營，且海運須有海軍保護，其費亦當出自商人，乃力唱此種組織。商人韙之。一六〇二年（萬曆三十年）荷蘭東印度公司（Het Octrovi

公司）遂告成立，荷蘭東印度帝國之建立，卽基於此矣。(R. O. Winstedt)

公司最初注意者爲爪哇。次則蘇門答臘，婆羅洲，摩鹿加，新幾尼亞西里伯等地。茲分述其史略於次：

爪哇　當一五九六年（萬曆二十四年）頃，荷人初至爪哇；而第一次入爪哇有成效之船隻，則爲一五九八年（萬曆二十六年）安司脫丹公司（Amsterdam Company）所派遣之八艘，得友誼通商于爪哇各地。

當一六〇二年，（萬曆三十年）公司成立後，事益猛進。一六一一年，（萬曆三十九年）于架加特拉（Jacatra）地，首建商站，卽今吧城址也。自是吧城與萬丹爭勝。一六一七年，（萬曆四十五年）苦恩被任爲總督。(Jan Pislerszoon Coen)

迨一六〇九年，（萬曆三十七年）萬丹與英人聯兵攻苦恩。苦恩敗之。遂焚架加特拉城而另建吧達維亞（Botavia）城于灰燼之上。自此吧城爲荷人政治中樞。苦恩心志堅强，魄力雄偉；荷人之聲威自氏始著于羣島。

及一六二三年（明熹宗天啓三年）加彭蒂爾（De Carpenteer）繼任爲總督；其年，氏以安汶之英人危害荷人，戮其九人。英人謂事屬虛構，要求賠償及懲戒荷官。荷峻拒之。結果英人雖多離荷屬；然荷勢益張。

至一六二七年，（天啓七年）苦恩再任爲總督。時馬達蘭姆（Mataram）方稱雄于爪哇中部，及東部，欲攫爪哇全土，遂于一六二八年（崇禎元年）攻吧城。次年，苦恩死于役。然荷人卒敗馬達蘭姆兵，基礎益固，屬地日衆，公司之紅利亦日盛。及一六八二年（康熙二十一年）頃，爪哇各島香料專利權咸歸荷蘭。英日法之商人，乃不得不離此矣！

一七五五年（乾隆二十年）馬達蘭姆國，分裂爲二：一曰日惹（Jokyakarta）一曰梭羅。（Sura-karta）國勢益微；公司之政權乃益張。增設審判廳于泗水及三寶壠兩地，限制土君土官，及貴族之權。然公司內政日益腐敗，不復能振。及一七九一年，（乾隆五十六年）遂宣告解體。至是公司之事業乃不得不歸荷蘭國家之經營矣。

在此前，法國革命軍侵入荷蘭。荷蘭本土于一七九五年，（乾隆六十年）組織巴達維亞共和國。

(Bataviar Republic) 延及一七九八年，（嘉慶三年）此共和國乃接受公司之一切事業治理羣島，任鄧達兒(Daendels)爲總督。

鄧達兒于一八〇八年，（嘉慶十二年）始達爪哇。經營未久，一八一一年（嘉慶十六年）四月，爪哇全島卽爲英兵佔領。英人任來佛士爲總督(Sir Stamford Raffles)氏自是管理荷屬東印者，凡六年，頗有所改進。及一八一四年，（嘉慶十九年）英荷訂約，歸還荷屬。閱二年（一八一六年）實行以荷屬還荷。荷人于是限制土官之權，而解放土人于其土官之治下。及一八一九年，（嘉慶二十四年）加伯倫（Van der Capellen）任總督，始提倡歡迎外資及自由勞工，開發爪哇。又爲避免英荷衝突起見，于一八二四年，（道光四年）與英國訂立處理東印度土地及商務之條約。荷讓其一切在印度之經營于英，幷讓馬六甲于英，而承認英國在馬來半島之優越地位。英國亦讓蘇門答臘于荷，而承認荷蘭在蘇門答臘及勿里洞（Billiton）等地之優越權。自是兩國信守不渝，不復有衝突事。然因荷人停止給放未墾地，及剝奪土酋收稅權，乃引起各方土人之反抗；于是有爪哇五年戰爭。（自一八二五至一八三〇）卒亦被加伯倫氏武力所平服。是役，荷人凡死萬二千人，耗荷幣三千二百萬盾；

（每盾約合華幣二元）而土人死者蓋不下二十餘萬自是惟荷人所欲爲，無不如志云。（見 Java and Madura）

蘇門答臘　當一五九六年，（明神宗萬曆二十四年）荷人始至蘇門答臘。其時有十餘國建于此土自十二世紀以來，即信奉回教及一五九九年，（萬曆二十七年）荷人荷特曼（Houtman）在亞齊（Atjeh）被土人殺害；而唆使土人者，則葡人也。斯時此島西部，對荷人懷惡感者，歷時甚久。但在巨港之荷蘭東印度公司則頗順利；一六六二年（康熙元年）竟得與巨港訂通商條約。一六六四年，（康熙三年）商務範圍擴張甚廣。乃英人聞風而至，當一六八五年（康熙二十四年）頃，英之商站已確立于奔克倫。（Benkulen）荷人在此島之經營，乃遇勁敵矣！

時際英荷第四次海戰，（一七八一——一七八三）荷人盡失蘇門答臘西岸地。據威爾塞列斯條約（Versarlles）乃復得之。（一七八三）一七九五年，（乾隆六十年）荷又盡失其屬地。一八一四年（嘉慶十九年）與英人締倫敦條約，英又歸荷屬于荷。然英人尙佔有奔古倫。一八一八年，（嘉慶二十三年）來佛士任奔古倫督辦，力主伸張英國勢力于此島；然不爲英政府所採納。至一八二四年，（道光四年）英荷締約，英人併蘇古倫亦讓渡于荷，且聲明此後不干與此島事，荷人收策乃告成功。自此以後，荷人大張撻伐，無不如志，至一九〇七年（光緒三十三年）全島遂告底定。（見 Sumatra: by H. M. Stationery Office)

波羅洲 一五二一年，（明武宗正德十六年）葡萄牙人已發見此島，而通貿易。一六〇〇年，（萬曆二十八年）荷人足跡始至北婆羅洲之渤泥。(Brunei) 其後九年，東印度公司與三巴(Sanbas)土酋締約通商，設商站于其地，一六二三年，（天啓三年）放棄之；荷人與此地之關係中斷。一七七一年，（清乾隆三十六年）坤甸建國公司乃從設商站于坤甸，及喃巴哇。(Mampawa) 及一七九一年，（乾隆五十六年）復放棄之。此荷人在北婆羅洲之關係也。

荷之在南部，當一六〇六年至一六〇九年頃，（萬曆三十四——三十七年）荷人與文郎馬神曾發生短時間之關係。及一七一一年，（康熙五十年）乃回復當初之關係，而建商站于其地。嗣是，荷人繼續經營，至一七八七年，（乾隆五十二年）文郎馬神 (Banjermasin) 之土酋，竟讓其全土之主權于荷蘭東印度公司。一八〇九年，（嘉慶十四年）荷人卒以佔有此土無多利益，而復棄之。一時歐人與此土之關係中絕。

時當一八一二年（嘉慶十七年）頃，文郎馬神曾一度認英爲宗主國。荷人乃覺其地之不可放棄，而于一八一六年（嘉慶二十一年）回復其權利。自是乃切實經營，而伸張其勢力于本洲之西部及東南部。至一八四四年（道光二十四年）東岸之古特（Kutei）承認荷人之宗主權；荷勢益張。斯時中國工人之居留此土者，合以抗荷，力戰六年（一八五〇——一八五六）卒不能勝，荷益無忌。

然尚有來與荷人競此土者，則英國也。英國東印度公司當一六一四年（萬曆四十三年）頃，即與文郎馬神通貿易。一七〇三年（康熙四十二年）建商站于其地。後爲華人所阻，關係中絕。至一七三七年（乾隆二年）英人復通商于婆羅洲，越百餘年，渤泥王不勝砂勞越（Sarawat）之侵擾，英人波羅克（Brooke）助之拒敵。自是英之勢力乃確立于婆羅洲北部，時一八三九年也。波羅克嗣是戮力奠定砂勞越諸地。至一八八二年（光緒八年）英之北婆羅洲公司成立，迄一八八八年（光緒十四年）英之勢力，已徧于北婆。

英與荷既各佔此土之一部分優勢，爲避免衝突計，兩國爰立劃界條約于倫敦，時在一八九一年六月二十日。（光緒十七年五月十三日）自是以後，荷人日惟努力于拓地及經商，而其界內之主權，迄未動搖也。(Dutch Borneo; by H. M. Stationerg Office)

摩鹿加群島　摩鹿加以產香料著，當十六世紀時，葡人實營此項商業。及一六〇〇年，（萬曆二十八年）荷人佔領安汶，(Amboina)乃壟斷丁香貿易。後二年，與萬達群島(Banda Islands)通商，豆蔻之買賣亦歸荷人手。又七年，荷人盡奪西葡所佔地，惟鐵德(Tidor)及德那底(Ternate)尙在西班牙手。

迨一六一九年，（萬曆四十七年）英荷訂約，均享群島商業利益。惟時群島土脅，頗反抗英力之使入。一六二三年，（天啓三年）荷人殺駐安汶之英人，一時英人盡被逐于群島之外。十七世紀中年，（順治年間）荷人爲維持其香料壟斷權，乃毀滅鐵德及他島之香料生產。及一六六〇年，（順治十七年）荷人遂佔領群島之全部。其後英人曾二度佔奪安汶，然卒歸于荷。(Dutch New Guinea and the Molucoa Islands)

新幾尼亞　一六一六年頃，（萬曆四十四年）荷人行于新幾尼亞，歸後與摩鹿加通貿易，然

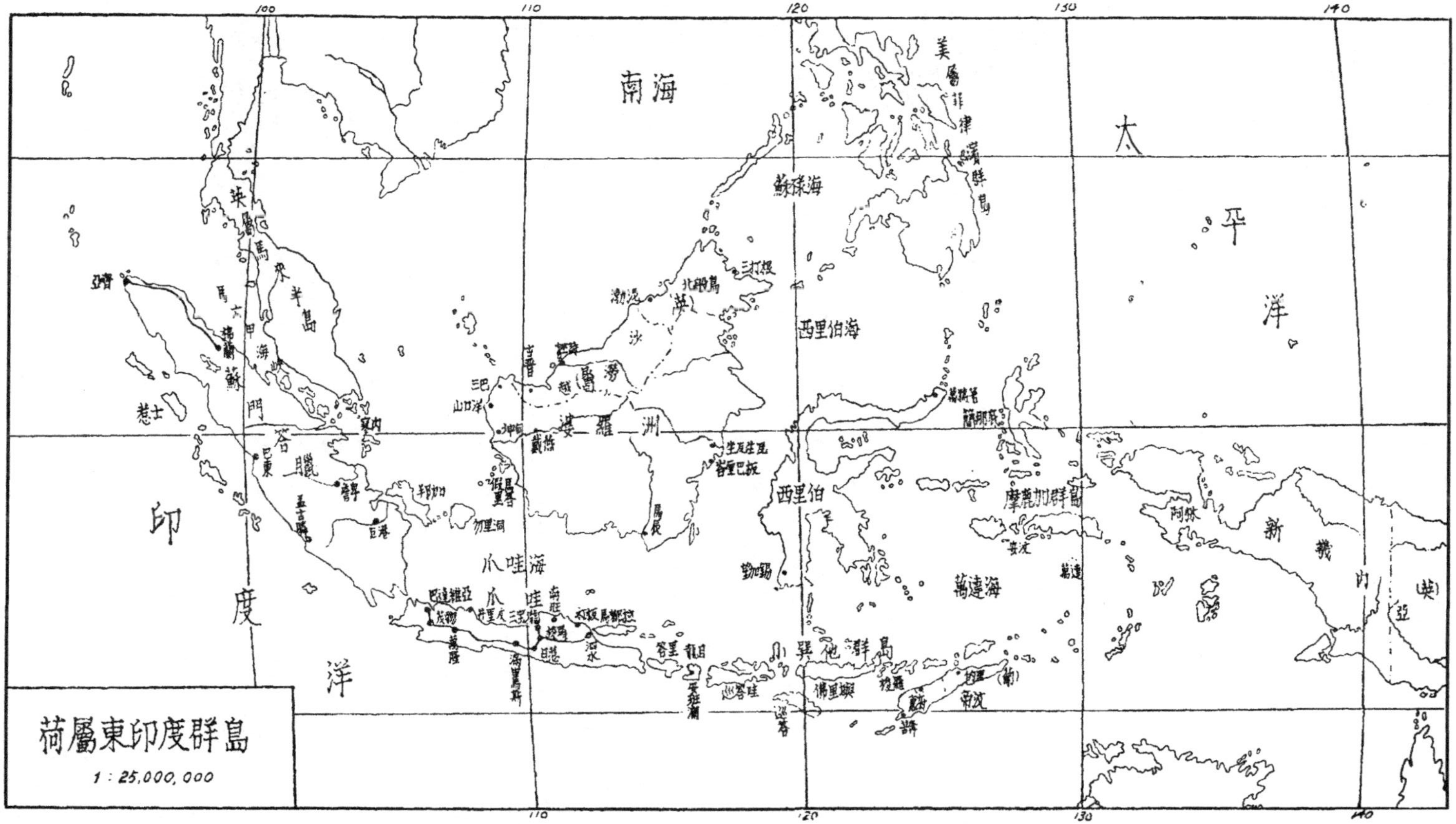
荷屬東印度群島
1 : 25,000,000
南海
太平洋
印度洋
蘇祿海
西里伯海
小哇海
萬達海
婆羅洲
爪哇
西里伯
小巽他群島
摩鹿加群島
新幾內亞
美屬菲律賓群島
英屬馬來半島
蘇門答臘
馬六甲海峽
(英)
100
110
120
130
140

迄未經營此島。迨至一六七八年（康熙十七年）荷人，始與此島之阿林士酋(Rajah of Onin)訂約。然勢力尚未張也。至一八二八年，（道光八年）始盡佔新幾尼亞東經一四一度以西之地。惟時有興趣于斯島者，自荷而外，尚有英德。英則于一八八四年（光緒十年）宣布實佔島之東南部。德亦于是年佔島之東北部。一八八五年，（光緒十一年）英德訂劃界約；英荷界約亦于十年後經兩國簽訂；荷屬主權，乃得確定。歐戰後，德屬亦歸英管理，故此島現英荷分治。(British New Guinea)

西里伯　西里伯初亦在葡人勢力之下，當一五二一年頃，（正德十六年）葡人即開始殖民于望加錫。(Macassar) 荷人初無根據地，惟有力征；一六〇七年至一六一八年，（萬曆三十五——四十六年）二國屢衝突，荷卒屈葡。一六六六年，司皮爾門(Cornelis Speelman) 率兵攻望加錫，大獲全勝，遂于此島佔優勢。嗣後連年與南部諸酋訂約，懷柔與武力兼施，歷百餘年至一八二五年，（道光五年）荷人統治全島權乃確定。然土酋尚時有擾動，直至一九〇四年（光緒三十年）荷蘭遠征隊破哥亞，始全底定。（見 Celebes)

小巽他羣島　羣島初在葡人勢力下。一五九七年，（萬曆二十五年）荷人初至峇里(Bali)是爲荷人與羣島生關係之始。然實力初未伸展。及一六四六年，（順治三年）梭羅島（Solor）承認荷蘭之主權，是爲荷蘭佔有土地之始。一六六七年，（康熙六年）勢力及于佛理嶼；（Flores 一名羅佛勒斯島）一七五六年，（乾隆二十一年）荷人與底勿島西部諸土酋聯盟；葡國勢力之在底勿者大殺，僅保底勿之東半部，是爲荷人之大成功。（底勿即帝汶）

及至英人佔爪哇時，荷屬底勿及巴里亦爲英有。一八一六年，（嘉慶二十一年）始返之于荷。自是，英不復預羣島事，荷得暢其所欲。一八四三年，（道光二十三年）龍目島（Lombok）爲荷有。一八五四年，（咸豐四年）葡荷訂底勿島界約，又五年，葡萄牙正式宣布割讓佛理嶼梭羅及附近諸島于荷，于是多年之想望以達，現土人尙時有蠢動也。諸島之底定，乃遲至歐戰前始告厥成。（Dutch Timor and the Lesser Sunda Islands)

第四節　英國之侵入南洋

與荷蘭後先相望而起者爲英國。英人之首先至南洋者，爲德拉克氏。(Drake)

氏曾挾不列顛國旗航駛，經馬六甲而過，時在一五〇八年。（正德三年）繼之者，有倫卡司脫氏（Lancaster）於一五九一年四月十一日（萬曆十九年三月十八日）啓程，得女皇特許，企圖分霑香料之利。一五九三年六月（萬曆二十一年五六月）率小舟三艘，達檳榔嶼。此行得英國與東印間最佳之航路，證明東印度貿易之利益，并發見東印度羣島聯絡之必要。且當氏之在檳榔嶼也，曾遇葡船之載香料者三次，皆刧之爲英有。及其返國，乃縷述檳榔嶼地位之優良，可以殖民拓地，可以隱伺葡人，刧其貨物。英人大爲所動。遂於一六〇〇年十二月三十一日，（萬曆二十八年十一月二十六日）以三萬零一百三十三磅六先令八便士之資本，組織大不列顛東印度公司，從事東方矣！

次年，氏被舉爲公司第一東航隊司令，并由女皇委爲總督，率船四艘，於六月間（萬曆二十九年五六月）駛抵亞齊。（Archeen）惟時，英人已播聲於海上，故亞齊蘇丹款之甚殷。倫氏以英后名義，述其來意，願敦睦修好。於是蘇丹派貴族二人，與之商訂辦法。葡人聞之，大懼，設法阻撓兩方之談判。然倫氏足智多謀，卒爲國人於亞齊爭得正式經商權。又於馬六甲海峽截刼葡商載貨九百噸之船一艘，於一六〇二年十一月九日（萬曆三十年九月二十五日）前往萬丹，設立商館。復於摩鹿加羣島創設第二貿易場。乃回本國。此行獲利數千磅，名滿一時，羣視公司爲發財捷徑，投資者紛起矣。

然公司在爪哇及摩鹿加羣島之貿易，尋遭荷蘭人之嫉視，卒訴諸戰。英人聯萬丹土人與戰，卒歸失敗，時一六一九年五月（萬曆四十七年三月）也。於是英人在吧城及摩鹿加諸島之商權，落於荷人之手。

數十年後，公司始於蘇門答臘東岸之奔古倫建立商站，時爲一六八四年。（康熙廿三年）奔古倫之爲英有者歷時甚久。然因當時公司方集全力於印度，未能若荷蘭之專心南洋；故奔古倫僅爲一胡椒收集地，未有若何之發展。

嗣公司於中國經營之事業日繁，乃急欲於中英間得一良港爲根據地，奔古倫殊不足以當之。遣聞人數輩，於南洋探討，未見有適合者。一七七一年（乾隆三十六年）頃有來特(Francis Light)者，上書於東印度公司，請當局取檳榔嶼建設商港，爲進取之根基。公司韙其說，來氏苦心經營，歷十餘年至一七八六年（乾隆五十一年）得吉打士酋許可，以檳榔嶼租借於英，年納西班牙幣六千元。來氏於是年七月十五日(陰曆六月二十日)登岸，八月十一日（七月十八日）樹英吉利旗幟。英人之佔有南洋土地，此爲第一聲矣！

當英人之佔有檳榔嶼也，荷人於爪哇、蘇門答臘及馬六甲諸地，早已樹其根深蒂固之殖民政策。於是馬來半島遂爲英荷之角逐地。一七九五年（乾隆六十年）英與荷戰，奪馬六甲，竭力經營。未幾，馬六甲之地位，竟飛躍而駕檳榔嶼之上。

一八一一年（嘉慶十六年）英以民都(Minto)爲軍長，自馬六甲渡海而東，奪爪哇、蘇門答臘，以來佛士(Raffies)督之。至一八一六年，（嘉慶二十一年）復以維也納條約反爪哇於荷。而來佛士改任奔古倫政府總督，時其地尚爲英人在南洋之首府。此後荷蘭更屢次要求馬六甲南部之治權。一八一八年，（嘉慶二十三年）英人不得已，又還馬六甲與荷。後又以英荷之戰，成立荷蘭條約，以蘇門答臘爲交換品，荷人正式割讓馬六甲於英時一八二四年（道光四年）也。

馬六甲未返英時，來佛士已於一八一九年，（嘉慶二十四年）運其靈敏之外交手腕，而佔有新加坡。英人以爲根據地，而蠶食馬來諸邦。一八七二年，（同治十一年）霹靂歸英保護。其獲得保護權也，始則用甘言重幣誘聒土酋；及至時機成熟，乃脅其協訂條約，優給歲俸，土酋遂甘受其牢籠。英人復利用此種手段以施於其他各邦。迨至一八八八年，（光緒十四年）雪蘭莪芙蓉彭亨諸邦，已悉歸英人保護。一八九七年（光緒二十三年）此四邦合組聯邦，爲英屬國。一九〇九年，（宣統元年）暹羅以收回治外法權爲條件，而將柏利斯（Perlis 一名加央）吉打吉蘭丹丁加奴割讓於英，爲英屬邦。至是馬來半島已全在英人掌握矣。（見檳榔嶼開闢史及 Frank Swettenham: British Malaya)

英人之佔有婆羅，及管理新幾尼亞，已見前述，茲不贅敘。

第五節　美國之侵入南洋

西班牙之佔領菲律賓羣島也，逞其淫威，三百年中，無所不用其極，菲人時有反抗。迨十九世紀末年，自由平等之潮流，輸入菲島，革命之結合以盛。有黎沙（Rizal）者，提倡革命，宣傳民權，議論深入人心，最爲民衆所擁戴。後以不見容於西政府而被害。繼之者爲亞幾那度氏（Emilio Aquinoldo）於一八九六年八月三十日起義，（光緒二十二年七月二十二日）檄文布全島，四方多附之。

先是一八九四年頃，（光緒二十年）美洲之西班牙屬地古巴革命軍起，美國實陰助之。致最後通牒於西班牙，謂宜許獨立，否則美國將助古巴宣戰。西班牙未遽與美決戰；然精銳悉調其地。一八九七年，（光緒二十三年）菲督乃與革黨議和，宣告停止菲島戰爭，革命運動，暫時告一段落。

次年四月二十日，(光緒二十四年三月三十日)西班牙與北美合衆國宣戰。時美國海軍司令杜威(Dewey)方駐艦隊於香港，而西艦隊集於甲米地。美政府因命杜威就近擊非島。杜威率軍潛入馬尼剌灣，西班牙海軍戰不勝，甲米地高揭白旗以降。馬尼剌大震。

一八九七年，(光緒二十三年)非督與革黨之和，非督不能信守。未幾背盟，不付革黨償金，且大捕黨人，加以極刑，黨人大憤。及非島西軍敗於美，黨人與美人協攻西軍，蓋深信美人能助非人獨立也。

亞幾那度氏於一八九八年六月，(光緒二十四年四五月)在甲米地召集國會，公舉氏爲第一任大總統，制憲法，徵政費，儼然一共和國。及八月，美軍攻馬尼剌，非兵助之，西督無可抗，乃獻地乞降，西班牙之淫威於此告終。

當馬尼剌城破時，革軍請與美軍同入城，美拒之，非自此始疑美軍。黨人集馬羅羅鎮(Mololos)以爲共和國首都。一八九九年二月，(光緒二十四年十二月至

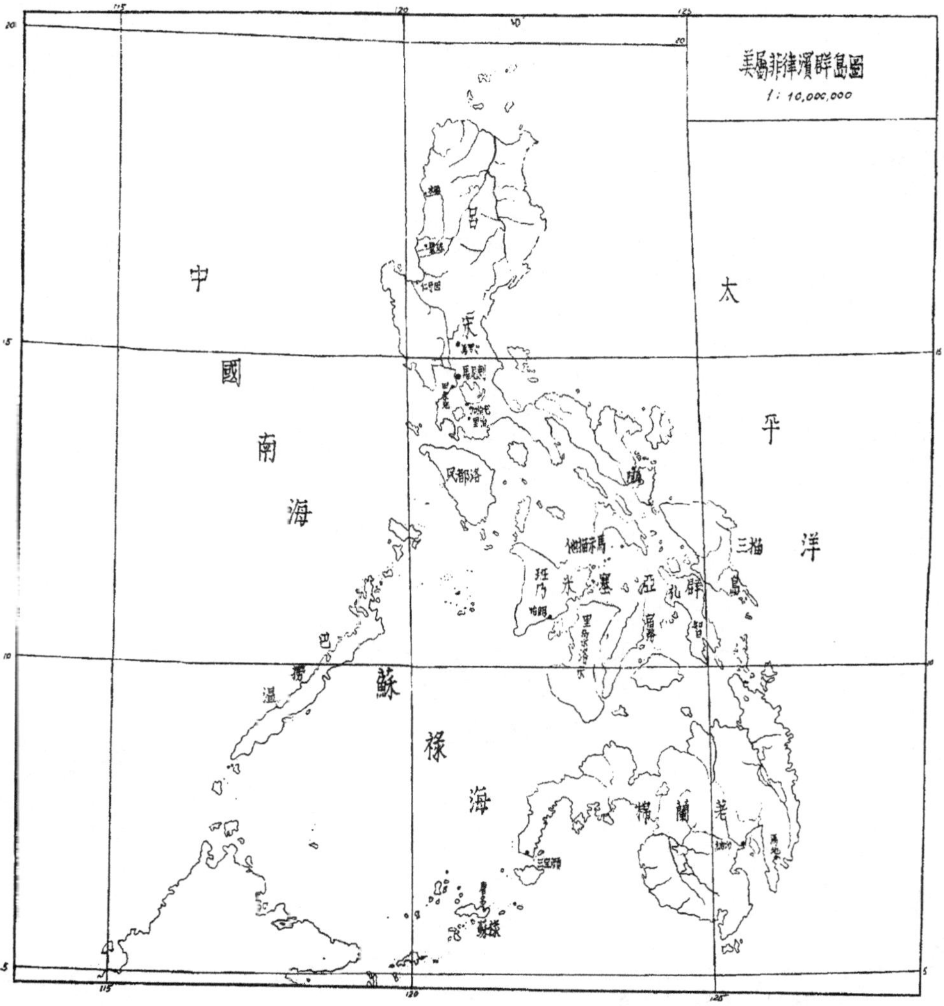
美屬非律濱群島圖
1: 10,000,000
中國南海
太平洋
蘇祿海
呂宋
民都洛
棉蘭老
三描島
米賽亞群島

二十五年正月）非美軍衝突，非軍宣布開戰。非京得報，踴躍呼萬歲。然卒以軍械短少，訓練缺乏，敗績於美，喪其首都。自是黨人四竄，迨一九〇一年，（光緒二十七年）亞幾那度爲美軍所擒。美人優禮之，勸以息兵。亞氏誓不再倡義師，乃放歸杜門安其天年。黨人漸渙散，美人先後擊平之。於是素抱門羅主義之美國，亦得有根據地於東方。乃別與西班牙議和，賠償西軍之損失，且以美金二千萬贈西班牙，爲購取非律賓大小三千島之費。所以示美國爲門羅主義者，不欲以非島爲征服地也。（Barrows: History fo the Philippines. 及 Fernandez 非律賓略史）

第七章　列强瓜分南洋中之華僑（清明）

第一節　華僑過去所受之待遇

西班牙之佔有菲律賓也，經一六〇〇年，一六四七年，（萬曆二十八年，崇禎四年）西荷之戰；一七六二年至一七六四年，（乾隆二十七年至二十九年）英西之戰，局面始定。荷人之佔東印度羣島，遲至一八三〇年，（道光十年）始立其基。英人之經營南洋，乃遲至一八一九年，（嘉慶二十四年）始得新加坡。故諸國之勢力確立，猶爲清中葉事，前此兵戈擾攘，未足以言開發也。

當此之時，蓬蒿滿目，地利未興。白人既憚氣候之炎蒸，復懼投資之虧損；四顧寰宇中，惟有華族，足言事功。故無論爲英爲荷爲西，皆極力羅致華人之來。英馬來總督瑞天咸曰：「馬來草創之初，全賴華人財力，得以平治道路，大興土木。華人首採各礦，躬冒危險以獲大利，然溼熱中人，死者無算。又能爲冶工，爲樵夫，……凡公署，橋梁，鐵路等等皆出其手。又能投巨資於此島爲歐人所不敢爲。又善經商，設輪船公司以通馬來各埠，又能招致工人前來，開發天然富源。」荷總督苦恩亦謂：「各島人口皆有增加之必要，復宜予以資財，始能冀其爲國生利。世界民族，其能爲吾助者，莫如華人。」（華僑志）此可見列強相須之殷，而華僑之有造於南洋爲何如也！

明清之間，生民塗炭，既有南洋爲尾閭之洩，而西人復招致之，移民之激增，乃爲歷代所未有。

西班牙與荷蘭之對華僑，取以華制華政策。任華僑之富者爲瑪腰，甲必丹，雷珍南等職。瑪腰，主管一地華僑事宜。甲必丹，司華僑稽核徵歛各事務；而以瑪腰總其成。無瑪腰之地，則由甲必丹承西荷官之命行之。雷珍南者，又甲必丹之屬也。任

此等職者，大多依附外人，擅作威福，魚肉同胞者也。（清史稿邦交志）

英屬之制，設華民政務司，專管華僑事務。較西荷爲寬大，立法尚稱公允。（清季外交史料七十四）

大抵各國待遇華僑，初時尚寬，及南渡者漸衆，種種苛暴隨之以起。光緒十二年，（一八八六）粵督張之洞奏派王榮和余瓗二人赴南洋調查。據其報告，有如次述：

「其抵小呂宋也，華民分訴日人（日斯巴尼亞即西班牙）虐待情形，懇請派官保護，自籌經費。緣該處華民五萬餘人，貿易最盛，受害亦最深。詳查被害各案，或挾嫌故殺，或圖搶故燒，甚至官長徇私，巡差訛詐，暴斂橫征，顯違條約。

「新嘉坡華民十五萬人，富甲各埠，除衙舍公產外，所有實業，華人居其八，洋人僅得其二，每年往來華工又最多。英設華民政務司，專理其事，立法尚稱公允。麻六甲，檳榔嶼兩處，與新嘉坡相連，華商居多，生意繁盛。又附屬石郵河之吉隆埠，舉力國之罅埠，均尚知保護華工。華人開採錫鑛者，十餘萬人，富至百萬者數人，服飾禮儀，一如故鄉。

「日裏華工六萬餘衆，來自汕頭等處，先由客帶至新嘉坡，檳榔嶼，經英官查過，有願傭工者，訂立華文合同，往日裏爲傭。所業種煙，紮煙，勤奮者年中可餘番銀百餘元，否則不足糊口。工頭以賭傾其資也；繼以稱貸，第二年復須留工，則返鄉無日。查荷官洋文章程內載工人有過，准園主送官訊辦，不得私自鞭撻。做工不得過三年之限。滿限後，無論有無虧欠，園主皆應給予川資，不得再留等語；而該園主陽奉陰違，於華文合同內，并不敍明，任意虐待。

「加拉巴有華民七萬餘衆，荷人捐稅繁多，賭風尤熾。甚至迫令入彼國籍。其附近之坡哥內埠，各丁內埠，皆有華人。又有三寶壠埠與疏羅，及麥里芬，及泗里末，及嘧加等處，皆荷國屬地，華人二十餘萬衆。荷官橫肆暴虐，接見華商，備言其苦。中國如保護，小呂宋而外，當以加拉巴爲先。」（清季外交史料七四）

光緒二十四年（一八九八）呂海寰任荷奧公使，目擊荷屬之虐待華僑，二十七年，（一九〇一）上書痛言設領保護之不可緩，其書曰：

「和屬南洋各島開埠最早，華民往彼謀生者亦最多。噶羅巴一島（爪哇）尤爲薈萃之區，寄居華民，不下六十萬人。初尚優待，後因迫令入籍，率多殘虐。……華人初到，概入供堂問供註册，赴各鄉營生，須經批准，方許前往。嗣下不准華人居鄉之例，限二十四點鐘立將生意產業賤售而去；逾限，罰銀逐出，產業消歸無有，此其一。又華人到和屬地，向須憑照方准登岸。嗣又變立新例，無論有無憑照，登岸後帶至官衙縲圈一處，俟查老客有原日出口憑照放行。新客則驅入縲圈之內，候帶入瑪腰公館照像，候有人擔保始放，否則輒上鐐鉏刑具，遇有輪船，驅逐出境，此其二。又華人來往本島貿易，必領路票，使費外仍繳印花銀若干；到一處，又須掛號，再繳銀若干。如一日到三五處，則到處繳費，亦須三五次，掛漏查出，重罰，此其三。又華人詞訟審費照西人最多之例，科罰則照土番最重之例。縱令理直，追回銀數，已不敷狀師之費；以至沉冤莫訴，此其四。再如華人家資產業，身故後權歸和官，雖妻子兒女執遺囑照章領取，亦必多方挑剔，反復延宕。若無遺囑，則產業概沒入官，此其五。華人在日裏承種菸葉者，往往係由奸販誘惑拐騙出洋，身價五六十元、八九十元、三四十元不等，立據三年爲期，入園後不准自由，雖父兄子弟，不得晤面，加以剋扣工資，盤剝重利，吞聲忍氣，呼籲無門。且各國人民，皆得購地自業種菸，華人獨否、此其六以上苛虐各節慘不忍聞。正擬向和廷理論忽英文報紙載有：「班喀地方，華人在錫鑛各廠作工，突遇水患，饑寒潮溼，病死相仍。又經廠主勒購廠物，物劣價昂；支借工資，則一兩納息五錢，以致積憤肇事。爲廠主鎗斃，死傷無算。和官拿獲逃散華民，窮詰再三，始知爲廠主苛刻所致。按華工素循規矩，若非相待大苛，必不至于啓釁。」等語。竊思華民作工各島，受此任意凌虐，與古巴之夏灣等同一殘忍，領事之設，斷難再緩。……」（清史稿邦交志七）

此可爲數百年西荷兩屬華僑日常生活寫狀者矣！英屬馬來殊爲彼善於此。然欺凌剝削，亦所不免。故當光緒十六年，（一八九〇）丁汝昌巡閱各島時，檳榔嶼，馬六甲，芙蓉，雪蘭莪，霹靂等處華商，無不環訴哀求，請添設領事也。（清季外交史料八三）

第二節　華僑血淚史

麥克賴爾華僑志曰：「華僑非殖民者也，其來也不以羣，故無以武力奪取土地之事。其移居也爲經濟，而非爲政治，故但爲消極抵制，而從不事積極活動。致其所受痛苦，較任何民族爲大。」—南洋華僑所遭之荼毒，固不僅如上節所言而已也！本節所述吾不知其是血是淚；但願吾族世世子孫長毋相忘，其庶幾有昭雪之一日耶？

一、菲島之血痕

當西班牙人初平菲島，因其地爲一片荒島，在在需人開闢，故雖遭林道乾事，（見後）仍極力歡迎華僑，華人來者日衆。一五八八年（萬曆十六年）華僑之在菲島者已有一萬餘人。因華人之來，源源不絕，西政府懼其有妨于彼；因限定地域，使華人居住，又特造一種房屋，名巴利安（Pari-an）者，使華人在其中住宿。海國見聞錄所謂：「分定一隅，不許越界」也。後又限定僑民人數，及徵收居留稅，然華人賄其官吏，仍得照常來往。迨至一六〇二年（萬曆三十年）以後，乃五度大遭慘殺矣！

首次慘殺　萬曆三十年，（一六〇二）有閩人張嶷者，奏言呂宋機易山（卽甲米地）產金請開採。神宗納之，溫純金忠士等諫不聽。命海澄丞王時和，偕張嶷往勘。西政府大駭。華人流寓者，爲游說，結蓬爲廠，如公署。西人亦令僧散花道旁，迎使者，盛陳兵衛，邀丞入，爲設食。問丞，華言開山，山各有主，安得開？且金豆生何樹？丞數目嶷，嶷無以應。西人大笑，欲兵之。華人曲解釋，登舟。丞悸死；嶷坐誅，傳首海外。然西人益疑華人，且啓疆，決計殲諸流寓矣！翌年（一六〇三）先聲言將出征他國，以重金收華僑鐵器，使手無寸鐵；然後勒命華僑點名籍，每三百人爲一院，入者即被殺害。華人知必死，乃于八月三日（陽歷九月十八）在唐多溪泊(Tando, Quiapo)二地聚衆焚市，殺人頗多。西兵攻之，亦爲僑民所殲。九月五日，（陽歷十月十九）聚衆攻城；卒以空拳利械，勢力不敵，持數日而大敗，退守大崙山（San Pablo del Monte）刀糧俱乏，風雨交作，人立大雨中，夜半敵礮擊，凡殺華人萬餘，潰散山谷間者，橫尸相枕。是役凡損軀二萬五千人，閩之海澄縣人居十之八；存者三百口而已！明廷但敕閩撫徐學聚檄呂宋，數以擅殺之罪。

二次慘殺 第一次大屠殺後不一年，中國人因利所在，復稍稍至。一六〇五年（萬曆三十三年）有詔至菲，勿生事端。時西人亦需要華工，禍良已；華人又成聚。迨至一六三九年（崇禎十二年）

已達三萬人。時菲督對華僑極虐待，迫華人至加倫巴(Calamba)地作苦工；進貢納稅，苛政百出，猛于虎豹。華人忍無可忍，在加倫巴作工者，後先反抗，聲勢及于馬尼剌。戰事互一年，華人之慘死者逾二萬，資財之蕩盡無論已。此時正當明祚將屋，更無暇與外事也。

三次慘殺　鄭成功之佔領臺灣也，于一六六二年（康熙元年）遣使于菲律賓，欲西班牙奉臺灣王正朔。西人陽禮之，而陰備大殺華人。華人聞之，恐蹈前次之慘禍，乃逃至山搭克魯斯(Santa Cruz)地，對西人反抗。初頗佔優勢，卒以衆寡不敵而敗。是役華人死者亦甚衆，特無確數可稽耳。

四次慘殺　一六八六年（康熙二十五年）馬尼剌有華僑丁哥(Tingco)者，糾集黨衆，謀殺西班牙人；然因事機不密，爲西政府所悉，處以極刑。其黨徒四竄，西人追殺之，無辜被害者至夥。

五次慘殺　一七五六年（乾隆二十一年）歐洲發生七年戰爭，西班牙與英爲敵。一七六二年，（乾隆二十七年）英人突攻馬尼剌，西督舉城降。副督安那 (Simon de Anda) 走東坡岸省，自稱菲督，舉兵抗英。華人苦西久，故馬尼剌僑民有投英軍者。東坡岸省華僑亦聚衆武裝，欲以抗西軍。安氏聞之，遣使命華人解除武裝。華僑殺其使者。安氏乃以兵擊華人，殺戮甚多。其敗逃者，及未與戰事者亦多遭慘殺凡死難六千餘人。

此爲西人慘殺華人之犖犖大者其他不勝毛舉。然西人雖蓄意虐華人，但菲島商業必須華商爲之助；故自道光二十二年（一八四二）後西人對中國商舖之待遇稍稍改良乃漸相安矣。（明史世法錄，東西洋考，海澄縣志，Forman菲律賓Fernandez菲律賓略史，陳達中國移民。）

二、爪哇之慘殺

荷人初至爪哇時，華僑在該處已擁有極固之地盤；所有工商業，均操于華人之手。故荷人對華僑常懷嫉妬。每恃其政治上優越之勢力，欺淩侵侮，華僑亦常抵抗之不稍讓步。至一七四〇年，（乾隆五年）乃大爆發。荷人初藉故强逮中國人數百名，揚言逐放于錫蘭島。實則出口後，投於海中以殺之。巴城華僑聞之大驚駭，咸以荷人將盡坑我，于是人懷武器，以備萬一。荷人故時加威嚇。荷兵與武裝華僑乃有衝突。十月七日（乾隆五年八月十七日）荷人下令屠殺華人。斯時巴城之內，祇見火光燭天，哭聲遍野，老幼婦孺，咸膏荷人斧鉞。血流所被，河水爲赤，殺戮至二十二日，始宣告停止，死者萬餘人，所謂紅河之役是也。時署福建總督策楞，提督王郡以此事聞於朝，謂被害漢人，久居番地，屢奉招徠，而自棄王化，今被其戮殺多人，事屬可傷；然孽由自作。……但葛拉巴以地隔重洋，恃其荒遠，殘害罔忌，恐嗣後擾及商船，請禁止南洋商販，俾知畏懼，俟革心悔罪，再請恩施。」廣東監察御史李清芳奏則謂：「商人往東洋者十之一，往南洋者十之九；一加禁遏，則江浙閩粵海關稅額必缺，每年不下數十萬。且民間貿易，皆先時而買，及時而賣，預先蓄積，以俟流通；若一旦禁止，商旅必至大困。應請停止葛拉巴一國貿易，此外南洋，不宜盡禁。」既而王大臣會奏：「今聞葛拉巴已將夷目黜責，于我船返棹時，加意撫慰護送，囑令再往，并無擾及商客之意；宜仍准其通商。」朝議從之。其時清廷所致意者，乃僅在關稅銀兩，及商客之能否前往，而數萬人命，則視爲孽由自作，度外置之，亦何怪他人之魚肉我耶？嗣後，荷人宣布和平，赦免逃死之華僑，指定巴城之唐人街爲華人居留地云。（John Crowfurd: History of the Indian Archipelago 及清通考）

三、天地會之南來

天地會宗旨本極正大，其發祥地在臺灣，主持者爲陳永華，乃鄭成功之舊部。創立時在康熙十三年。（一六七四）臺灣未破之前，徒黨布及漳泉；及臺灣既破之後，其渠魁乃逃至南洋，時在康熙二十年。(一六八一)自此以後，天地會中人，漸集南洋，鼓吹拜會；凡安南，暹羅，緬甸，英荷兩屬，及婆羅洲各島，莫不有天地會之踪跡，矢志光復，是其所懷，固深得人士之信仰也。

及其末流，會徒舉動乃有越出原來宗旨之外者；各殖民地政府，謂其騷擾地方，逐次第頒布取締天地會之法律，會徒于是掩旗息鼓，爲秘密之活動。在此時期，不復用天地會名義，而自名爲義興公司，蓋以比于東印度公司，有政治作用也。

一八五〇年頃，(道光三十年)中國丁太平軍之役，避難者及失敗者，紛至南洋。時上砂勝越之華人，乃增至數千，從事于農耕。其中有秘密會黨分子在內，薰陶僑民，力能自治，常與政府相抗，不受干涉。一八五二年，(咸豐二年)上砂勝越之華人，態度已漸著強硬。殖民地政府，亦爲設置武備以期制服。及一八五六年，(咸豐六年)謠諑四起，謂：「英人所封之砂勝越王占士布祿 James Brooke 將屠殺華人。」人心皇然。適英政府不滿于占士布祿之措施，派員查辦。華人得此息，益輕砂王，謂他日有事，祇不傷及英國之利益，可以無患也。一八五七年正月，(咸豐六年十二月——七年正月)一華人被政府懲創，全體大憤。二月十八日，(正月二十四日)義興公司之首領在石龍門(Ban)地方集衆六百攻首府古晉(Kuching)破其王府。王逸而走。華人遂盡佔領其政府機關。英人之供職占士布碌政府者死數百人其無職于政府者華人綏輯之。翌日公司之首領召集大衆宣布革命之理由幷委一英人管理外商事件一馬來人管理馬來人事件。惟時馬來人尙有忠于舊王而襲擊華人者公司首領乃益集華人數百共謀固守。適占士布碌得其姪之援軍與馬來人合以攻華人。華人鑑此形勢乃謀退出不幸舟楫爲塔耶人所掠乃向森林退却而大部沿河而走。遇占士布碌兵戰雙方死人甚衆而公司首領竟亦死于陣上于是全軍喪氣。敵更猛迫華人且戰且退至荷屬境內乃安死者凡千餘人。(溫雄飛南洋華僑通史宋旺相新加坡華僑百年史)嗣後英人對此會嚴加取締。

四、猪仔之販賣

猪仔之販賣其事尤慘無人道南洋社會本昌行奴制。十七八世紀(明萬曆二十九年——清嘉慶五年)海上行旅卽有被盜刼而售于南洋爲奴者。迨十九世紀初年(嘉慶六年——)列强殖民地在在需人開拓故招募華工之議以起。華工之入南洋也一部分爲自由工人一部分爲契約工人卽所謂猪仔也。（前所舉日裏種菸華工情況，卽屬此種）猪仔之販運，以同治年間（一八六二——一八七四）爲最盛。招工者（所謂客販）以甘言蜜語誘聒人民出洋謀生，一切旅費由彼暫墊，俟到地有職業時，扣還工資。其言殊屬悅耳，貧苦之人，遂爲所動。但一經登舟，景象全非，自由全失。旅途之苦，苛雇主之虐待，直以畜視！故曰猪仔也。此項販運，率由秘密黨爲居間人，檳城之陳德新加坡之梁亞保，麥鈞皆其著者也。（新加坡華僑百年史，Campbell 中國苦力之移殖）

此項不人道之貿易，英政府殆陰縱之，故同治五年（一八六六）中英訂立招工章程，取締猪仔販賣，以及光緒三年（一八七七）海峽殖民地政府限制販賣猪仔條例，皆屬空文，與實際不生影響。迨民國三年（一九一四）英人乃覺此種不名譽事，不可久存，始宣布實行廢止。

綜上所述，華人在南洋，非特受外人之屠戮凌侮，而本國之莠民，復從而魚肉之。其慘酷無告，蓋極人世所未有也！

第三節　南僑所留之偉蹟

讀者試思吾僑一無國力爲之後盾，居上述環境之中，此可以憔悴損耳！安能嶄然露頭角？然豪傑之士固不擇地而出。今茲所敍述，固以表彰先烈，亦以示大丈夫當如是也！

一、菲島之偉傑　李加斯比死後，西班牙之繼任菲督爲其孫那維柴里斯（Lavezaris）時則有林道乾攻馬尼剌事。後二十年，復有潘和五事。更三百年而有侯亞保起而助菲島革命，誠所謂後先輝映者矣！

林道乾　道乾爲福建泉州人。（據潮州府志爲廣東惠來人）以雄傑之才，率領戰船數百，部屬數千，橫行海上。聞菲島富裕，且爲閩僑所麕集，欲以爲海外扶餘。乃選精兵四千，堅艦六十一，直趨菲島。船中並多載婦女，備作看護及移民也。一五七四年十一月二十九日（明萬曆二年十一月十七日）已于中途敗西班牙兵而還抵馬尼剌灣。命部將日人莊公（Sioco）率兵六百人爲先鋒，餘衆繼之。莊公由馬尼剌六里南之巴那剌（Paranaque）登岸，疾趨馬尼剌。西班牙大驚。將軍高第（Goiti）悉精銳聚守于木造礮臺中。兩軍死亡相當；莊公卒殺高第，惟城中人死守不得下。莊公以跋涉過勞，退至甲米地，合道乾兵，以圖再進。

西人知道乾兵必再至，悉老弱連夜修築防禦；而西將撒示洛 (Salcedo) 亦率舊艦六艘，救兵數百至。西兵乃殊死守。十二月三日，(陰曆十一月二十一日) 道乾第二次攻城，分三隊進撲，佐以大礮，銳猛無當。然因西軍死戰，未能得志，乃復退守甲米地。(Cavite) 時菲人苦苛政久，及道乾兵來，相約反對西班牙政教；一俟道乾兵勝，即與合力以驅逐西人，奉華人爲主。迨第二次攻城失敗，菲人之團結力漸以渙散，甚有自首于西人以乞宥者。

林道乾既失內應，又以第二次攻城之役，喪其將莊公，乃引軍安阿峨河 (Ango River) 退入品牙詩蘭。(Pangasinan) 相地築城，建築礮臺，養精蓄銳，爲捲土重來計。西人聞之，悉其人民驅菲人爲先鋒，扼安阿峨河口。逼攻四閱月，林氏糧盡援絕，猶在圍中造新艦三十，突圍而去。時一五七五年八月四日 (萬曆五年七月二十一日) 也。

林氏居恆語其曹，當如徐福之奮起日本，及離菲島後，乃至渤泥 (今 Bruni) 略地以居，號其地曰道乾港云。(田中萃一東邦近世史，及 Fernandez 菲律賓略史，Barrows 菲律賓史，明史)

按胡炳熊中國殖民十六偉人傳李馬奔與林道乾分列二傳，似非一人。但據陳宗山說：李馬奔事與明史之林道乾事相類，西人記林道乾事，亦有日人莊公(Sioco)相助；且西文林道乾之名作Limahong，與李馬奔之音相近，殆為一人。愚觀胡氏原書以一人為二人者，尚有羅芳伯陳蘭芳並氏未暇詳考，往往有誤，陳說良是。傅紹曾南洋見聞錄，溫雄飛南洋華僑通史，及陳達 (Ta Chen) Chinese Migration，皆以林李為一人。近年張星烺先生，及日人藤田豐八皆以為林道乾另有其人。而西史 Limahong 即林鳳，謂 Limahong 可作 Lim-ahong，即林阿鳳也。但 Fernandez 原書，有作 Li-ma-hong 者，將又何解？則不得不謂為有譌誤。其說雖亦可通；但不敢信為定論。今姑仍從舊說，以舊傳李馬奔事與林道乾事合併敘之。

潘和五　萬曆間，和五留居呂宋。二十一年（西一五九三）八月，西督郎雷氏敝裏系勝(Gomez Perez Dasmarinas) 攻美洛居（摩鹿加）役，諸流寓華人二百五十充兵助戰。以高官為把總，魏惟秀，楊安頓，潘和五，洪亨五為哨官，鄭振岳為通事，郭惟太等為兵。夷人偃息臥艄上，使華人日夜駕船；稍倦輒箠之，或刺殺，苦毒備嘗。潘和五等謀曰：「叛死，箠死，刺死，等死耳！不然，亦且戰死，不若殺酋，以洩吾忿。勝則揚航故鄉；即不勝，死未晚也。一議既定，夜半入臥內刺酋。持郎雷氏頭大呼。夷人驚起，不知所爲。悉被刃，或落水死。和五等悉獲金寶兵器，駕其船以歸。失路之廣南，爲酋所掠。獨惟太等三十二人走免，附舟返舍。郎雷氏既死，南征之舉，爲之中止。其子郎雷氏貓吝（Luis Perez Dasmarinas）繼之，遣僧來訴。明年，閩撫遣賈舶招回久住呂宋之華人。貓吝爲給糧以歸，致書及辭，重訴父冤。其辭曰：

「郎雷氏敝裹系勝是貓吝爺氏，奉干系蠟（西班牙）國主命，鎮守東洋呂宋等處。豪差官來探日本消息，招回唐人。日本近雖稱兵入境，然彼國有征伐之兵，敝國有備禦之固。（據世法錄時通倭者李闌入呂宋）況日本熟知敝國士卒精壯，遇敵無不爭鋒，何足以懼？前革回唐人，係是久住不安生理；今之革者，因敝國狹窄，米穀稀少，糧食不給，別無他端。伏望尊慈鑒察！其被害戰船，乞追軍器金銀寶貝，并究殺父之人，償命以警後人，以正法紀！從兄巴禮於舊年十月，駕船往貴省（閩）奔訴父冤。萬里懸情，惟冀秉公嚴追究治！」

又訴詞一紙，爲辯明父冤事，其詞曰：

「緣父守國欲討美洛居。時有澗內唐民，願充助敵者二百五十人，自備行糧，立功給賞。時父與兵同船開駕，到交逸地方有佛郎人（未詳）與唐兵言競，父責番人弔在船桅懲戒。原船裝載金銀莫計；同船番目各帶寶貝銀錢數多。船進合萬門灣泊，父令唐人牽罟捕魚，共烹而食，臥至半夜，唐人心貪財寶，陰謀不軌，將父并番目四十餘命，盡行殺死。僅存巴禮，書記二人報息。將本船寶貝駕逃。僕時奉命帶兵駐箚朔霧（Cebu）各屬，聞變共議報寃，將城內舊澗拆卸。僕聞計，回國勸諭，不許生端報怨。復議設新澗城外，慮及番兵橫爲擾害，著頭目四人，逐日在澗看守，以便唐人生理。不想起蓋未完；而日本報警，番目思見澗地接邇城郭，兼之唐人每有交通之情，恐招蕭牆之禍，再議移澗，此非本心。革回唐人每船給米五十包資助。想來人必能道其詳者。激切含寃，伏望作主，轉達施行！」

閩撫許孚遠具疏以聞，略謂：

「我民往販呂宋中多無賴之徒，因而流落彼地，不下萬人。番酋築蓋舖舍，聚箚一街，名爲澗內；受彼節制，已非一日。去秋彼酋抽取我民二百餘人爲兵，刑殺慘急，逐致激成此變。夫以番夷豺狠之性，輕動干戈，不戢自焚，固其自取；而殺其酋長，奪其寶貨，逃之交南，我民狠毒亦已甚矣！」一檄兩廣督臣以禮遣僧歸國，置惟太等于理。潘和五竟留交夷不敢還，夷人（指西班牙人）故奴視華人，懲賦溢格，稍不得當，呵辱無已時；犯者即嚴置以法。自茲益虜使我矣！（皇明世法錄，東西洋考，及 Barrows 菲律賓史）

侯亞保　亞保，福建廈門人。幼倜儻不羈，以豪俠聞於鄉里，里中少年咸魁事之。偶有爭執，輒詣亞保訴曲直；亞保洞察隱微，片言解紛，無敢與爭者。會里中有耆老不喜其所爲者，以豪斷鄉曲之權，而屬耆老何物小子，乃敢與乃公事？密訴於知縣，謂亞保實會黨首領，速逮治之。清末會黨遍于閩南，衙役咸爲若輩耳目；亞保故爲三合會首領，密告一入，即已知之，遂率其徒黨夤夜出走，適有商船往小呂宋者，附之以行。抵馬尼剌，其地三合會徒素聞其義俠，亦魁事之，亞保因留居焉。時小呂宋受治于西班牙虐政之下，橫征暴斂，民不聊生，青年志士謀獨立，密結同志，待機而動，有介亞保與菲青年團首領亞幾那度相晤者，一見相傾倒，剖胸露腹，指天日爲誓。亞保力任組織三四千人爲一軍，以助菲青年團獨立起事。約既定，亞幾那度走香港，密與美海軍商接濟及援助；亞保亦隱部勒其徒黨。亞保居菲久，盡通其方言，華人之士生者，亦相從多隸其部下。一八九六年（光緒二十二年）菲人高舉革命之旗，全島騷動，亞保受亞幾那度命，獨任一方，鏖戰一載，厥功甚偉。菲軍既乏訓練，尤短軍械，革命之始，西班牙頗覺倉皇；既見其能力止此也，乃奮力進勦，使菲亞保率孤軍誓死相拒，菲人早無噍類矣！後以美軍之助，西班牙勢力悉毀，然菲島卒亦不歸菲人所有。亞保自美人加入戰爭後，獨知前途荊棘甚多，乃按兵守境，不復如以前之勇猛！迨美人戡定菲律賓全島後，遣散其隊伍，亞保乃挾其餘貲，復返廈門，不知所終。（南洋華僑通史）

二、爪哇之偉傑　華僑在爪哇之偉傑，得三人。一爲新村主某，廣東人，已見前述，此外二人，曰陳歷，曰速富：

陳歷　漳州右美人，字豹卿，乾隆時，往三寶壟，訪其堂兄甲必丹陳映。甲必丹者，自荷人佔爪哇後，以吧城爲都會，竭力經營之，稱爪哇爲內部，他島爲外部，內部亦兼任華人爲官，屬名甲必丹也。陳映使豹卿佐領其事，及映卒，遂襲其職。王大海遊三寶壟，見士蕃貴官往候豹卿，隊馬數百，整肅而來，至柵門外，則下騎，入門則膝行而前。豹卿危坐，俟其至，乃少欠身。其威炎有如此者！豹卿富甲一方，置大地一區于葛剌巴（卽吧城）名三寶壠土庫。華船初到，客有欲往三寶壠者，則進其土庫，並行船護送。于壠悉皆收錄，用才委任，各得其宜；華夷均頒。彼本經商貿航數十，發販州府，其豪俠仗義，足為模楷。（王大海海島逸志）

連富：富，中國人，未詳其鄉里。乾隆間（一七三六——一七九五）為葛剌巴（巴達維亞）甲必丹。葛剌巴本爪哇故地。自明以來，閩粵人居此數萬計。生長其地者曰土生仔。自爪哇為荷蘭所併，委官駐箚巴鎮（吧城）之設甲必丹，（甲必丹猶市長之類）專司華人貿易。人有罪，則徙西隴。（卽前文所謂錫蘭島）西隴在南洋中，距葛剌巴遠甚，荷蘭國舊所屬地也。乾隆五年閏六月（西一七四〇年七月二十四日——）為苹番所擾，荷蘭力不勝，遣罪人禦之，許成功後令還。葛剌巴之罪人，奮勇效命，戰屢捷，苹番為之退卻。荷蘭雖付立功贖罪之命；然慮遣還罪人以後，則西隴一地孤弱，一再令葛剌巴調無辜華人往代。

時連富方為甲必丹，以華人在此貿易，惟領票輸銀（票捐丁票）無調取之例，不受命。荷官拘之。彼獲者先後不勝計。於是漢人大恐，鳴金罷市。荷官發礮相攻，殺傷頗衆。（殺傷數萬人）中國閩之，議停葛刺巴貿易後聞荷蘭已將肇釁之官黜責；於華船返棹時，加意撫慰護送，囑令再往，幷無擾及客商之意乃仍許其通商。（清通考）

按此事卽所謂「紅河之役」也！本國舊籍記此事者，惟此較詳！當時國人死者逾萬，而清廷概不過問。事後，荷人尙恐清廷興師問罪，次年，（一七四一）遣使奉書謝罪，幷曲爲解釋，事出于不得已，以致累及無辜云云。而清廷則答以「莠民不惜背棄祖宗廬墓，朝廷概不聞問。」其在民間，亦未有爲此無辜同胞呼籲者！若輩既絕上下內外之緣，連富獨奮起爲同胞爭命，豈不偉哉？迄今紅河之水，流奔湍急，曲折數十里不息，猶有殷紅之血色也！（Campbell 爪哇南洋旅行漫記）

三、婆羅洲之偉傑　荷人之領東印初時，致全力于內部，華僑息受壓制。故爪哇華僑之偉傑，可述者甚鮮。然在外島，當十八九世紀時，尙有據土稱雄者得三人：曰羅芳伯，曰吳元盛，曰張傑諸。（據明史渤泥傳有督郡張某因明之渤泥爲今之大泥地，屬暹羅，故未列入。）

羅芳伯　芳伯，廣東梅縣人也。性豪邁，任俠好義，喜結納；識見遠到，爲衆所服。某年秋，集同志抵婆羅洲之西岸，由三巴（Sambas）登陸。芳伯見其地豐草長林，廣袤無垠，歎曰：「天府之國也」，乃闢地而居，糾合同志拜盟結義，潛植勢力。且與蘇丹結好。越年，土人謀叛，蘇丹籌備軍實，遣芳伯征之。芳伯遂大敗土人，蘇丹德之。芳伯復遣其將吳元盛征服大院（Tajan 戴燕）之土酋，其勢益盛。斯時芳伯有衆三四萬，益以土人二十餘萬，東征西討，所向披靡。蘇丹知不敵，割東萬律與之。芳伯遂據有其地，自稱大唐客長，建都萬律。凡坤甸喃巴哇(Mampawa)山口洋(Singkawang)皆屬焉，時一七七八年也。（乾隆四十三年）其所轄之地，皆設縣治，官分數級，悉由民選。法律簡單，庶政公開。設蘭芳公司，開採金沙，振興實業。又立市廛，興學校，儼然一獨立國也。芳伯歿于一七九三年。（乾隆五十八年）部下江戊伯繼其位；江傳闕泗伯；闕傳宋插伯，皆能保其土宇。至咸豐五年（一八五五）荷人勢力侵入，繼位者皆受荷人甲必丹之號，徒擁虛名而已。又傳四世，荷人遣兵來奪萬律，華人與之抗，梁路易爲其首領，殺荷官，退荷兵，頗佔優勢。終以衆寡不敵，爲荷所敗，而國以亡。時在光緒十年，（一八八五）計歷時百載，傳世十人，亦云偉矣！（余瀾馨羅芳傳及溫雄飛羅芳伯傳）　按胡炳熊中國殖民十六偉人傳，別有陳蘭芳陳宗山，謂其事蹟與羅芳伯全同，蓋因芳伯設有蘭芳公司而傳訛也。

吳元盛　亦梅縣人，與羅芳伯同里閭，深相契合。佐芳伯平定諸土，芳伯分瀉璈純篤地封之。有戴燕國（大院）者，地在坤甸之東南，四面環水，形勢天成。乾隆末，其國王暴亂，元盛因其民之不悅，刺而殺之。國人奉以爲主，華夷皆取決焉。元盛死，子幼，妻襲其位；然荷人勢力已至，自是以後，王綱失墜，降爲甲必丹，惟尚遠紹百年，世襲其職也。（謝清高海錄）（乾隆末爲西元一七九四年左右）

張傑諸　傑諸，廣東潮州人。幼失學，年十二，無所依賴；聞里中有駛甲板船者，往乞爲船中小使，隨航南洋羣島，止于爪哇。及冠，復航爪哇海帝汶海間，與各小島土人貿易。中有安班瀾島（Ampenan）名沙頓人者，約占該島土人七分之一，皆宋明亡兵之苗裔也。傑諸至，愛之，認爲兄弟。一日，沙頓人因小事與土人鬥，人少而弱，不能敵；賴傑諸調停，遂得安謐。沙頓人德之，彌益親愛。傑諸見親已者不能敵土人，殊憤懣，因勸其低心下氣，以作後圖；晝經商，夜習武藝，閱數年，相安無事。傑諸弗敢懈，每與追談往事，恆摩拳擦掌，誓欲蹴倒土人，以洩其憤。聽者皆爲動容，各欲一試其數年來所嫻之武藝，躍躍不能自已。傑諸乃爲之編分三團，教以攻守各要道，層次井井。沙頓人大悅，公推傑諸爲團總。傑諸因以己意，創徵煙稅，以供團費。沙頓人靡不遵納。翌年，行諸土人，土人大譁，因與之戰，大勝之。土人乃服。初，土王但徵人頭稅于土人及沙頓人，至是復下煙稅令。沙頓人抗之。土人之狡者，復兩邊推諉而不肯納。土王怒，命人擒傑諸。傑諸逐之。屢戰數仗，卒獲勝；更進追之，土王乃遷避于鄰近之哈里島。（岑里）沙頓人大喜，公舉傑諸以代。傑諸固辭不獲，乃約曰：一必聽我令乃可。一衆皆諾。遂受王位。於是改法制，用嚴刑，出入各貨物分別加稅。新章既布，人人駭異。因傑諸性燥急，觸其怒目若餓虎，眈眈欲噬人，人人素畏之；且又震于一時戰功，不獲已皆勉强從命。先出王有妖術，名曰鋼條，無遠近能使人迷信。既逾之明年，率哈里親王之黨人來寇；土人輒助之，勢甚熾。傑諸乃設伏于山；自統沙頓兵往海口迎戰，詐敗誘入山，伏兵突起，截來兵爲二，使前後不相顧。傑諸迴兵返攻，適風緊，塵埃蔽空，對面不能見，但聞四面吹海螺角者，聲震山岳，若有無數雄兵！哈里人大驚潰散，自相踐踏，紛紛逃至海口；急覓已船，已悉爲傑諸率去！勢大窘，追兵且至；因急匿于土人處。越數日，土人厭惡之，互相衝突。哈里人大悔，痛哭，莫可如何。傑諸偵悉其事，多贈食物及航船，遣送回國。時惟土王潛逃鄰島，厥後屢圖報復，卒不能逞焉。傑諸既擁王位，查在安班瀾（即龍目）者，除已一人外，無華人蹤蹟。因設特別優待之策，招之使來。安班瀾米之出口甚多，其量法以三千斤爲一車。傑諸令賣者出三千二百斤爲一車，買者仍得三千斤；餘二百斤儲存倉庫，備供華人初到之需，並廣登告白。於是吾國人在爪哇西里伯等埠者，輻湊而至。至者各賜米千斤，兼附少女一人，以資伺應。第安班瀾風土險惡，每陽曆二三月時，東南風日夜不息；且地土卑濕，華人不慣。故初到者往往患頭痛脚腫等病，死亡相望；來者日少。傑諸又設特別保護之法，每於此時，令僑寓華人避居他島。財產貨物，則付沙頓人守護，造册存王府，以資稽核。返時，按册交還，不爽累黍。自此華人商業，日見繁盛。十餘年間，大小店戶，驟增至百餘間，幷握該島商業之牛耳。如福建之泉州永春州等處，往而致富者尤夥。一千八百八十二年（光緒八年）荷蘭人突以兵力强借其海口。越數年暴病而薨。身後無嗣，荷蘭官爰抄沒其財產，計現金三千八百餘萬盾（每盾約合華幣二元）；運珠寶者三百人，日往返三，凡三日夜乃盡。其王位遂選其前土王之親屬以嗣。（傅紹曾南洋見聞錄）

四、馬來半島之偉傑　馬來半島樹立豐功之雄傑得三人：曰葉來，曰石郎，曰卑力之兩寓俠。

葉來　來廣東梅縣（嘉應）人，業泥水匠。同光間與其族流寓于吉隆坡。機警善應事，得族人心，遂爲工頭，聽其指揮者有三百餘人。時吉隆坡尚未闢爲商埠，華僑之留居者，皆從事錫鑛，時與土人衝突。土酋乃下令逐華人。葉來率其族三百餘人與戰，勝之。知其必將報復，乃益購軍械，遣子弟歸國，糾其族萬餘人渡海助戰。鄰村應者亦多，他邑之流寓者並從焉。苦戰數年，卒定吉隆坡，取得其政權。遣員申告于清廷，請兵來守；清廷置不理。英人既怵華僑勢力，又知其無助，乃自新島使人脅以威，勸其降順。葉來知不能抗，卒納款焉。英人封爲甲必丹，俾領華事，而與馬來王室定約，成爲保護國。葉來死，英人以其族人阿石繼之。阿石死，葉觀盛繼之。後遂廢此職。（梁啓超中國殖民八大偉人傳，梁紹文南洋旅行漫記，江亢虎南遊回想記，黃強馬來鴻雪錄。）

石郎與卑力之寓俠　光緒初，（一八七五——）石郎國之吉隴埠，（吉隴卽吉隆坡）卑力國之罅律埠，（罅律卽壩羅亦名怡保）探錫鑛工十餘萬。石郎王待之尤苛，華僑與戰，破而俘之。倡首者，亦嘉應州人。其卑力亦因貪詐啓戰爭，爲華僑所敗，削平其地。先是石郎卑力，（石郎卽沙剌我，今作雪蘭莪；卑力卽霹靂，又作白臘）本自主小部，至是英人乘我勝後，遽入而伐之，設官于二國，盡奪王權，拔山通道，征收錫煙酒稅，以法部勒華人。華人不能抗，乃勉安焉。今吉隆、罅律商務，與新嘉坡麻六甲檳榔嶼三埠相表裏，則我僑民創定之功也！（南洋華僑殖民偉人傳據薛福成四國日記及新民叢報）按卑力之事，當亦有主持者，惜亦不能舉其名也。

嗚呼，自十六世紀以來，南洋之風雲變色，人爲刀俎，我爲魚肉，故國人偉蹟之可述者只此。設使有國力爲之後盾，則諸人者，皆吾國之李加斯比來佛士也！何讓西人之子專美于前哉？

第八章　列强之南洋設施

南洋今爲英美荷日諸國角逐地，其所經營，各有殊勝。縷述於次，所以明吾南洋僑胞乃在此種局勢下生活也。

第一節　美屬之設施

美屬菲律賓羣島，現由美國遣派之總督，統行庶政，下設各部，立法有上下議院，地方行政分四十八州，各設知事治理之。

美國之治理菲島，在鍾氏律前爲一期，鍾氏律後爲一期。自美佔領馬尼剌，至一九〇〇年（光緒二十六年），間用軍政統治。由大總統任命菲島軍政總督，總攬一切。嗣特派委員五人，調查菲島情形。乃建議：（一）應從速設立屬地政府。（二）

政府中應有上下兩院之議會，上院設委任議員，及民選議員各半，下院全由民選。延至一九〇一年七月四日，（光緒二十七年五月十九日）始有民政總督。設委員會以董立法行政兩權，而委員長兼任總督。其下設內務，商務，及警察，財政及司法，與教育爲四部；其部長亦由委員兼任。至一九〇七年，（光緒卅三年）菲人始有民選之下院，委員會卽爲其上院；兩院時有爭執。迨一九一三年夏禮信（Harrison）任總督，宣布威爾遜總統之意旨，在多給菲人以自治機會；彼亦願助菲人早日獨立，深得菲人之歡心。自夏氏後上院中乃有五人爲菲人。後此鍾氏律之產生，卽由此逐漸多與菲人自治權之旨而成也。是爲美國治菲之第一期。

一九一六年美國批准鍾氏（Congressman Jones）所提之法案，而見諸實行；是爲鍾氏律。此律明言「一俟菲島設有强固政府，美國卽撤去主權，而承認其獨立。」據此律，上院設議員二十四人，其中僅有二人由總督委任；而下院九十三人，僅有九人出於委任。然總督有權否決兩院之議決案；財政方面，復有美總統所派之查賬員，以監督之。菲人累年爭持獨立，卒難通過于美國議院；其理由謂以菲人之力尚難獨立，恐爲野心家所覬覦也。（鄭民菲律賓，及林紹昌三十年來菲律賓議會政治）

目前政治，總督握全島最高權。下設六部：曰商業交通，內政，農業及物產，司法，教育，財政六部。其實業教育諸端，亦有可言者：

（一）菲島之教育　美人之治菲島，極注意於教育，三十年間，教育有長足之進步。在組織上，國立大學直轄於教育部，其他各校皆隸於部設之教育局；而私立學校，則由部派私立學校監督董理之。其教育經費，佔全歲出之五分之一。其中用之於小學者最多，佔教育經費四分之三。蓋教育當局極注意於普及教育也。參閱下面之表，可徵其進步。

計全島現有小學六千數百所，中學七百餘所，大學二所，此外尙有私立學校數百所，進步之速，亦云盛矣！（黃澄秋三十年來菲律賓之教育）

（二）菲島之財政　菲人於財政上，享有立法權，而代表美國之總督，及審計院長，則有否決及駁

年　　次	校　　數	學　生　數	教育經費
1903	2,000	150,000	
1908	3,932	359,738	
1913	2,934	449,451	7,148,802
1918	4,744	675,997	9,659,306
1923	7,557	1,077,342	23,587,101
1924	7,679	1,102,396	
1925	7,762	1,132,719	
1926	7,278	1,111,566	

斥財政立法權。若遇總督與審計長意見不同時，則取決於美國陸軍總長。二十年中，菲島財政，亦頗有進步。茲舉其歲入及歲出於次，以見其概。

1. 菲島歲入表

年次	稅賦	非常進款	獲利及其他	合計
1916	43,420,302	4,040,843	36,546,728	84,007,873
1918	62,492,755	6,630,491	37,420,984	106,544,230
1920	72,933,881	8,790,283	45,191,373	126,915,537
1922	64,402,855	7,355,631	41,623,462	113,381,948
1924	82,070,787	7,947,806	40,666,533	130,685,126
1926	87,453,529	8,023,258	58,122,273	143,599,060

2. 菲島歲出表

徵稅費	2,611,435
營業費	10,811,501
債務	11,911,003
政務費	70,981,091
衛防費	16,966 672
純政費	13,267,895
社會費	25,948,124
實業費	14,798,400
建設及投資	28,954,030
特別費	12,085,660
其他	11,206,140
合計	136,178,590元

（以上據潘振𡚁三十年來菲律賓財政觀）

（三）菲島之農業　數十年來菲島土地日闢，農業大有進展。其主要農產有六，一曰米穀，初時菲島米糧不足，每年進口達三百萬石，自一九一九年後，進口日少，現時已可自給，而米穀之出產，遂爲本島農產之一大宗。一九二六年，產米四七、七八〇、〇〇〇担，當一九〇三年時，僅逾一千萬担，已四倍之矣！　二曰白蔴，白蔴本爲本菲特產。近時因椰子甘蔗烟草銷路甚旺，而種蔴者漸減，僅佔農產之第三位矣。計一九二六年產蔴二、八七八、〇六〇担。　三曰椰子，椰子之出產，在近十餘年間進步最速，以其價値日增故也。現在每年產椰子一萬五千萬粒以上，將來不難成爲世界產椰子最旺之區也。　四曰玉蜀黍，玉蜀黍爲菲島第二重要土產，十餘年來出產增三倍有奇，計一九二六年產七、八九九、七三〇斗。　五曰甘蔗，甘蔗年來進步亦最速，現時產糖九百萬担。　六曰烟草，烟草之產額時有進退，一九二六年產九十萬包。　此外森林畜牧方面，亦有進步。要之美人應用科學以改良菲島農事，故增展甚速也。（黃鵬飛三十年來菲律賓農業之進步）

（四）菲島之商業　菲島對外貿易，三十年間增加十倍，皆美人經營之力所致也。自一九二二年後，皆爲出超，年在三千萬以上。一九二六年入口三八、五九七、九八一元。出口二七二，七六八、六三九元。

入口以棉織，銅鐵，石油爲大宗；出口以糖，苧，椰油，椰肉，爲大宗。美國一國佔菲島對外貿易百分之七十。日本次之，英又次之，中國又次之。蓋美國挾其政治與經濟兩重勢力，他國自不能與抗也。（三十年來菲島商業並對外貿易，葉紹振著）

其在國防方面，除菲人經訓練者外，有美國海陸軍常川駐紮云。

第二節　荷屬之設施

自一八二四年，（道光四年）統治權確定，荷人乃銳意經營東印度。初時僅致力于內部，次乃及于外島焉。初時所採之手段，爲掠奪式，以殘暴手腕，榨取利潤。以故自十六世紀至十九世紀末年，往往引起華僑與土人之反抗。及今世紀初，乃改變政策，歡迎外資，提高土人教育，設國民參議院，制定立法行政法規；自是荷屬得迅速發展，而成荷蘭之寶庫。其政治經濟教育諸端大致如下：

1. 荷屬政治

荷屬土地，由荷王直接委任總督一人爲最高級長官，兼海陸軍總司令。以荷印評議院爲輔佐機關，議員五人，以荷人爲限，由國王任命。此外有所謂國民參議院，名爲立法機關，實則由荷蘭人收買土人之黠者，以資籠絡而已。其議員規定六十人，荷人占三十人。

行政上亦分中央行政與地方行政。中央行政在總督下分一般行政部，陸軍部，海軍部。其一般行政下，又分內務，宗教，財務，司法，農工商，官業諸部。凡在荷屬特種憲法以內之事，總督皆可全權行使。其地方行政分本部及外領二部。本部分東西中三省，外領分二十州。此外尚有所謂土人自治領土，實權亦在荷人掌握。

其司法制度分兩等，爲歐人及準歐人設者，法律與本國略同。爲土人與僑民（華人）設者，則待遇甚劣。

2. 荷屬軍備

陸軍，常備軍一軍團，計三萬名，三分之一爲荷人，餘皆土人。軍費每年四、五〇〇、〇〇〇盾。（每盾約華幣二元）海軍，有巡洋艦二驅逐艦四，潛水艇十三。海軍士官二千六百餘人。據荷蘭計畫，將擴充爲戰鬥艦四，魚雷二四，潛艇三十。泗水爲其大本營。 近因太平洋空氣緊張，土人亦時有自治運動，乃擴張海陸軍之航空隊云。

3. 荷屬之經濟

荷屬以農爲主要產業。其主要農產爲蔗糖，咖啡，胡椒，煙草，茶，椰子，樹膠等。近年輸出達十六萬萬盾。大戰前農業投資幾盡屬荷人；戰後歡迎外資開發；外資之增加極速。計荷屬農業投資總額八萬三千萬盾，荷僅佔四萬八千萬，蓋外資寖寖乎與荷埒矣！外資中，以英爲最，比次之，美又次之，中國又次之。然荷屬七十三萬方哩之地，所完全開發者僅爪哇一島，餘多豐草長林，未經墾殖，荷屬之富蘊，正無量也！

荷屬工業甚幼稚，全恃外國輸入，蓋荷之殖民政策限之也。荷屬遂爲荷英美日之角逐場。

荷屬礦業甚發達，礦產之富甲于南洋，爲農業外第一重要產業。其石油，錫，煤，鐵，金銀，鑽石等產額甚豐。石油一項，每歲出口額卽達二三萬萬盾，錫七八千萬盾，石油臘千餘萬盾，煤每年百餘萬盾；鐵礦尚未開發，但西里伯埋藏極富，質亦佳，蘇島及波羅等地亦多產鐵，前途頗有希望。以僅僅產錫之馬來視之，實瞠乎其後。惟馬來之錫，大半在我國人手，而荷屬之鐵，則盡在歐西人之手，此其異耳。

4. 荷屬之貿易與交通

荷屬對外貿易市場，爲泗水巴城三寶壠望加錫四處。其貿易在供給世界之原料品，而輸入列强之工藝品。茲舉一九三二年貿易額，以見其概：此年輸入爲四九〇、二〇〇、〇〇〇盾，輸出六一八、八〇〇、〇〇〇盾。出超達一億萬盾以上。在不景氣局面下，有此結果，已屬難能。當一九二六年時極盛時代，輸入達八億五千八百萬，輸出達十六億二千二百萬，出超竟在七億盾以上，誠哉其爲荷蘭之支柱也！至輸入貨物，以荷英美日德五國爲最多，而中國則佔少數。

在交通方面，一九二八年，荷屬有鐵道七、二九三公里。大都萃于爪哇。（占五千四百七十三公里）外領則蘇島較遠。現在繼續增修鐵道及汽車道。航空亦正興創。海上交通，荷蘭之王國郵船公司（K. P. M.）勢力最大。此外，英日中德諸國皆有之。計每年寄港于荷屬者，有一千五百艘以上。

5. 荷屬之財政

荷屬財政，十餘年來，尤形澎脹。計一九二八年，歲入五四四、三七〇、〇〇〇盾。歲出五四八、五一

四、〇〇〇盾不足四一、四四〇〇〇〇盾其數以公債足之。十餘年來，負債已達十億盾以上。其收入以賦稅、鐵路、鴉片專賣爲大宗。

6. 荷屬之教育

荷屬初等教育分歐人，土人，華人，居留民，各種教育。小學七年卒業，升入五年制之中學，而後升入大學。惟荷屬教育在本部頗有相當之設備；外部則無足觀，僅在授土民以職業教育，並鼓吹荷蘭王化而已。計一九二八年有初等學校一七六一一所，學生一、五一三、〇八五人，中等學校八十一所，學生一三、九七〇人。高等學校三所，學生二百五十九人（內華人四十三人）職業及商業學校五六三所，學生一九、二〇〇人。較之十九世紀有進步矣！（據蘭領東印度史，黃澤蒼荷屬馬來西亞南洋研究荷印專號及 Hand book of the Netherlands East-Indies）

第三節　英屬之設施

英屬馬來　分爲海峽殖民地，馬來聯邦，馬來屬邦三部。（見前）

海峽殖民地直隸於英皇，設總督兼總司令治之。總督由英派遣，而聽殖民大臣之指揮。總督爲海峽最高長官，同時爲馬來諸國最高委員。有執行委員會爲其助理，猶荷屬之有議會也。委員會中，以總督爲當然主席，餘由軍事長官，殖民地秘書，各部部長，檢事長，及少數人民，組織而成。下設諸部，以分司政事；工務部，航政部，漢務部，土地部，教育部，爲其主要。各部長皆聽殖民地秘書指揮。

聯邦政府各地有其首領；然總督實握最高權，一切政事，由各屬輔政司承總督令轉知英參政司執行之。馬來屬邦各屬，亦有首領；然亦英顧問指導處理一切政務，實際上與聯邦同。

此外英京設馬來各邦詢告局，鼓吹指導英人殖民馬來之事業；吉隆坡設森林局，農務局，亦皆爲重要機關。

馬來之財政，素號充裕，自一九一八年後，尤形膨漲。大英帝國頗受其利。計海峽殖民地一九三二年收入爲三、一〇四、〇〇〇磅，支出爲五、四六〇、〇〇〇磅。其

收入以鴉片專賣煙酒消費稅，及利息爲大宗。其支出以報效大英帝國，及公共土木爲大宗。（每磅約合華幣十元）

聯邦之財政，向來歲有盈餘。每年收入約八百萬磅，支出約七百萬磅，有百萬磅左右之盈餘。其收入以賦稅及公共營業爲大宗。至馬來屬邦，以柔佛財政狀況最佳，歲入年約一百六十萬磅，支出約一百萬磅。其收入亦以鴉片專賣爲大宗；此外各邦，亦略有盈餘也。

馬來產業，以農林業爲中心，礦業次之，工業漁業均尚幼稚。農業以樹膠爲最重要，有左右馬來經濟之力，餘如碩莪，咖啡，鳳梨等，皆不足比齒也。

樹膠種植，在一八九八年（光緒廿四）僅二千英畝，然日增月盛，至一九二三年，乃達二百二十七萬五千英畝，占世界植膠面積之大半，蔚爲英帝國最大產業之一。其中歐人所有占一、二二四、〇〇〇英畝。亞洲人所有占一、〇三五、〇〇〇英畝。亞洲人中，以中國人最多，占五十萬英畝以上。一九二五年，出口樹膠，達三三一

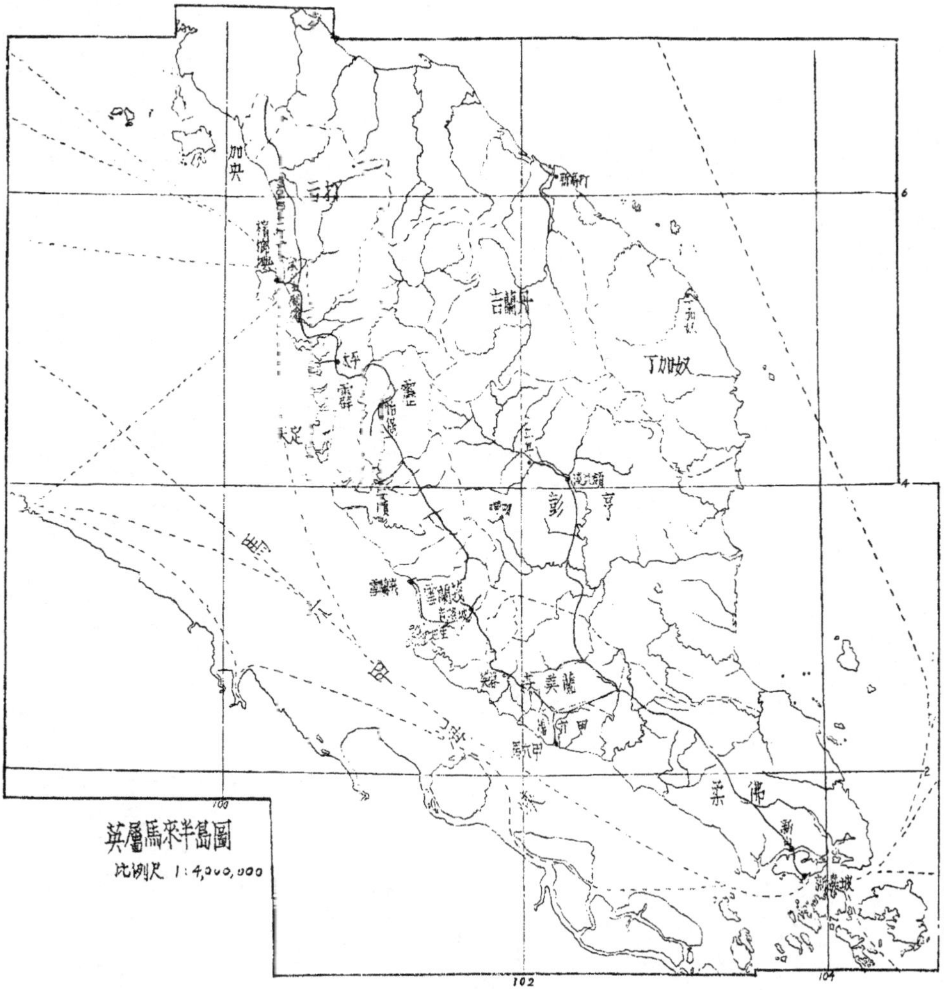
英屬馬來半島圖
比例尺 1:4,000,000
吉打
吉蘭丹
丁加奴
彭亨
柔佛
102
104
100

六八二五噸。一九二六年，增至三九〇、九二三噸。連椰米，碩莪，咔咖，鳳梨，（波羅密）等農品，每年出口總值約在八十萬磅以上。礦業以錫爲大宗，爲馬來半島經濟第二生命。錫產以馬來聯邦爲最盛，霹靂居首，雪蘭莪次之，彭亨又次之。每年出口量，約三萬五千噸，價值一千萬磅。開礦工人，據馬來聯邦年報，一九二四年末達十一萬四千以上。此外如金，鐵，石炭，石油，亦皆略有出產，然量甚微。

馬來工業幼稚，一切日用品，皆賴外貨輸入；而食米產量亦不足，故其進口貨物，以食料，煙，酒，工藝品爲大宗。輸出則以橡皮及錫爲主要。一九二六年貿易極盛，進口一、〇〇二、七一七、六二七元，出口一、二五八、五一一、二八六元。出超達二萬萬五千萬元之鉅，故爲英國之寶庫。（近一九三〇及一九三一兩年皆入超）馬來需巨量之製造品，又爲英國之銷貨場。世界上惟美國在馬來之貿易，可與英抗，他國皆不足競也。惟在歐戰期間，英貨之來源斷絕，日貨起而代之，但戰爭告終，英貨即恢復矣。

海峽及聯邦教育，同隸於海峽教育司之下。三州府及各聯邦，均各設視學官一人。視學官有指揮監督各地教育之權。學校有私立公立兩種；私立學校，亦多有受政府津貼者。其學校又分英語，及馬來語兩種。海峽內政府所辦之學校，在一九二九年，有二十二所，學生數為九千五百七十七名。經費一、〇六四、七七二元。受政府津貼之英文學校，一九二八年，有校二十九所。學生數一五、二五五名。此外有士語學校二百餘所，學生二萬餘。馬來聯邦教育亦日有進步。計有馬來女學校，一九七所。一九二三年，經費為六一、一四三元。

至馬來之軍備，陸軍有步礮工兵數種；三州府又各有義勇隊之組織。每年軍備三千萬元。海軍，則有新嘉坡之佳良軍港，著名世界。近來新嘉坡復有建築要塞之計劃，期以一九三五年完成，其目的一在對付日本，一方面又以此對付南非聯邦，與印度也。（黃澤蒼馬來亞新加坡中華總商會特刊。姚枬英荷屬東印異同之點 Winstedt: British Malaya）

英屬婆羅　分北般鳥，(North Borneo) 汶萊，(Brunei) 沙勞越 (Sarawak) 三部。

北般鳥歸北般羅公司管轄；除外交外，有一切統治權。公司任命總督以治理全部。土地豐沃，木材，西穀米，可可，橡皮，咖啡，生果等出產甚多，礦物有煤與煤油。輸出品，有燕窩，眞珠，煙草，木材等；而以橡皮煙草爲最多。輸入品以米及其他穀物爲大宗，棉布，鋼鐵，機械等次之。

汶萊本爲酋長國，今歸英國保護。物產有紅樹，椰子，橡皮，西穀，木材等；煤油之蘊藏，亦富，惜未開採。

沙勞越亦一酋長國，今亦歸英國保護。其物產有西穀，金，橡皮，煤油，等輸出；就中以西穀爲最多。其詩誣 (Sibu) 一地，爲我國福州人所墾闢，華僑稱爲新福州云。

（李長傅南洋地理誌略）

第四節　日本之經營

日本夙有南進政策，甲午之戰，既據我臺灣澎湖；歐戰時復乘機佔領南洋，依凡爾塞和約由國聯委任日本統治。自是日本遂復佔有馬利安那，加羅林，馬沙爾三羣島。面積雖不大，然爲日本南進根據地，爲日本在太平洋上之新勢力也。日人設南洋廳于拔勞島；設支廳六處于他島，以治之。其財政以特別會計處理，其歲出以稅收及國庫補助金充之。初時每年國庫輔助三百萬元，近來收入增加，至昭和七年（一九三二）竟能收支相抵。其收入以租稅及官有財產營業收入爲主。貿易額，一九三二年輸出一千三百八十九萬元，輸入六百五十八萬八千元。輸出以椰子，磷，糖爲大宗，輸入以米，布爲大宗，蓋諸島鴻荒初開，產業正歲有增加也。

一九二七年九月，日本外務大臣曾召開南洋經濟會議，各官廳委員及民間委員，參加者二百餘人。此會對于企業及投資，輸入輸出，通信及運輸，調查及情報，金融，各項，皆有具體決定，此後即本之以進行。

經濟而外，武備尤爲嚴密。日人於臺灣，及德領諸島上，已積極建築軍事工程，設置警備艦，驅逐艦，潛水艇，機械水雷，潛艇捕獲網，掃海隊等，軍事上一切應有之武器。日人固言，一旦有事，將攫菲律賓，新加坡而有之，此乃日本之海上生命線；猶之滿蒙爲其陸上生命線也！

以目前而論，美之菲，英之馬來，殊有壁壘森嚴之觀，未易侵犯。故日人力謀與荷「親善」訂互惠之約，而日本在荷印之勢力，乃突飛猛晉。在日人固覷破荷人海軍之力不足與日競，而放膽侵略；在荷人未免開門揖盜矣！（鮑曼戰後新世界，一九三四時事年鑑）

第九章　南洋華僑現況

第一節　人口

明代滿剌加，蘇門答臘，爪哇，呂宋，各島，國人之移殖者，已各數逾距萬。渤泥國君主，當十五六世紀時，極力獎勵華人移殖，去者亦夥。（華僑志）迄於前清嘉道間，巴達維亞有華僑數萬，居崑甸淘金者，綿亙數十里。霹靂島有華人萬餘；新州府（新加坡）尤爲雲集，其他各地稱是。（海錄）光緒十五年左右，張讓三從薛福成出使，作東南海島圖經，據其所述，菲律賓羣島有華人五萬餘，吉蘭丹華民一萬五千，丁噶奴千五百，彭亨三百，柔佛七萬五千，白臘（霹靂）七萬五千五百，石蘭莪七萬三千一百，芙蓉一萬八千，新嘉坡十二萬二千，檳榔嶼八萬八千，麻剌甲一萬八千一百，蘇門答臘十一萬人，爪哇二十萬四千六百，婆羅洲十萬餘人，約共八十六萬餘人。後此上章言事者，未有如此詳悉也。（此處數目，係據原書摘算）

夷考吾僑去國之因，有鼎革之際，避亂南渡者。如唐末人士，避黃巢而入蘇門答臘是也。有勝國遺民，潛圖恢復者。如鄭所南之入爪哇，天地會之盛於新加坡是也。有其人不得志於中國，思求海外扶餘者。如黃森屏之率多衆入渤泥，林道乾之以戰艦攻呂宋是也。有不勝饑寒寇盜之侵淩，冒險以求生者。所謂「若要富，須往貓里霧！」是也。有動於西人之以利相招者。如清代南洋華僑之激增是也。自唐迄今，千有餘歲。此其人不必攜家室而去，率與土人爲耦，歷年既久，種族之混淆，殆已不可究詰。故謝清高謂呂宋人形似中國；張讓三謂爪哇婆羅諸地，中國人與番人，種族混亂，皆記實也。今去張讓三成書之日，又將五十年，更難確指，惟有根據各種報告，觀其大體耳。計民國二十年（一九三一）南僑數目：

英屬馬來及婆羅洲　　二、〇〇〇、〇〇〇人（僑委會統計）

荷屬東印度　一、二三三、〇〇〇人（二十二年三月外交公報）

菲律賓羣島　一〇八、〇〇〇人（菲島海關報告）

右共三百三十餘萬人。其實不止此數。如沙勞越Danson主教謂英屬婆羅洲華僑，有三十五萬至四十萬之多。（華僑志）然向來之估計則不及十萬，何也？緣婆羅洲土人每以其先人有中國血胤爲榮，主教蓋幷華番合種計之耳。其在他島情形迥異。荷屬美屬非特華番合種之遺裔無從統計；卽土生華僑依兩國法律卽爲荷非人民。各種統計，咸不以之加入華人之數。如此者何止十百萬？故南洋華僑當在四百萬以上。余在此處非欲誇多，緣以中國如嚴厲執行國籍法，縱不能根究華番合種之遠裔，然土生華僑至少應爲中國人，殊不能置之度外也。

吾國南洋僑民可分兩類，一則家留中國，時相往來；一則生長南洋，不識華文華語。而其使祖國與僑民關係綿綿不絕者，實第一類華僑之力。

近年入南洋之人，福建人約居三分之一弱，廣州人居四分之一強、客家，及潮洲人次之，海南島又次之，他省人佔極少數。以前每年出洋謀生者，歲恆數十萬；自一九二九以後，南洋經濟衰落，移出者大減，而自南洋返國者日增。試一觀近年南洋移民狀態：

1. 馬來半島中國移民表（據七州府總計局報告）

年次	入口	出口	入超	出超
1925	214,700	78,000	136,700	
1926	348,600	120,000	228,600	
1929	195,613	339,969		144,356
1930	151,603	287,903		136,210
1931	79,085	212,900		133,815
1932	33,500	161,800		128,300

以前每年回國人數，較來馬來者，常少十萬人左右，即每年中國移殖馬來者，約增加十萬人。一九二五及一九二六兩年，爲極盛時期，竟超過二十萬，此後即退減矣。

2. 非律賓中國移民表（據非海關報告）

年次	入口	出口	入超	出超
1922	13,954	13,598	356	
1924	13,376	12,497	879	
1926	17,526	13,242	4,284	
1928	16,349	13,867	2,482	
1930	10,881	15,471		5,407
1931	16,6 8	21,034		4,356
1932	12,192	17,767		5,575

菲島有移民律之限制，故往來人數遠不若馬來之多也。

3. 荷屬東印度中國移民表（荷印移民署報告）

年份	入境華人
1928	41,157人
1929	35,946人
1930	32,181人
1931	12,702人

當一九二五及一九二六時，每年入荷華人有五六萬左右，今受登岸稅之影響，已將裹足矣！

僑民散居各地，窮鄉僻壤，莫不有之；然究以聚居大都會者爲多。在英屬者則以海峽殖民地爲多，佔總人口十分之六。新加坡一埠五十六萬六千四百人中，竟有中國人四十二萬一千八百（一九三一調查）在荷屬者，爪哇與馬都拉佔華僑總額之半。菲島則以馬尼剌爲多。

，以比例言在英屬者佔英屬人口總數十分之四，在菲島者佔十分之一，在荷屬者，則僅佔荷屬總人口四十分之一。

我國民族有堅忍不拔，刻苦耐勞之性質。不畏寒暑，不擇水火，咸能安然操作，此世界各民族所不及者，白人尤遠不如也。土人雖亦能耐勞苦，然智力甚拙，工作效率甚薄。南洋各種栽培業，除極少數外，概屬園藝性質，又非可利用機器以代人工也。以此種種，我國民族，遂天然爲南洋之主人翁。白人雖擁有政治勢力，然欲開發土地，則舍華僑不能舉，此僑民立足點也。

僑民在外，既無武力之可恃，則惟有合羣自衞。其組織則有中華會館，中華商會，工會，書報社，公館，俱樂部，及各地方結社，各姓結社等。中華會館，爲華僑之總機關；中華商會，多與中華會館相表裏，可以代表華僑全體。其餘組織，亦皆有相當勢力。近年中國國民黨總支部，徧及南洋各屬，其有助於僑民者不少；惟因受居留地政府之限制，有用他種名稱者。（李長傅南洋華僑概況）

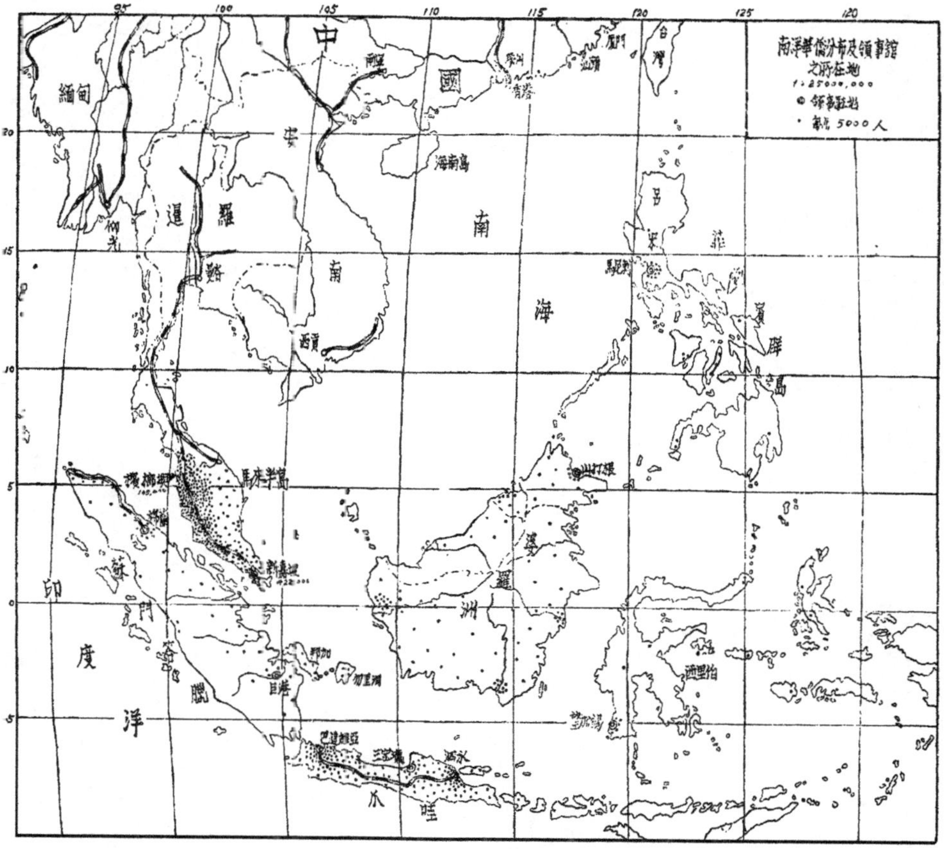
南洋華僑分布及領事館
之所在地
1:25000,000
◎ 領事駐地
· 華僑 5000 人
中國
緬甸
暹羅
安南
南海
海南島
台灣
呂宋
菲
律
賓
西貢
馬來半島
婆羅洲
蘇門答臘
印度洋
爪哇
西里伯
泗水

最近十年，始有華僑總團體之組織，因其潛勢力太大，易爲居留政府所忌，故僅秘密活動，其總機關設馬來某埠，加入者有三十二團體，每年選代表二人，任總理副總理，主持召集開會及應辦事件。對教育慈善及國內革命事業，皆盡全力輔助。其組織嚴密，故在英帝國高壓之下，尚能爲抗日救國之舉動。以較國內五分鐘熱度，有天淵之別，於以見華僑團體之力量也！（華青南洋華僑團體之演進及其力量見華僑半月刊創刊號）

第二節　教育

南僑之有教育，自昔未見記載，欲考其源，殊難沿究。大抵南僑初渡，或爲傭工，或爲逋逸，既乏先覺之領導，復囿短淺之見聞，其於子弟教育，或未暇及，其高者亦不過望其知書識字而已！其時之教育，或則行之工餘，或則行之伯叔，雖雛形之庠序未能有也。迨後僑胞日多，事業日繁，勢不能不延師課子，以分其責；於是有蒙館之設立，南僑教育於以萌芽。

明清鼎革之際，勝國衣冠，飄然南往，人才稱盛。雍正七年（一七二九）荷屬吧城竟有明誠書院之創設，勝朝遺老啓迪之功，爲不小矣！惜乎嗣響不彰，寖就湮沒；乃至創始何人，今亦不能舉其名，殊可惜也！

清光緒時，（一八七五）國際視線集於東亞，武力文化，雙方侵襲，僑胞乃深感教育子弟之重要。惟其所延聘者，不外迂腐之儒，鄉曲之士，飄流南島者；或以鄉誼，或因紹介而被登攬。所用課本，則爲三字經百家姓大學中庸論語孟子之類，有如國內之私塾。所備教室，多係卑陋木室，且多附於大伯公之廟內。大伯公者，或云即三保太監，凡華僑薈萃之區，必設其廟焉。其時南僑教育之荒陋可知也。

戊戌變後，國內廢書院，設學校，南洋僑胞，頗得風氣之先。美人入主菲島之年，（一八九九）陳綱以新進士任第一任菲島領事，乃翁陳謙善即就領事署中設立華僑學校，爲南僑新式教育之第一聲。惟所授課目，仍沿私塾之舊，因無小學制度可參考也。越四年，（光緒三十年）學校移於善舉公所，加授英文，定名爲「小呂宋華僑中西學校」，沿及於今，是爲南僑第一學校。

繼菲島華僑學校而起者，爲荷屬吧城之中華學堂。先是潘景赫，黃坤興李興廉，許金安，……等，以創辦學堂相號召，至一九〇〇年（光緒廿六年）卒克創辦中華會館，并附設中華學堂於吧城內。自此一二年內，荷屬各地成立學校二十餘所。蓋荷人取愚民政策，對於土人及華人皆不許入荷蘭學校，故僑胞憤而自立也。

當荷屬僑校風起雲湧時，馬來尚無華人自設之學校，識者鑒於受殖民地教育之危險，乃羣起而辦學。於一九〇七年馬來中部吉隆坡之尊孔學校首先成立。（時在光緒三十三年）嗣是創立者甚衆。

光緒二十九年，康有爲亡命爪哇，目擊南洋華僑教育之幼稚，極力鼓吹興學之不可緩。聞者莫不奮發，各處因創設中華會館，附設中華學校，一時僑校大增。越二年（一九〇五）粵督岑春煊派劉士驥南來，繼之者有汪鳳翔，錢洵，楊士琦等，先後至爪哇勸學，皆足以鼓勵辦學者之熱忱也。

然一時南僑學校雖增，師資却感缺乏。江湖流俗，皆成上選；教育成績，蓋無可言。幸革命事起，黨人失敗後，多亡命南洋；彼輩既不能爲工爲商，則不得不舌耕爲生，南僑師資，乃漸以改善。及一九一〇年（宣統二年）黨人復因起事失敗，遁於南洋；頗願於南洋立一根據，因盡力改革南洋之教育。南洋教育之曙光，蓋發於此時；即近二十年華僑與祖國發生關係，亦不得不歸功於此也。

英荷兩屬僑校之發達較早，非島在歐戰前，僅有華校兩所，（一即中亞學校，一爲怡朗之乙種商業學校）歐戰後乃臻盛焉。迄於今日，南洋僑校，可稱普及。南洋各大埠，多則有華僑學校十數至數十；小埠亦有一二校。據各地調查：非島有華校三十五所，學生六千一百四十七人。英屬馬來有華校六百九十六所，學生四萬三千九百六十一人。英屬婆羅有華校三十所，學生數目未詳。荷屬東印度有華校五百零七所，學生三萬二千六百六十八人。共計南洋華校一千二百六十八所，學生八萬二千七百七十六人。（一九三一調查，英屬北婆羅不在內）此外尚有未立案之學校，以爲補充。

然各地政府，對此十分疑懼，紛紛制定條例，加以摧殘。（荷屬則並開放荷校以吸收華人）綜而觀之，約有六點：

一則董事立案，多方留難也。

二則學校封閉，任意執行也。

三則課本用書，將由當地政府編定也。二十一年五月海峽殖民地政府禁華校所用教科書二十二年英屬禁用中文教科書。

四則教員註冊竟如訊鞫罪犯也。十九年南洋各屬僑校教員，多被拘禁驅逐，應聘而往者多留難不許入口。

五則解散學校，不須宣布理由也。

六則僑校員生，談及國家問題者，則目爲政治宣傳，而加驅逐。（詳劉士木南洋各屬註冊條例）

此實南僑教育一大打擊也！

南洋政府不特限制學校也，又復嚴厲取締書籍之入口：如荷屬於一九三二年五月，根據吧城漢務司之審定，公布禁止入境華文書籍共五百七十餘種。共產主義之宣傳品固在禁止之列，卽中華書局等普通之國語常識，歷史地理，及華僑研究，革命文學等，亦干禁例；甚至三民主義及其他黨義書籍與夫中央公報，亦在禁運之列，並下限期撤換上列各教科書之命；又禁作文用當地政府行事爲題目，並不許舉行紀念週，且於二十年三月，荷海牙政府照會外交部，知照教育部，稱教育部所發章程，委托荷屬領事，監督僑校，調查學務，絕不能施行。以後不得再令中國領事干預教育事項，荷政府絕不容外人干預教育，在必要時爲保護己國起見，當出以相當辦法云云；其侮辱我國國體甚矣！（據教育部檔案）蓋所謂漢務司者，卽荷人稍諳華事者爲之，其籠統糊塗，原無足異，惟專禁華籍而不禁東西文書籍，日文英文之馬克思主義，共產主義等，荷屬觸目皆是，抑又何耶？（華僑週報第

八期時事述評）

英美兩屬書禁稍寬，但對三民主義仍嚴重懷疑，（英屬也不准舉行總理紀念週）此又對於南僑教育精神，大有窒礙者也。

雖然華僑學校不僅有外界壓迫已也其自身弱點亦多。約略言之，蓋有七端：（一）一般辦學者，不識教育爲何物，無教育宗旨之可言。（二）教材不適合。（三）師資缺乏。（四）辦學者尙存地域觀念，無統一之教育機關。（各地雖有教育會或學務會，其力量亦僅及於局部）（五）南洋無華僑設立之大學，卽中學亦少，無升學之機會。（六）南洋各校校董握行政全權，校長不能支配校務，難收成效。（英屬較優，校長有行政權，校董僅負監督之責，故成績較佳）（七）經費純出自由擔負，太不固定。（菲島由美人代抽華商營業附捐爲教育費比較安定）此七者實南洋教育之通病也。

民國十八年六月六日，曁南大學召集南洋各代表，及國內專家，開南洋華僑教育會議，以謀南僑教育之改善。計開會六日，提案二百八十餘件，出席代表八十八，分十組審查議案。其重要議決如下：

1. 請設立南洋各地華僑教育會。（各地原有設立者，但不普遍）

2. 請于南洋各屬設立華僑教育總會。

3. 請規定南洋華僑教育會組織條例。

4. 華僑教育方針，應本三民主義，以養成僑外中華國民之智能及品格，以求中國民族之健全，並中外民族間之平等。

5. 請教育部設立華僑教育行政委員會修改華僑小學暫行條例；通令僑校教授以國語爲原則；加授三民主義。

6. 請外交部向英交涉取消南洋一九二〇年學校註冊條例，及英屬三州府一九二六年學校註冊條例。又請照會英荷暹法各國政府，請勿干涉殖民地華校之加授三民主義。（詳南洋華僑教育會議報告）

嗣教育部應其請，即設立華僑教育設計委員會。同年十一月中央訓練部復召開華僑教育會議：出席代表三十餘人；推定戴傳賢，鄭洪年，吳鐵城，馬超俊，陳耀垣五人爲主席團，而以訓練部長戴傳賢爲當然主席，自一日起每日開會，九日閉會，共開大會六次；凡議案在大會不能即時表決者，得交付審查會，分十組審查。其決議要點如次：

1. 確定華僑教育行政組織　議于教育部增設華僑教員司，以謀華僑教員行政之統一。

2. 培植華僑教員師資　議于海外逐漸建設師範學校；于國內增設培養華僑師資之師範學校；同時整理國內外各校附設之華僑師範班。

3. 廣設海外華僑補習學校。

4. 統一及發展華僑教育　議設華僑教育會，確定國立僑校之教育方針，增加領事關于教育之職責，並籌集僑教經費。

5. 籌集華僑教育基金以謀永久發展　議籌集基金一千萬元，由中央政府籌撥二百萬元，廣東省政府籌集七十萬元，福建省政府籌集三十萬元，華僑方面募集七百萬元。

6. 請由政府每年撥五十萬元，以供發展華僑教育之用。

7. 劃清僑校校董與校長之權限　校董司籌劃經費，選聘校長，審核預算決算；校長主持全校一切事宜，非確有失職或不得已事，雙方不得解職。

8. 編訂華僑學校課程標準及教材用書　議由教部編訂，徵集。

9. 請交涉解除各國對于僑教之壓迫，並取得保護華僑權。

10. 請增設華僑教育專員負督察指導之責。

11. 廣設海外華僑社會教育機關。

凡此議決，皆可以切實執行，而收良果；較之暨南大學之議決案，更爲弘遠。僑務委員會，卽本之以制定僑民教育實施綱要（詳華僑週報第二十一期）果能見於事實，將全體僑民，咸蒙福利，不僅南洋華僑已也！（本節參考錢鶴南洋華僑學校之調查與統計，華僑教育論文集，南洋研究）

第三節　經濟

欲明目前華僑經濟狀況，須從歷史方面加以探討，庶足以明南僑經濟基礎，如何建立。本節請先述既往，後及方今：

1. 馬來方面　可以英前督瑞天咸之言爲代表，其言曰：

「吾嘗謂馬來保護國，恃錫礦爲大宗收入，故政府首應設法保護之。昔法人嘗於一八八二年組織公司，開採錫礦，然惟賴華人終始其事。至今所產之錫，居世界半數。蓋馬來各國之有今日，華人之力爲多。此功此德，非言語所能盡述。當白人未涖斯島時，島中華人，已有爲礦工者，爲商人者，爲農人者，爲漁人者矣！白人既至，草創之初，全賴華人財力，得以平治道路，大興土木，行政之費，胥在於是。華人首採各礦，至今猶然，率皆伐山刊木，深入叢棘，躬冒危險，以獲大利。然溼熱中人，死者無算。又能爲冶工，爲樵夫，爲木匠，爲燒磚匠，爲建築家，凡公署橋梁鐵路等，皆出其手。又能投巨資於此島，爲歐人所不敢爲。又善經商，設輪船公司，以通馬來各埠。又能招致工人，前來開發天然富源，政府就而稅之，佔全收十分之九。凡一事之成，宜知成功之所在，讀斯文者應知華人之有造於馬來各國爲何如也！一(British Malaya)

2. 婆羅洲方面

當十五六世紀之交（明弘治以後）渤泥之君，極力獎勵華人移家來島，從事於種植胡椒，及經營出口事業。華人既受政府保護生息於斯島者，垂二百年。至十八世紀，而其勢益張；時君忌之，乃有虐待之事，華人始漸引去。（華僑志）此華僑在婆羅洲之基礎也。

3. 菲律賓方面

當西班牙統治時，採甲必丹制度，假以事權，作爲代表統治華僑之機關；華僑固富有天賦能力，且具特別精神者，故歷任甲必丹中有幹才者居其大半。如甲必丹陳謙善，即其最著者。氏充甲必丹數任，外交手腕，極爲靈敏。西京王宮之嬖臣皆與通聲氣，菲督有與之不相浹洽者，率不安於位而去。菲律賓新律，凡有關於華僑者，必待商於謙善，得其許可，然後施行。如華人廢除死刑，閩女不得爲娼，懸爲禁例，皆由謙善力爭之效，同時傑出之才與謙善相伯仲者，尙復不鮮。西班牙官吏視苞苴貢獻爲常事，華人率投其所好，深與結納。緣是全島政府機關之用品，商業上貿易，工界上雇傭，率由華僑𠯿庫。𠯿庫者，即菲語一人包辦之義也。華僑以此致富，有來菲時僅一肩襆被，而十數載後擁貲數十萬者。時綜計全菲經濟界，無擁資百萬者，則華僑勢力之全盛，且爲獨佔可知也！迨菲人對美革命失敗後，各地物產，因繼續五六年之擾亂、停滯，銷售幾同山積。各地待需之物，亦極渴望其輸入。此時吾國僑商，又握其貿易中樞。運米盈舟入各埠，出高價出糶，即將所得之金，購取椰麻等物，以轉售於外商。自往及返，獲利常在萬金以上。今之致富千百鉅萬者，率於此時樹其基。美人覩此情形，乃援引合衆國禁工條例，以施行於菲島。（鄭民菲律賓）此華僑在菲之經濟基礎也。

4. 荷印方面

華人素爲荷印各島土人所敬服，故據地稱雄者，往往而有。自歐力東漸，對於土人，往往加以壓迫，因之土人對於華僑感情日密。雖遭紅河之役，然華僑經濟勢力，轉日見穩固。且自强制栽培，通商獨佔等苛例施行後，秘密通商之風甚熾。此種秘密通商，又往往借手於華人。加以荷屬地廣人稀，物產豐富，土人懶惰性成，不知儲蓄；而華僑皆有勤儉儲蓄之美德。以此種種，故荷印華僑經濟勢力日張，當一七四〇年（乾隆五年）吧城華僑，已不下十萬人，且均富有矣！迨歐戰時，荷印土產如糖，橡皮，錫等價值高漲，華僑因致巨富者，比比皆是。（沈厥成荷印華僑之今昔載南洋研究三卷六號）

從以上所述觀之，華僑南洋經濟基礎之建立，實遠在數百年前也。

其次當觀華僑之經濟活動。請先就華僑職業觀之，以窺其大凡：在馬來華僑，多從事於橡皮，椰子，甘蔗，錫礦等工作。荷屬諸島，多從事於砂糖，煤油，橡皮，椰子，栽培等工作。菲律賓多從事於蔴，及砂糖，煙草，木材等工作。此其大略也。至實際活動可分兩種：一爲投資經營農礦工商等業者；二爲身爲農工礦之勞動者。茲分述之於次：

（一）華僑之農業經營

馬來半島主要農產物爲樹膠，椰子，檳榔，碩莪，甘密，鳳梨，華僑頗佔重要位置。

樹膠　中國人膠園共有五十萬英畝以上（張相時推算）佔全膠園畝數四分之一。

椰子　製造售賣，大半在華商手中。

檳榔）採集販賣亦大半在華商之手。

甘密　能踩革土人用爲嚼料。商權亦在華商手。

碩莪　爲人食料。收集製粉者，亦以華商爲多。

薯粉　大規模種植製造，亦以華人爲多。

鳳梨　亦名波羅，自樹膠失敗，華僑經營者最多。

荷印之主要農產爲蔗糖，樹膠，煙草，茶四種。各國投資達十八萬萬盾（每盾合華幣二元）以上。其中荷蘭佔第一位，佔百分之六十七。英次之，佔百分之十三。中國又次之，投資共二二〇六、五八五、〇〇〇盾，佔百分之十一强。中國之投資，尤集中於蔗糖，佔蔗糖投資總額百分之十七。其餘各項，中國人亦皆經營，特居少數。蓋以爪哇糖業與華人關係最深，當十八世紀初，華人實握種蔗製糖之牛耳也。

英屬婆羅洲農產有碩莪，胡椒，樹膠，甘密，鳳梨，椰子等，經營者亦多中國人。

菲律賓四大農產物爲蔗草，煙草，馬尼拉麻，椰子，華僑亦經營之，但不佔重要位置。

(二)華僑之礦業經營

馬來礦產以錫爲大宗，每年約四五萬噸，約佔全世界產額三分之一。中國人之開採馬來錫礦實爲最先。近三十餘年，歐人用新式機械採礦，華僑亦採用之，而有長足之進步。華僑礦山所產之錫，佔總額之大半。然亦有逐年減退之勢。據溫斯德英屬馬來一書所載，一九一三年華礦所產尚佔總額百分之七四，及一九二〇年，乃減爲百分之六四，是減退之證也。

婆羅洲砂勞越之煤油礦，華僑工作者甚多。古晉南有金礦，亦多華人採採。

荷印礦業，華人僅爲傭工，不比馬來之佔有礦產也。荷屬邦加、比利敦二島產錫，開採工人十九爲華人。共約三萬六千餘，每日工資約十二盾，公司供其食住云。

菲律賓礦產不足稱，華人從事者亦少。

(三)華僑之商業經營

華僑之商業活動，與南洋經濟關係最大者，爲南洋土產之集中販賣，及輸入品之內地分銷。所謂仲介人也。

馬來及英屬婆羅洲之土產，殆無不經中國商人之手者，其勢力爲最大。

荷屬各島華僑從事於集中販賣內地分銷二事者，勢力亦大。零售商及小販，尤遍於各地。亦有經營直接運輸者，如荷印之米十九由華人運來售賣是也。

吾人試遊新加坡巴達維亞，熙來攘往摩肩擊轂者滿望皆中國人，可見英荷兩屬華僑商業之盛也。惟近年日貨傾銷於荷屬，已成獨佔之局，一面復經營仲介事業，將奪取華商經濟地位。

菲律賓華僑大都經商，尤以零售業爲獨擅。據一九一二年菲島釐務局所統計各國在菲經商人數，以華人爲最多，（二三三三五人）菲人尙居其次（三一五二人）西班牙及美人不過二三百人而已。零售商所售貨物價額，亦以華人爲最大，總數超過三億二千萬元。菲人不過八千萬元，西班牙人及美人僅四千萬元。耳然因此亦遭菲人日人之嫉妬。菲人現方日以奪回零售商業爲事；而日人近亦自設零售舖於菲島，以推銷日貨，華商地位因以動搖矣！

（四）華僑之漁業經營

馬來近海中，有商業價值之魚類，不下五百餘種。然漁法幼稚，半島西海岸之漁業，盡在華人掌握之中。丁加奴人雖亦於東南季風時，出至新加坡，天定，檳榔嶼海面捕魚；然多受中國漁商之金融援助。聽華商指揮也。

蘇門答臘島上答眼亞比地方，有中國漁戶約一萬人。以福建人爲多。每漁師所得，平均每月可有一百盾至一百五十盾之收入。（以上多本華僑中心之南洋參以報章）

（五）華工狀況

華工又可別之爲二，曰自由華工，曰契約華工。自由華工，係自動往國外謀生者；其職業自工匠以迄勞働者皆有之其生活較國內工人爲優。南洋諸富商，多由

自由工人出身者

契約華工，係由外國公司或政府招去，訂立年限。然亦有外人仿販奴故事，利用漢奸，在中國內地引誘愚民，騙登海輪，挾以俱去；迨至海外，則虐待如牲畜。重洋遠涉，進退維難，飲泣吞聲，無從控訴者，所在多有。其苦況較黑奴且百倍之，即俗所謂猪仔是也。然近年自由工人亦苦不堪言！

近年南洋經濟衰落，據黃藝博二十一年考察報告，南洋英屬之華僑，已瀕於絕境。往日每月可得工資六七十元之勞働者，現在求六七元糊口，亦不可得，每週得工作一二日者已屬幸事。以從事機器職業者而論，往日新加坡一埠，有工作者千人；目下不滿五百人。吉隆坡往日有工作者八百人；目下不滿二百人。其他可以概見。（見華僑半月刊創刊號）

其在荷屬者，亦有同樣之不景氣，觀下列報告可以想見：（據二十二年三月外交公報載駐巴領事報告）

一九三一年荷印外島各產地華工人數調查

	有契約	無契約
一月份	五一、七九九人	一一、六四六人
十二月份	三〇、四二六人	一三、九八九人

在一九三一年，荷印外島六百零九個產業地，共僅用華工六萬餘人，已非常緊縮。乃至是年年底復減爲四萬餘人；且其中契約工人減少，無契約者增多，可見失業問題之緊急矣！（美屬菲島禁止華工入境，其已在菲島工作者尚能維持）

第四節　南洋華僑風俗一斑

馬來　馬來華僑中以閩人爲最多，而潮州人廣東人（指用廣州語者）次之，外省人殊不多覯。故馬來華僑習尚多閩粵俗，迷信甚深，而以閩潮幫爲甚，廣府人次之。每歲迎神賽會，演戲酬神，時時有之。而迎「大伯公」及做「蘭盆會」一最稱熱鬧。

衣服多西式：卽中式亦着短衫，無長袍。又跣足着拖鞋，非宴會慶弔不着襪，貧者則跣足赤身往來大庭廣座間，亦無所礙。房屋皆西式，戲園有福建戲，廣東戲，潮州戲，馬來戲，影戲等。尤以影戲最爲華僑所欣賞，近年國產影片頗爲華僑所歡迎。（參南洋聞見錄）

至於土生華僑，其習尙則各依其鄉風，兼雜以馬來俗。男子多服西裝，女子下身亦着紗籠，跣足着拖鞋，惟上身着長褂，長可及足，頗類前清男子之外褂，操馬來語，半雜閩語。

華僑對於喪事極注重，所營坟地極精美，各地方及各族姓會館，所經營事業，大部分關於此也。結婚儀式除少數用新式外，大多數尙循舊法。惟有特別之點，卽新郞新婦之服裝，猶沿明代之儀式也。（李長傅南洋華僑概況）

華僑有最大惡習四：所謂「嫖、賭、飲、吹」是也。華僑之掙錢多者，率嗜嫖，故花梱病之統計，以華僑爲多。華僑男女皆嗜賭，有淪而爲匪作賊者。華僑嗜飲，故各地多酒樓；身處熱帶而嗜此物，殊非衞生之道。其尤甚者，乃在嗜吹；所謂吹者，吹鴉片也！大好身軀，竟見毀於吞雲吐霧者，不知凡幾；有請當地政府嚴禁者，其答詞則謂「中國且大開煙禁，須中國禁絕，華僑不吸，然後再說。」華僑之煙害蓋無窮也！（寧達蘊星洲華僑社會拉雜談見南洋研究二卷一期）

荷印 南洋華僑習於渾厚，其可愛在絕無半點機械心。吾人至英屬南洋，識其地華人，已爲其渾厚誠懇之風氣所感化。一至巴達維亞，其華僑之忠誠坦白，更令人心折不已。（梁紹文南洋旅行漫記）所謂禮失求諸野者歟！

爪哇婚喪禮節，略如國內，婚禮擇吉舉行，儀式大半不中不西，如本國之所謂文明結婚。所不同者，大多數均係入贅。偶有童養媳之風，名之曰苗媳。凡結婚者，親友饋以鮮花，禮成，新郎新娘端坐鮮花中受賀。賀客有拱手者，有握手者；既入洞房，則男賓便須止步，無鬧房之習。婚禮必以晝，宴客必以夜，宴時必佐以馬來樂。富家益以西樂，中國熖火，紙人影戲，巫女跳舞等。結婚年齡，男子大抵在二十以上，夫之年齡，必長於其婦。結婚由雙方家長主持，人或譏爲守舊，然性交的自由戀愛案亦較少。寡婦則不以再醮爲恥；但配偶者必非初婚，凡此風氣，均較優於國內。

喪葬弔奠，亦如祖國，喪家必於門前懸白紗燈二，至服滿始除。弔客歸自喪家，或送葬，必以茶冲身，謂祓除不祥。出喪必擇日，下葬用堪輿，視墳墓殊重，祭掃以時。

一般社會智識殊陋，一百人中至少有九十人，其腦海中「爪哇以外無天地，荷蘭以外無國家。」若與論爪哇之地與中國之地孰大，則更茫然。

華僑除勤儉外，尚有一特性，卽聯絡土人是。吾僑與土人感情最易融洽，故爪哇全島鄉僻之區，均有華僑所設商店。卽他島半開化之腹地，如英、荷、葡三國共管之新幾內亞島內部，土人尚巢居樹上，食生果，祼半體者，其所居處，亦莫不有華人之足跡。是以各國經商南洋，皆不得不假手於華僑，而華僑之所以得延殘喘於今日者，此亦一大原因耳。（陳以益爪哇鴻爪）

菲律賓　菲島華僑風俗，向稱儉樸，在西領時代，區區一洋布衫，且視爲非分。當時之資本家，亦不過葛衣布褲，無襪有鞋，結辮於頂，以此每遭外人之譏笑。鼎革以後，棄髮變服西裝革履，煥然一新。然衣褲大率以斜紋布爲之。近則漸趨奢侈，前中國領事王麟閣素以華菲通婚，跳舞交際爲溝通華菲意見之工具。本此政策，提倡不遺餘力，社會風尙爲之一變，踵事奢侈。然此不過馬尼剌爲然，外島尙不如此也。（李長傳南洋華僑概況）

第五節　南洋華僑之公共組織

南洋最早之團體，爲天地會，其宗旨在於反淸復明，會創有義興公司，（已見前述）一時勢力頗盛，僑民稱爲「館口」。後因館友不明宗旨，往往藉館中勢力，爲己報復私仇，遂致釀成械鬥之風。居留地政府乃斥爲非法團體，而加以嚴禁，迄今此種組合，已完全不能公開，而爲一般所鄙視。

繼館口而興者，爲會館及商會。會館帶地方色彩，其辦法襲自國內，本不免於狹隘，然自清末以來各地所設之中華會館，實可代表當地華僑全體。繼是而有商會之設立，卽與會館相表裏；往往有初成立之商會，冒用會館之名，久乃改之者；亦是見會館之與商會，一而二，二而一者也。

商會乃僑胞特殊之組織，亦爲僑胞惟一保障機關。南僑各種事業之經營，以及僑民間糾紛之處理，皆惟商會是賴，其關係至巨也。據華僑聯合會最近調查，南洋方面已成立之華僑商會數目如次：

英屬馬來：海峽殖民地三所　馬來聯邦十二所

菲律賓：凡有十二所

荷屬：爪哇十七所　蘇門答臘六所　西里伯四所　婆羅洲（連英屬）九所

右凡九十六所，蓋通都大邑莫不有之。其已向僑委會登記者，有下列各地之

中華總商會：

馬來半島：新加坡　檳榔嶼　霹靂　馬六甲　麻株巴轄　麻坡　雪蘭莪　文德甲　瓜勝
庇勝　芙蓉　文東上彭亨　彭亨關丹　彭亨勝吻

菲律賓：馬尼剌　怡朗　宿霧　三描　迺乙　述樹汝　利呀實備　蘇祿

爪哇：泗水　三寶壠　巴達維亞　萬隆　梭羅　日惹　渤良安　多隆亞公　井里汶　任
抹　茂物　北加浪　諫義里　美里達　女甲巫府　直葛　亞沙漢

蘇門答臘：巨港　日麗棉蘭　勿里洞　麻俳　巴東　占碑　網甲　實武牙　網甲高木

婆羅洲：坤甸　小口洋　馬辰　松柏港　三馬林達　亞庇　蠟閩　山打根　吉達埠　沙
勝越

西里伯：望加錫　萬雅老

小巽他羣島：安班瀾　峇厘

以上各商會，皆稱中華總商會，而冠以地名；惟亞沙漢地，獨稱亞沙漢漢商局。

此外尚有以業分者：如菲島有布商，木商，鐵商，鞋業商，紙煙商，雜貨商，煙葉商，等公會：泗水有魚商，咖啡商公會等，要不如總商會之能代表全體。商會而外，復有工會，近年殆遍於各地；馬來半島禁止工會，則改其名曰行：如印務行，即係印務業工會，愼忠行乃酒樓茶館業工會之類是也。然工會究不如商會之有力量。

工商會之外，尙有種種組合。可分別爲兩項：

一曰社會組織　華僑樂善好施，故慈善團體無地無之；又其靑年，富有進取性，故靑年自勵之組合，亦屬普遍。此外最重要者，爲各屬之教育會，用以掌理華僑教育；雖其力不能普及，要足重視。其名稱爲：

荷屬華僑學務總會　巴城泗水三寶壠三大埠，輪流經理。

日麗華僑教育會　在棉蘭，所以統蘇島教育。

坤甸華僑教育會　所以統婆羅洲教育。

英屬華僑教育總會　設于新加坡。

檳榔嶼華僑教育會　設于檳城。

此外各屬各埠皆有俱樂部之組織，不過以挾妓，賭錢爲接洽商業之工具，固在不足數之列。惟近年鑒于祖國之迫于危亡，有種種愛國之組織。如：馬尼刺有中華航空協進會，中華民國協會；吧城有華僑國防互助會；坤甸有華僑祖國援助會；孟加央有華僑救國會；（在婆羅洲）此外稱愛國團，救國團者尙不一而足。於此見僑民愛護祖國之誠摯也。

二曰文化組織　可分三項：

1. 書報社　南洋各屬，幾無處不有書報社，集合有志之士，專爲啓迪民智之工作。在昔革命機關，卽附設于各地書報社內；及今南洋黨務多在秘密中進行，亦有借書報社工作者，故南洋之書報社尤與革命事業大有關係也。玆舉各屬書報社之著名于次：

同德書報社　同文書報社（新加坡）　益智書報社（新加坡，柔佛）　華僑書報社（吧城）

明新書報社（泗水）　民儀書報社（萬隆）華僑書報社（井里汶）　華崇書室（棉蘭）

巴東書報社（巴東）

馬尼刺有通俗教育館，宗旨亦大略相同。

2.發行刊物　革命以後民氣發揚，華僑所發行之刊物甚多然㬰遭居留地政府之取締，其存于今者如次：

新聞日報　華僑商報　公理報　民情日報　新中國報（以上馬尼剌）　新報　天聲日報　時報（以上巴達維亞）　僑聲報　爪哇每日電報　大公商報　泗水商報（以上泗水）　蘇門答臘民報　新中華報（以上棉蘭）　南洋商報　星洲日報　民國日報　新民國日報　總滙新報（以上新加坡）　益羣報（以上吉隆坡）　光華日報　檳城新報（以上檳城）　民聲報（以上望加錫）

荷屬華僑，尚發行有巫文報紙多種，婦孺能讀，效力甚大其名稱如下：

泗水日報　公聲報　華僑半月刊（以上泗水）　博聞新報（以上三寶壠）　新報　競報　商報（以上巴達維亞）

3.藝術組織　南洋華僑，對于文藝美術及各種技術，皆熱心研究，有種種組合。如：

音樂研究社　中華嚶鳴社　麗澤社　新戲研究社（以上馬尼剌）　青年勵志社　行餘勵

志社（以上新加坡）　麗澤社　明新社（檳榔嶼）　精武體育會（怡保）　僑藝體育會（婆羅洲打拿根）　南洋足球會（棉蘭）

從以上各項觀之，已足徵近數十年南洋華僑之進步。在昔種種秘密團體之組合，往往不脫三國演義水滸傳之色彩；雖大倡俠義之風，然究非正當之旗鼓。今自會館商會創辦以後，公共組合日臻昌盛，宗旨正大，秩序井然，功效昭著，國內同胞，有愧色矣！

二十二年十月，僑委會登記海外各種團體，頒發表格，囑令填報；其已經照式填報者，統計之，凡南洋羣島之華僑團體，共有三百六十。內分職業團體，社會團體兩項；職業團體包總商會，商會，工會，工業協進會，公局，醫業聯合會，雜貨行，樹膠公會等；社會團體包會館，公所，書報社，總局，聯合會，義會，同鄉會，學生會，協會，俱樂部，體育會，公會，支會等。其分布狀況如下表：

所在地	職業團體	社會團體	共計
菲律賓	一一	一〇	二一
爪哇	一四	一〇三	一一七
蘇門答臘	一九	一七	三六
西里伯	三	七	一〇
荷屬婆羅	六	九	一五
峇里	一	一	二
勿里洞	一		一
龍目	一		一
帝汶	二	一	三
新加坡	一四	三二	四六
柔佛	五	三三	三八
霹靂	一二	二一	三三
檳榔嶼	四	一三	一七
彭亨	三	二	五
馬六甲	一	一	二
雪蘭莪	二	四	六
英屬婆羅	五	二	七

第十章 南洋華僑之危機

第一節 居留地之排華

南洋各島之虐待華僑，不自今日，近復變本加厲，施行種種苛例，其意在使華人絕跡也。綜其條例，凡有數端：

（1）限制入口

荷屬限制入口之法，以徵收「登岸稅」爲主要手段。一九一五年時，荷屬制定入境居留條列。規定入境人須納登岸稅荷幣五元，方准登岸。一九一八年增爲二十五盾。後增爲五十盾，再增爲一百盾；及至一九三一年七月間，增至一百五十盾。華人之去者，須備華幣三百元以繳登岸稅，故入口激減。（據一九三三年巴城移民廳報告，自一月至六月僅有華人一二〇二人入境云）此外，荷政府認爲入境有害治安者，皆可拒絕登岸。如蔡元培，汪亢虎，皆被拒絕登岸者也。

菲律賓自屬美後，舉所以限制華人入美者，同樣施之於菲，其嚴酷尤甚於西班牙。其各口岸海關移民局人員，對華人之多方刁難，入境華人停留所之污穢狹小，痛苦萬狀，已足使華人裹足。一九二二年移民部復新定條例，凡新客認爲可以居留者，須納居留證費五十菲元。（以前五元）入口人數逐年減少，而拒絕入境者則年有增加，據菲海關統計局報告，一九二二年被拒華人僅八人。一九二九年乃有一二二一人。一九三一年乃增至二八三人。可見苛刻之一斑矣！（每菲元約值華幣元半）

英屬外僑入境，至爲自由，向無限制。故華僑每年入口人數，較之荷菲特多。迨一九三〇年膠錫跌價，園場相繼停閉。英督乃下令限制華工入口數目，每月只許五千人入口，嗣又減爲二千五百人，至一九三一年六月又減爲一千人。去年宣布此項限制，於三月三十一日撤消。但從四月一日起，限令每一月內每輪船公司，祇能運載每一色人二十五人登岸，（經過旅客，不在限內）實較以前爲尤嚴。而入境之人，又須繳登岸准證費坡洋五元，亦爲以前所未有也。又一九三一年頒行外僑登記律例，凡請求人不能證明彼有維持自身之能力，或不能證明有固定職業，或被移民官認爲無找獲職業之相當希望者，皆不得領取登岸證。

（2）居留之限制

荷屬於一九一五年移民律中規定，持有登岸字（已納登岸稅）者，應卽向移民廳納費十六盾，換取居留字。持有居留字者，僅可居住二年。如欲久居者，須聲請地方官或轉呈總督核准，納費十盾。若被拒絕，卽將居留人驅逐出境。近又規定凡外僑每人每月收入在百盾以上者，每年徵收五十元以上之入口稅。平時苛稅尤多：運貨車每重一噸，每年抽稅一百六十盾；家用縫衣機，每年抽稅二盾。此外有所得稅，有臨時緊急稅，剝削無窮。每月薪金百盾者，其所得稅，臨時緊急稅，每月竟

在七十盾以上（參南洋情報一卷六期）

菲律賓最近海關所施行之苛例亦多：（一）華商每年納營業稅百四十元以上者，得向海關請求立案爲商人，可攜帶子女入菲。但海關往往擱置甚久，間忽派人到店調查，倘請求立案者因事他往，便認爲非店主，不准立案。（二）華工離菲時，須有下列資格之一，方准再行返菲，a. 娶有菲婦，b. 在菲有產業及商業，c. 在菲有二千元以上財產。（三）立案之華商歸國者，納出口照費每名一百元。（以前三十元）（四）商人須於立案後五年之內重行立案，否則取消其商人資格，受工人待遇。（五）華商欲召眷屬到菲，須呈照片經海關嚴密調查認可，然後移交駐華美公使核辦。

英屬於一九三二年制定外僑條例，於翌年一月一日施行。規定現寓馬來之外僑，繳費五元請領黑色入境執照；執照期限二年，可以賡續延至終身。但移民官對於有下列情形者，得拒絕發入境執照：（1）請求人不能表示彼有相當自給及供給其家屬能力者。（2）乞丐流氓。（3）曾被任何政府驅逐出境，或遣送回籍者。（4）營娼者。（5）有煽動或妨害公共安寧之嫌疑者。皆不得領入境證。至於留居馬來八年以上者。得請領居留執照，永遠有效。但總督如認爲與公共治安福利有關者可勒令出境。自此律頒布後，華僑之領有居留執照者甚少。（華僑週報四三期通信）

（3）苛政一斑

南洋各屬，既嚴入口之限，又使居留者不堪其擾，用意顯然，茲記各屬苛政之一斑於次：

菲律賓　一九一九年菲島米價昂貴，下令禁止米粟出口。更劃定米價最高額，逾者科罪。菲島米商大都爲中國人，知中國南方需米孔急，皆停市觀望。各鄉鎮居民，有奔走終日手持現金，無米可購者。菲報大肆鼓吹，謂米糧買賣權握自華人，苟欲絕我糧食，卽在其掌握中。是可忍孰不可忍？羣情憤激，有欲搗毀華人米鋪者。

政府恐發生意外，下緊急令，將米商屯米標封，收歸政府發賣。不久，即照常歸米商營業，惟訂其價格。此一二年間，華商中業米者，皆盛稱千載一時之機。惟非人益視排華爲不容緩。

一九二一年非島通過西文簿記案，規定凡非島工商業之簿記，必以英文，西文，或非律賓土語之一種登記，其目的專以取締華商也。華僑集合各團體聯合大會，竭力反對，派代表至美國大理院上訴。一九二六年由美大理院判決取消。此消息傳至非島，非報極形不滿，非議院又提出新簿記律案，與舊律相去無幾。後經華商力爭，累次磋商，乃通過一折衷辦法。其最要之點，即凡帳簿不用西文，英文，或土文登記者，每西頁須納查帳費一仙，以爲政府應用繙譯員之費，不必赴法庭蓋印。於一九二八年一月一日實行。抗爭五年之西文簿記案，至是乃告一結束。

華僑各大公司，本有輪船航行各島間，以運載貨物，故收回此項航權，亦斷絕華僑商權之一道。非議院乃於一九二三年通過內河航行律。此律施行後，原有華僑輪船，雖得仍舊航行，然不能增添；卽以同樣噸數之新船，代替舊船，亦所不許。此後華僑輪船，非藉僑生子名義，將無一可通行於此羣島矣。

一九二四年十月又發生排華大風潮。緣是月十八夜，菲警察傷斃華僑一名。菲人轉謂華人目無法紀，竟敢與警察抗，而置人命於不顧。次日菲學生途逢華人，卽截途毆打。各鄉鎭間小商店，多有遭菲人搶奪毆傷者，其勢洶洶，殆如燎原之火。雖經華領事力爭於菲督，得告平熄；然排華風氣，深蓄於腦，一觸卽發矣！

菲之政黨，羣揭限制華人入口爲黨綱；菲之報紙，日以醜詆華僑爲能事；菲之衞生局，專以取締華僑小商人爲功；菲之浪人，專以欺凌華僑之販夫走卒爲生。蓋華僑在菲島之地位，岌岌乎不可終日矣！（顏文初三十年來菲律賓華僑概況長野朗華僑，）

荷印：荷印設有漢務司，專管華僑，與英屬之華民政務司相彷彿。所用之雇員，不少敗類華人。此等華人所作罪惡，百倍於英屬。漢務司正利用之以殘同類也。

（南洋華僑概況）

荷屬日裏埠之華工，概爲猪仔，其賣身代價，祇荷銀三十盾，須分三百工扣還。工作每日十三四小時，上等工人每日給貲四十五仙，次等四十二仙，而膳費農具又須自備，尙有意外之剝削，故終身勞動，永無自由之日，此人間最慘無人道者也。（每仙約合華幣二分，每百仙爲一盾）

荷屬警察條例，最爲奇特。據其規定，各縣行政官，對於華僑「不論犯罪案之有無成立，該行政官有拘禁三個月之權。」此誠足駭聽聞矣！（各國待遇華僑苛例概要）

荷印政府對於華僑智識階級，最爲注意。凡關於華僑學校，報紙，團體等監視甚嚴。學校教職員之被拘停職，限令出境者，每年以數十百計。且禁止新教科書，與三民主義，干涉展覽會紀念日等種種無理待遇，不一而足。對於僑民愛國運動，尤壓制不遺餘力。

民國十六年五月一日，婆羅洲厤厘答板華工，舉行勞動紀念遊行，爲荷蘭軍警强迫解散。五月三日，荷官忽至生瓦生瓦捕去國民黨支部執委岑菊鄰，及分部主席鄧謙懷二人爲煤油廠工頭。工人卽前往要求釋放，以致衝突。荷兵忽放槍，當場擊斃華僑十二人，重傷十九人，輕傷十八人。四日又捕去十二人。事後三寶壠中國領事曾往調查，國民政府向荷政府提出抗議。荷蘭不之理；反將岑鄧等驅逐出境，其餘十七人分别判以監禁七年，五年，二年不等。（劉士木南洋荷屬婆羅洲三馬林達大慘案之淵源及眞相）

英屬　英屬南洋，對於華僑經濟上尚無若何苛例。惟對於僑民智識之日開，政治思想之進步，則深加疑懼，而設有種種限制。民國十六年三月二十二日，新加坡華僑舉行孫中山先生逝世二週紀念，到會者二千餘人。英政府派軍警干涉，結果被殺者六十，傷者十餘，被捕者四十餘。國民政府雖提出抗議，英人置之不理。

一九三一年，英屬復修改社會律例，以制止國民黨員之活動。於是國民黨各級黨部在馬來亞境內不能設立，黨員不能活動；而熱心黨國之分子，稍露頭角者，皆認爲違法而紛紛被逐出境矣！

第二節　日本勢力之猛進

日本向來所持之政策，有所謂南進北進兩大綱。北進者卽奪取滿蒙也；南進者侵呑南洋羣島也。其所持之理由，則謂人口過剩，不得不向外發展，故一致狂呼滿蒙爲其陸上生命線，南洋爲其海上生命線。考其實際，則理由實不充分。日本帝國之面積，共二六〇、七三八方英里，總人口約九千萬，（昭和五年調查）平均密度，每方里三一二人。較之世界任何工業國家密度爲少。如英格蘭每方英里六四九人，比利時每方英里六五二人，德意志三二八人，荷蘭四五四人，意大利三二九人，皆較日本密度爲高，日本以工業立國，不應發生人口問題，不過野心家以此爲口實耳！

日本之移民南洋，自始卽與中國異，寬袍木屐之中，隱然有槍礮在！經營不過二三十年，其勢力已卓然可觀。讀者但閱下列數字可知矣。

（一）人數　據日本昭和五年國勢調查日人移殖南洋者，（一九三四時事年鑑昭和六年移民人數，除代管地增至三千人外，相去無幾。）數目如下：

菲律賓	一九・六二八人
荷領東印度	七・〇四七人
馬來半島	七・六四九人
南洋代管地	一九・六三六人

右共五萬三千九百六十人，以比中國之四百萬，猶爲小巫大巫，故日本仍極力鼓吹移殖。其學術界如小金井良博士及松本等，復盛唱日本祖先出於南洋之說，以爲聲援。蓋日本學者，每承軍閥之意而爲之辭。日本之北進，旣有矢野仁一之流，造作僞說，以爲張本；自必有松本之流，爲南進張目，其學說固不値一文也。吾人

獨數自命不凡之大和民族，今日乃自儕於南洋土人之列，其用心亦太苦耳！

然勢力之所在，正不必人數之多，十萬木屐履聲橐橐，已足擾南洋清夢矣！

（二）貿易　當一九一五年時，日本對馬來貿易總額，不過一千八百萬元。及一九二五年，乃增至六千五百萬元。其進展可謂神速矣！以較馬來對外貿易總額尚不高，然已在中馬貿易之上。以中馬相距之近，華僑之多，竟不能競！茲舉一九二九年爲例，可以概見。

一九二九年馬來對中日貿易比較表

國別	輸入	輸出	合計
日本	27,928,000元	41,634,000	69,562,000
中國	23,560,000	11,096,000	34,656,000

馬來之輸入，以棉織品爲大宗，再觀下列馬來叭頭輸入比較表，可見日本之勢力。

（以千碼爲單位）

	(1930年)	(1931年)	(1932年)
(英)	三二・〇九八	二一・五七七	三九・〇〇〇
(日)	五六・三三七	四九・七九八	八五・〇〇〇
(中)	一三・九九七	一五・六二八	一二・〇〇〇

此係一九三三年西人總商會年會主席報告。觀於此表，日人於馬來主要輸入，已有獨佔之勢，英人雖挾宗主之勢，亦被推倒矣！

其在菲島，亦突飛猛進，超各國對菲貿易之上，但未能凌獵美國耳。在菲之貿易額，以美中日英四國爲大，茲舉其例於次（單位千菲元）

菲島貿易表

國別/年次	一九二九年 輸入	一九二九年 輸出	一九二九年 總計	一九三〇年 輸入	一九三〇年 輸出	一九三〇年 總計
美	一八五、一八六	二一八、九〇四	四〇四、〇九〇	一五六、三六六	二一〇、六八四	三六七、〇五〇
日	二三、八七九	一四、二五九	三八、一三八	五二、九一二	八、七四四	六一、六五六
中	一四、一八六	六、三七九	二〇、五六五	一一、二七七	四、二一五	一五、四九二
英	一一、四五六	一四、〇七九	二五、五三五	八、九八三	九、七五八	一八、七四一

其在荷屬亦竟奪荷蘭之席，而居首位。一九三二年日本對南洋貿易總額，一億五千九百萬元，而荷屬佔一億元。

荷印輸入國百分比表

年次＼國別	荷蘭	英國	新加坡	德國	日本	中國香港
一九二六	一七・八%	一二・五	一四・五	九・二	九・六	二・九
一九二七	一七・五%	一二・三	一三・八	九・三	一〇・五	二・八
一九二八	一八・一%	一二・六	一一・六	一〇・一	九・九	二・六
一九二九	一七・七五%	一一・〇四	一〇・六一	一〇・九一	一〇・九一	—
一九三〇	一六・七三%	一〇・五三	一〇・九八	一〇・一六	一二・〇六	—
一九三一	一五・三八%	七・九五	一一・三五	九・三七	一六・九八	六・五五

要之中國在南洋之貿易，有困難之點三：（1）中國內地工業尚屬幼稚。（2）

南洋大宗貿易在棉織品類，中國自身感缺乏。（3）國內縱有製造家，往往不明南洋土人之心理，與其需要，其出品遂不易推銷於南洋。有此種種，故不能與日本競。

然日本在南洋之貿易，亦遭各國之嫉視。菲島既提高關稅以限制日貨；英屬馬來，亦於本年九月實行改訂之新稅則，對英貨免稅，而外國棉布概課從價二成之稅，或每碼課以五分之重稅。於是日布在馬來之銷場，突遭嚴重之打擊。即歡迎日本開發之荷印，亦於本年九月通過輸入限制法案，限制輸入商品之數目，以防止日本之傾銷。（南洋情報二卷六期）

（三）其他事業　以農業言，日本在南洋亦佔有廣大種植面積。英屬方面有日本農園一七五所，佔地六六·六四四町步。荷蘭屬島，有日本農園百三所，佔一二七·〇〇〇町步。菲島有日本農園四十五所，佔四四·五八〇町步。（一九三一年統計）共計二三八·二二四町步。（每町步合中國十七畝强）

菲律賓棉蘭老島納卯（Davao）一地，尤爲日人聚居之所，（有一萬二千人）其地有日本公司四十家，專營農產，勢力足支配一切。因彼等種蔴，遂使菲律賓之蔴，亦成爲世界重要商品。其地日本設有學校，醫院，互助機關，法律審判所；日本派有學識經驗俱富者爲領事官；又派有農墾專家常駐其地，日本與納卯之間，闢有航路，每週往來一次，蓋已儼然小日本國矣！

其次日本對於漁業，向來講求，年來又積極改進，對於捕魚器械及方法均極力科學化。近復組織大規模捕魚公司，以與我國及馬來漁人競爭。一九三一年，日魚載至新加坡者，共約八萬餘斤，約合四千七百六十噸。而同年馬來總共所得之魚，不過一萬三千三百噸，故日人之魚，實已佔全數百分之三十四。一九三一年世界產魚量，日人已駕英美而上之，佔首席矣！

日僑在菲島之漁業，其勢力亦駸駸焉直將盡奪菲人原有之漁業。魚爲菲人第一主要食品，如被日人所奪，菲人生活，卽操在日人之手。因是菲人大起恐慌，一九三〇年，國會通過限制漁業法案，以制止日人漁業之增長，但卒爲總督所否決。（以上參前年七月號美國外交季刊及南洋情報一卷五期）

要之，日人之南進，有政府之主持，有專家之指導，而國內人士所組織之南進團體，又無慮數十，其目的固不僅奪取華僑在南洋之地位，且將取英美荷而代之。吾族人其將坐以待斃耶？抑起而圖之耶？

第三節　土生華僑之外國化

在華僑各種問題中，土生華僑之外國化，蓋較任何問題爲嚴重。無論經濟恐慌，物價低落至若何程度，終有回復之時，而此乃一往不反之局，吾人應力謀對策者也。

號爲「土生華僑」，國人不察，容或有誤認此輩皆癡愚不足齒者，實乃大謬。土生華僑皆聰慧異常，而體格尤爲强健，實皆新中國之柱石。試以黨國先進言之，外交家有伍廷芳，舉世所知也。此人非他，乃馬六甲一小小村落之土生華僑也。其人本學醫於倫敦。後因回檳城開業，聲名籍甚，致爲外國醫生所忌，協謀中傷，遂迫此老，盡棄其學而歸國。革命家有陳璧君女士，亦爲通國所仰望者也。其人乃檳榔嶼土生華僑，因讀汪精衞先生文字而服膺革命，傾其家貲以助汪北上炸載灃，海內外莫不豔稱之。其他聞人，出身爲土生華僑者，難以枚舉。此可證明愚之稱述，爲不誤也。

然一般土生華僑，却有外國化，或土人化之趨勢，其情形亦因地不同，而以菲律賓最爲嚴重。茲分述之：

1. 馬來半島 吾人若插足馬來半島，最使人觸目驚心者，卽爲一般僑生青年，雖自認爲中國人，然實際生活已歐化，或馬來化，語言文字，已完全與祖國隔絕。馬來半島之青年男女，皆以能說英語爲能事。因能說英語，則可向行政機關或洋行討生活，而可驕視一切。馬六甲之僑生，則更喜說馬來語，一切起居飲食馬來化，以此爲美，殊可驚歎！此輩人不特己身如此，且欲令其子女如此。不使其子女學中國語，識中國字，入中國學校。易代以後，寧復繫念祖國？

2. 荷屬東印度　荷屬僑生，在法律上爲荷蘭人，在不能與歐人同等待遇；在地位上與土人等，然復不能如土人之領受土地，故其民族觀念較爲深刻。計荷屬僑生分爲三派：

甲、傾向中國，一切依賴祖國。以巴達維亞新報爲領袖。

乙、安於現狀，主張與土人同等地位，且與之同化。以泗水巫文新直報爲領袖。

丙、主張完全親荷，而保守中國文化，參加此邦之政治活動。以爪哇中華會爲主體，各處遍設分會。

甲派之主張，得極大多數之同情，乙派附和者少，丙派爲曾受荷蘭教育者之大集團。近年一般人士已發現丙派之所謂政治活動，與華僑利益頗有衝突之處。因之丙派之基礎，業已動搖；而甲派之主張，漸得普遍之同情矣！是荷屬之政治壓迫，轉令吾僑民族觀念發揚也。（華僑週報二一六期通信）

3. 菲律賓　菲島僑生，與荷屬迥乎不侔。荷島土人，本極愚魯。但目前菲人，則靈敏異常。揆其原因，有此靈敏之菲人，咸爲外來民族之裔，而百分之九十以上爲中國血統。菲律賓大學教授克萊所著書中嘗稱，「菲人在歷史佔榮譽者約四千人，其中四十人爲尤著。然此四千人者，多係中國種。」（鄭民菲律賓）最近美人調查，菲島上下兩院議員，華菲合種者佔百分之七十五。（穆藕初菲律賓工商考察記序）是知吾族一手造成此邦之繁榮，其關係之密切，尤非他島可比也！

然此島僑生，生活已完全菲化。往往有父爲中國人，而子罵中國人爲「馬梅」（猪也）者；議會中提出種種苛例，排斥華人者，乃多出自青年華菲合種之手；其鄙夷中國，轉出常人夢想之外。吾友章柳泉君推其原因，謂菲島僑生所以菲化者，不外兩點：

一曰華人與菲女結婚　華人既與菲女結婚，則家庭間通用菲語，所生子女，自亦以菲語爲主要語，因此僑生百分之九十，幾全不解中國語。次則家庭子女之教育，由菲婦經理，以致僑生一顰一笑之微，皆成菲人狀態。及子女稍長，菲婦卽送入菲律賓學校，（多因言語方便）自幼卽鄙夷中國之教訓。僑生先入爲主，自然養成完全菲化，與背棄祖國之心習。此爲菲化一大原因。

至於華人何以與菲女結婚？亦非得已。一則回國結婚費用太大，二則就地結婚亦屬不易。因眞正中國人結婚而生子女，其家庭必富有，決不嫁女與尋常夥友；而且費用亦大。三則與菲女結婚，手續極其簡便。四則娶有菲婦，則易與菲人親近，而營業可以發達。五則中國男子道德較菲人高出萬萬，故菲女願嫁中國人。有此種種原因，故華人娶菲女，乃爲不可避免之事實。

二曰華僑教育不發達 （第一）學校數量不足。菲律賓十萬華僑，僅有馬尼剌及宿務兩處有中學，此外僅有三十所小學，亦祇設在各大埠。在此種情況下，所有僑生自然不可免的入菲校，而爲菲律賓人預備員。（第二）品質不精。華僑學校大都半日中文，半日英文。（包算術）英文算術，卽用菲校課本，中文課本用文言，材料陳腐。教授法極舊，教師多半就地取材，本身幷非專門人才。（第三）辦學宗旨不合。辦理華僑學校者，多只認爲係一讀書識字機關，幷未曾顧及中國文化。且華僑學校經費，多依賴華商大家，便爲學校董事，支配校務，校長教員皆不過校董之雇員，而爲校董所不重視。因學問二字在大商觀之，原屬無用。何以見之？學問如校長，亦祇每年博得二千非洋，不能比經商於萬一！

因華僑教育有種種不良，遂使（1）中國社會程度不能提高，而爲外人所輕視。（2）中國社會制度不能解放。（3）人才缺乏，實業不能振興。（4）教育不能發達，有此種種，自使僑生日趨非化。

以上兩種原因，教育尤爲重要。因與非女結婚，旣不可避免，而且與華人有利；假使教育辦理得法，華人自身處理子女教養，則雖娶非婦，影響亦小。（章君原文載長風第五期，文成鉅萬，此處僅摘其大要。）

以上爲章君所稱述，尙有應補充者，僑生非化之原因，地位關係，亦甚重要。在英荷兩屬，各民族雜居，其地位白人第一，華人次之，土人又次之。人孰不欲向上，自樂處較高地位，故英荷屬之僑生，土人化問題甚小。至菲律賓羣島，自鍾氏律實施後，菲人已自居主人地位，而一方中國國際地位，日益低落，此亦爲僑生「恥爲華裔，甘作胡兒」一大原因。

4. 結論・　從上所述觀之，可知僑生外國化或土人化之原因，在於不知中國爲何物，甚至不知有中國。而中國語言之擯斥，尤使僑生與中國絕緣。他一方面，中國地位之低落，亦使僑生背棄祖國。吾人惟有努力於僑民教育，庶可挽回。當民元時，中國革命成功，消息傳至菲島，菲島之首富某君（僑生之一）立於其汽車上插小五色國旗。可見祇要中國強，使中國一躍而爲世界一等國，則雖數十傳之僑生，亦必傾向祖國，回復其國籍也！是在國人之努力耳！

第四節　其他事件

南洋華僑之危機，除上三節所述外，猶有不容忽視者數端：

第一華僑之組織散漫　華僑之地域觀念甚深，因語言之差異，而有廣府人，客人，潮州人，海南人，福佬人，福州人，福清人，土生仔……等派別。其團體組織，則有廣肇會館，惠州會館，嘉應會館，瓊州會館，福州會館，八邑公所，高雷公所，欽廉公所，大埔同鄉會……等等，完全表現地方色彩。彼此之間，並無協同動作，甚或彼此牴牾。同一中國人分化爲無數集團，何能抵禦外來之侵略，此一大危機也。近年似稍稍覺悟，如星洲華僑三大銀行（華商，華僑，和豐）之合併，其活動力陡增，股票價格陸漲是也。（事在二十一年）緣華僑銀行資本五百二十五萬，和豐資本四百萬元，華商銀行資本一百萬元，公積金一百六十萬元。若各個分立，不特不能與外行競爭，卽對於僑胞之經濟週轉，亦頗不靈。若合而計之，則有資本一千二百九十餘萬元，便爲海外華人資本最雄厚之銀行，故爲集中人材，節省開支，增加活力起見，而有合併之舉。此實僑胞覺悟之先聲也。（華僑週報第六期僑訊）

第二居留地政府挑撥華僑與土人之感情　如荷政府向土人昌言，荷印土人生活之痛苦，皆由華僑之故。若有土人欺侮華人之處，輒左袒土人；以故土人之兇焰愈高。近年慘殺華人之舉動，時有所聞，遠非昔日之華土融洽比矣！其在菲島，美政府亦嫁禍華僑。美人之言曰，「菲人切勿排斥美人，須知提倡菲島教育實業，只於菲島有益。而菲人之大患，則在華僑，彼等用經濟之力，壓迫菲人；華僑不去，菲島無獨力之可能。」其愚弄菲島土人，亦如荷印也。

第三僑胞智識之固陋　最初冒險漂渡重洋開發之豪傑，多係無智識之失業農工。彼等在國內所了解之文化，不過「崇拜祖先，虔敬鬼神，信仰命運，靠天吃飯」等愚陋思想。此等愚陋之移民，在南洋組織之社會，實較祖國更爲低下。（陳谷川華僑與地域觀念）菲島華僑之富有者，爲子娶婦，迄今尚以纏足爲貴。（章柳泉菲島華僑菲化問題）一般華僑智識之固陋，可以想見。西文報紙，日以譏嘲僑胞爲資料，不爲無因。方今政治上，經濟上之競爭，無不恃高深學識，銳敏眼光，若吾僑長此故步自封其能免於淪胥耶？

第四依人爲生之不可保　華僑之在南洋，大都以仲介人爲生，卽收集土人之生產售之於西人；販西人貨物，售之於土人。此種事業，豈能長保？今各屬皆提倡與土人直接經商，而日人之傾銷貨物，又集資爲大規模之組織，以自己推銷於各屬。若中國貨物，銷售於南洋者，本屬甚少，自今以往，將無可仲介者，僑胞何以爲生？

嗚呼！居今日而言南洋僑胞，隨時隨地，皆成荆棘，遽數之，將不能終其物，不知亦有動心於此者耶？

第十一章　祖國與南僑之關係

第一節　總論

本節所企圖者，在辨明歷來之誤解；庶幾根本觀念，不致錯誤，而後祖國與南僑之關係，可以去障翳而臻親切。

第一、根據東西學者著作之不可靠。關於華僑之材料，至難搜集；故我國一般學者，往往喜襲用東西學者之成說，以其條例分明也。此如慰民君之中國政府對僑民關係之史的考察一文（華僑週報第二期），除導言外，卽完全襲用麥克賴爾之華僑志。此種辦法，危險殊甚；蓋東西學者，各有其立場，其對中國情事，往往故爲出入，殊非著作家所應承受者也。

第二、想像之詞不可用。討論華僑問題者，又往往憑想像之詞，此例尤多。即如上舉慰民君之文導言中即謂「只要小國自稱臣屬，按期朝貢，不稱兵擾邊，而承受上國的威德，就很滿足了。」又曰「元世祖的南征，明成祖的遣使到西洋，是有其各自的目的的，並非涵着殖民而發生的行動。……大清帝國的臣民，是不許拋棄祖宗墳墓而遠泛於海外的，而那些已在海外的中國人，則被稱爲賤民，莠民，不蒙朝廷聞問了。」歸結其命意，不外兩點，一則謂中國政府祗圖外邦朝貢之榮耀，二則謂中國政府向不知保護僑民。此雖大體不謬，然却言過其實，今略略辨之於次：

1. 中國政府不得以外邦朝貢爲榮。如明代因爪哇朝貢額數，供億費煩，不願敝中國以事遠人，遂賜爪哇三年一貢（見前述）是其一例。遠之如漢代之罷珠崖，乃倂邊地而放棄之，寧以朝貢爲榮耶？

2. 古代中國政府無保護僑民之必要。保僑云者，必因僑民受不平等待遇，然後始感其不可忽視。若中國人民之在國外者，在古代實隨處受歡迎，並非如目前之處處遭人白眼；故古代無保僑規條，並非缺憾。比如漢代譯長與黃門及應募者入海所至國皆稟食（供給饍宿）爲耦；（遣人向導）宋代之蘇吉丹厚遇中國商賈，無宿泊飲食之費；渤泥聞有中國人至，皆大歡喜；元代渤泥俗尤敬愛唐人，醉則扶之以歸歇處；明代華僑爲土人所擁戴，而據土稱雄者，往往而有；摩鹿加之爭執，且聽華僑排解，（皆見前）在此種情形下，殊可令中國政府不感覺有保僑之必要也。

3. 明清兩朝，對僑民亦不十分漠視。　詳觀以下數節自明。

第三、功利觀念不可有。　我國第一流學者，對以上兩種弊端，實能避免；但亦偶有不能脫盡功利觀念，而致誤其觀點者：如張星烺先生作斐律賓史上李馬奔眞人考，（見燕京學報第七期）深惜明代政府不能招撫海寇，如英國之招撫德雷克 (Dralce) 而握海上霸權。此自殖民政策觀之，自屬極是；然愚不敢輕信謹貢所疑，願張先生與海內學者一商榷之也。

1. 張先生將謂明政府不招撫海寇耶？　明政府對海寇曾一本，吳平等亦曾招撫，然皆失敗，不可責明政府不招撫海寇也。

2. 將謂無術以駕御海寇，如英人之于德雷克受其利而不受其害耶？愚對此點，疑竇尤深，竊以爲張先生未從中國民族性觀察也。愚謂中國民族對外有三種特性：一曰和平，二曰信義，三曰仁愛。何以言之？我國民族，向無侵略之野心，如明初聲勢赫赫，何嘗不可收南洋入版圖？但明政府僅事羈縻而已，此和平性之表現也。如潘和五事，閩撫許孚遠疏謂：「番夷豺狠之性，輕動干戈，不戢自焚，固其自取；而殺其酋長奪其寶貨，遂之交南，我民狠毒亦已甚矣！」其言不但責人，尤深責己，此信義性之表現也。如明代之滿剌加本隸屬暹羅，及通中國，乃脫離暹羅而獨立，暹羅攻之，又賴中國之力，得以保境息民。（皆見前引）是知吾族固以扶翼弱小民族爲事而無利人土地之性，是又仁愛心之表現也。由是觀之，吾族之不招撫海寇以向外發展，正其民族道德與民族性之表現，不可貿然非之。至其所以向外移民，絡繹不絕者，乃緣「閩粵無田，以海爲田」，此固世人所當共諒，吾儕縱論往事，根據民族性發言，庶幾寡過乎？

以上三點既明，請分述明清以來祖國與南僑之關係于次：

第二節　禁止下海之眞象

今人每論及禁止下海事，羣以爲自明代始，而淸代之大淸律尤爲罪大惡極，此幾盡人所同稱；然考之實際，幷不如是：

若論拋棄祖宗墟墓之禁，自唐已然。按唐律捕亡篇浮浪他所條云，「諸非亡而浮浪他所者十日笞十，二十日加一等，罪止杖一百；卽有官事在他所，事了留住不還者，亦如之。若營求資財及學宦者勿訟。」據此，則不但下海所在禁止；卽流宕他鄉亦干禁例。惟其寬處在「營求資財及學宦者勿訟，」斯可任意所之；但尙有「闕賦役者，各依亡法，」之限制。

宋代亦有海禁。太平興國初，（九七六——）私與番國人貿易者，計値滿百錢以上論罪，十五貫以上黥面流海島，過此，送闕下。淳化五年（九九五）申其禁，至四貫以上徒一年，稍加至二十貫以上黥面配本州爲役兵。（通考）宋史中在同一時代，有下列矛盾之記載：

雍熙二年（九八五）九月禁海賈。（太宗本紀）

雍熙中遣內侍八人齎敕書金帛分四路招致海南諸番商人出海外番國販易者。令詣兩浙市舶司請給官劵；違者沒入其寶貨。（食貨志）

蓋所禁者是私自入海，而領官劵入海貿易者，固鼓勵之不暇也。乾道以後，（一一六五——）復有詔市舶綱首，能招詔船舶，抽解物貨，累價及五萬貫補助以上者，補官有差；監官推賞。（通考）其利在通海，昭然若揭。故論海禁者，須分私自下海與市舶兩項觀之，庶可瞭然。私自下海有禁者，一則懼亡失國民一份子，一則防偸漏抽分（猶今偸漏關稅）也。

元代對海禁，時開時禁，至元二十三年立鹽課市提舉司；三十年（一二九三）立海南博易提舉司。至大四年（一三一一）罷之。禁下番船隻。（元史百官志）延祐元年（一三一四）復立市舶司，仍禁人下番；官自發船貿易。七年（一三二〇）以下番之人，將細絲銀易於外國，又幷提舉司罷之。（元史食貨志）其開其禁，不外欲其利歸官耳。

明代洪武年間嚴定下海之禁，皇明世法錄卷七十五，私出外境及違禁下海條云：

「凡將馬牛軍需鐵貨銅錢段疋紬絹絲綿私出外境貨賣及下海者，杖一百；挑擔駄載之人減一等；物貨船車並入官。……若將人口軍器出境及下海者絞，因而走泄事情者斬；其拘該官司及守把之人，通同夾帶，或知而故縱者，與犯人同罪。

「凡沿海去處下海船隻，除有號票文引許令出洋外，若姦豪勢要及軍民人等，擅造三桅以上違式大船，將帶違禁貨物下海，前往番國買賣，潛通海賊，同謀結聚，及爲響導劫掠良民者，正犯比照謀叛已行律處斬，仍梟首示衆，全家發邊衛充軍。其打造前項海船，賣與夷人圖利者，比照將應禁軍器下海因而走泄軍情律，爲首者處斬，爲從者發邊衛充軍。若止將大船雇與下海之人，分取番貨，及雖不曾造有大船，但糾通下海之人接買番貨，與探聽下海之人，販貨物來，私買販賣蘇木胡椒，至一千斤以上者，俱發邊衞充軍。番貨並沒入官。」

右爲明代禁止私自下海之主要條文，清代之大清律關津條卽直抄之，一字未易，故謂大清律爲嚴酷者非是。（據福建通志事在洪武二十七年）

然洪武初雖嚴禁瀕海居民及守備將卒私通海外諸國，但不禁市舶，仍設市舶司於太倉黃渡等地，尋罷復設於甯波泉州廣州。至嘉靖二年（一五二三）給事中夏言言倭患起於市舶，遂罷之。三十九年復三市舶司。四十四年，（一五六五）浙江以巡撫劉畿言仍罷。（明史食貨志）萬曆間，開洋市於漳州，（一五七三—一）一年得稅二萬有餘兩，以充閩中兵餉。至於末年，海上久安，武備廢弛，遂致盜賊刼掠，兼以紅毛番（荷蘭）時甚猖獗，朝廷遂絕開洋之稅。然人民往往私出爲市，利權在下，議者非之。（參天下郡國利病書）

從上所述觀之，明代所禁者爲私自下海，爲造大船；至若市舶，（商船）除季年外并不禁止。然私自下海造大船之禁，執行者亦從寬厚。如前所舉，爲爪哇官吏之馬用，良民殷南文曰三人，或還鄉，或還鄉後再往爪哇任職，明廷皆允許之，且賜以川資，是其一例。又如夏從壽於嘉靖元年（一五二二）任福建左布政使，有海船逾制，巡海者欲沒入之。從壽不可，曰：海鄉以船爲業，奪之，是驅之爲盜爾！（福建通志宦績）是又一例也。蓋所深惡痛絕者，惟勾盜通夷之輩耳！

清代海禁，亦如明代，幷未加嚴。順治康熙年間，因鄭成功佔據臺灣，乃立禁例，「凡閩人在番託故不歸，復偷漏私回者，一經拿獲，卽行正法。」（清季外交史料八七薛福成疏）厥後臺灣既平，於康熙二十三年，開海禁，許沿海民人用五百石以下船隻出洋貿易。（廈門志）次年，議准出洋商船可帶火炮軍器防身，由督撫酌給。（大清會典）五十六年，（一七一七）覆准凡客商船隻在五省沿海及東洋貿易外，其南洋呂宋噶喇吧（爪哇）等處，一概不許內地商船前去貿易。（會典）其以前出洋之人，均准回原籍。（薛福成疏）蓋以其時呂宋噶喇吧兩處，係紅毛西洋泊船之所，其地多匿藏盜賊也。（福建通志）

雍正六年（一七二八）清廷諭：「出洋之人，陸續返棹，而彼地存留不歸者，皆甘心異域違禁偷往之人，不准回籍。」（薛福成疏）然雍正四年，有晉江人龔廷綵，充蘇祿國貢使陳典策（籍貫未詳）爲蘇祿國甲必丹二人同來中朝，清廷并未加以詰責。（參清通考）

於禁止在洋人民回籍之前一年，（一七二七）已准福建總督高其倬奏開閩省洋禁。因「生齒日增本地所產，不敷食用；惟開洋一途，藉貿易之贏餘，佐耕耘之不足」也。海禁既全開，（東洋，南洋，西洋，皆可通商）故於六年，詳訂領照查驗等規則。（詳中樞政考）

其時出洋貿易者，福建於廈防廳，（廈門）廣東於南海縣，浙江於乍浦海防廳取具保結，而後啓行；限期歸籍，如有在番地交易未淸及別項事故，不得如期歸者，亦可呈明存案。（福建通志）

及乾隆十四年，諭將私往噶羅巴（爪哇）充當甲必丹之陳怡老，嚴加懲治，貨物入官。（薛福成奏疏）十九年，（一七五四）復諭，「洋禁已開，嗣後有實因貿易稽留在外；或本身已故，遺留妻妾子女願回籍，均准其附船回籍。至無賴之徒，原係偷渡番國，潛住多年，充當甲必丹，供番人役使；及本無資本，流落番地，哄誘外洋婦女，娶妻生子，迨至無以爲生，復圖就食內地，以肆招搖誘騙之計者，仍照例嚴行稽查。」又議准，嗣後出洋貿易者，無論年分久近，概准回籍；若本身已故，遺留妻妾子女，亦准回籍。

凡此種種，皆未見其更嚴於明代，惟對僑民不加保護，雖「非苛待此出洋之民，」（薛福成疏）却已苛待之矣！

自道光二十二年以後，（一八四二）「陸續與東西洋諸國，立約通商，……前例已不廢而自廢。……流寓……南洋各島華民……皆置田園，長子孫，雖居外洋百餘年，正朔服色仍守華風，婚喪賓祭亦沿舊俗。……惟籌及歸計，則皆蹙額，……以爲官長之查究，胥吏之侵擾，宗黨戚族之訛索，種種貽累不可勝言。……海外羈氓，孤身孑立，一遭誣陷，控訴無門；因是不欲回國。間有以商賈至者，不稱英人，則稱荷人；反藉勢作威，干犯法紀。地方有司，莫敢如何。」（光緒十九年九月薛福成疏，見清季外交史料八七）故光緒十九年薛福成奏請，申明新章，豁除海禁。卽於是年，諭外洋僑民聽其歸里，嚴禁族鄰訛索，胥吏侵擾。（福建通志民國本）數百年海禁，遂於此廢止。

第三節　領事設立之經過

我國之與各國通商，「立約之初，中國未悉詳情，並不知華民出洋之衆；於是但給彼在中國設領事之柄，而無我在外洋設領事之文。」故至我國發現有設領保僑之必要時，阻力頗多，殊非一蹴而幾之事。（淸季外交史料八三）

南洋之有中國領事，自新加坡始。光緒二年郭嵩燾出使，見英屬新加坡等處，中國流寓商民，共數十萬人，乃奏請分別設立領事。次年，（一八七六）復申請設立，幷保胡璇澤爲領事。其奏略謂：

「竊揆所以設立領事之義約有二端：一曰保護商民。遠如秘魯，古巴之招工，近如南洋之日國（西班牙）所管轄呂宋，荷蘭所轄之婆羅洲，噶羅巴，蘇門答臘，本無定立章程，其政又近於苛虐，商民間有屈抑，常苦無所控訴；是以各處民商聞有遣派公使之信，延首跂望，盼得一領事，與爲維持，揆之民情，實所心願，此一端也。一曰彈壓稽查。如日本之橫濱，大阪各口，中國流寓民商，本出有戶口年貌等費，改歸中國派員辦理，事理更順。美國之金山，英國之南洋各埠頭，接待中國人民，視同一例。……（不反對設領）稽查彈壓，別無繁難，準之事勢，亦所易爲，此一端也。」（清季外交史料）

其保胡璇澤也，理由謂：

「道出新嘉坡，見廣東人道員胡璇澤，爲其地人民所推服。數年前，廣屬人民與各屬人民互鬥，亦經胡璇澤解散。英國官商，皆倚信之。臣以新嘉坡領事，非胡璇澤無可充承者。」（見同上）

是年，總署奏議覆准，令胡璇澤爲南洋總領事。（時在光緒三年九月）是爲我國南洋英屬第一任領事。

新加坡領事之設立，經郭氏向英人磋商，英人卽首肯，故產生甚速。至菲律賓與荷屬之設領，則頗費脣舌矣！

先是光緒六年（一八八〇）小呂宋（菲律賓）華民請設領事，不果。（淸史稿）陳蘭彬，鄭藻如，先後使西班牙，因僑民之請，迭與西政府商設領事，亦未允。延至光緒十二年張蔭桓出使美日秘，李鴻章電總署請令其與日廷（西班牙）妥商設領。（淸季外交史料六八）張氏比飭參贊延齡，先與日（西班牙）外部商其端緒。（同上七一）卒亦無有結果。是年，粵督張之洞奏派王榮和，余瓗二人，赴南洋調查，與荷日（西班牙）二國商設領事；二國限於公法，（公法，各國公使有指揮領事之權，我國對外商約無設領事之文，交涉者乃據公法以爭。）亦無辭可拒。（淸季外交史料七四）次年，張之洞乃據二氏之報告，而保王榮和爲駐劄小呂宋總領事，（見同上）但西班牙迄無誠意，始而慨允，旣而以藩部踦齕不允爲辭；及張蔭桓大使責以屬領苛虐濫徵，雖頗見革除，而設官一層，絕不鬆口。（同上七五）此項交涉，終西領之日，未有成議。

及菲律賓革命起，西班牙主權移而之美，然後中國援美國之例，設立領事，乃告成功。陳綱以新進士被任爲第一任菲島總領事。陳氏未到任之前，卽由乃翁陳謙善攝理。陳謙善者，卽菲島末任甲必丹，華僑稱之爲陳最戈；緣陳氏德澤在人，以此稱之戈者尊稱，最者其名也。（時在光緒二十五年）此顏文初三十年菲島華僑一文所述也。（小呂宋中西學校三十周年記念刊）

荷屬之設立中國領事，尤難於菲律賓。蓋苛待華民，不願我國設領事，以荷日（西班牙）二國爲最，而荷尤甚。（淸季外交史料八三）緣「各國開荒島爲巨埠，專賴招致華民，而洋人實屬寥寥。一經我國設立領事，彼不免喧賓奪主之嫌，又礙其暴斂橫征之舉。所以始必堅拒，繼則宕延；外部以咨商藩部爲辭，藩部以官民不便爲說。雖唇焦管脫，而終無如彼何，此惟在局中者深知其難」，未可多所責備也。（見同上使英薛福成奏）

光緒十二年時，（一八八六）劉瑞芬使英，粵省張之洞，與使美日秘張蔭桓，建議，請其密查各島華民，爲設領保護之計。（清季外交史料六六）總署致電各國政府，英法已允，惟荷蘭反對，謂各島華民，應作荷民，不容華員訪查，乃改稱游歷，荷蘭始允。（清季外交史料六七）

張之洞乃奏派副將王榮和，知府余瑞，先往荷屬各島調查。據其報告，苛虐各節，慘不忍聞。（詳第七章）十三年，（一八八七）氏力請設總副領事；朝議從緩。（清史稿邦交志）是年五月，許景澄（使法）密函總署，謂加拉巴（爪哇）設領事一節，查兵艦鉅款，非商力所能湊辦，設官之說，揆彼猜忌爲心，難保不從中掣肘。且勢必先與荷外部訂立保護專條，並建駐荷使館，否則筆舌空言，終歸無補。（清季外交史料七五）

光緒二十四年，（一八九八）呂海寰充和與兩國公使。二十七年，（一九〇一）上章言，荷屬待華僑之苛，而設領之斷不容緩。（詳第七章）乃迭與荷外部大臣爭論。復照會請其先設領事，保我僑民生計。和外部以事屬藩部爲詞，支梧未決。乃復照會彼外部以「新加坡，小呂宋等處中國早設有領事；卽以荷屬之噶羅巴而論，歐美各國，無不設有領事，何獨於中國而靳之？」反覆辨論，稍有轉機。乃奏請分設領事於荷屬各要地，而噶羅巴設立總領事一員，尤不可緩。奏入交外部議。二十八年議准在噶羅巴等處，設立領事。然未實行。（淸史稿邦交志）

宣統元年（一九〇九）中荷乃訂立領事條約，於吧城駐德領事，三寶壠泗水，棉蘭，巴東各駐領事。據該約所載，中國總領事副領事及代理領事，係商業事務官；爲其本國人之商業保護者。又曰：「領事毫無外交上之性質」噫，亦異矣！淸廷處境，容有可諒處，而其辦事之遲緩糊塗，若此類者，寧非全民族之罪人耶？（參李長傳南洋華僑概況）

目前設有中國領事之處如下：（據外交部檔案）

英屬南洋　總領事館設于新加坡。檳榔嶼及山打根皆設有領事館；吉隆坡爲馬來聯邦之首府，亦于二十二年十二月新設領事一員，領館尙未建築，暫駐酒商公所。

荷領東印度　我國總領事設于吧城，領事館則分設于泗水，三寶壠，望加錫，巨港，棉蘭五處。

美屬菲律賓　我國設有領事館于馬尼剌。

第四節　特設華僑機關之成立

前淸季年，興辦海軍，成立南北洋艦隊，每年練習遠海航行一次，以東洋（日本）南洋（馬來半島）爲寄碇之所。淸廷因其報告，始知南洋華僑之多且富甲午戰後，庫空如洗，乃以興復海軍爲名，而實行鬻爵。南洋華僑之富厚者，羣輸巨金，捐取官銜；迄今馬來，爪哇諸島中僑胞，尙多有門首高懸奉政大夫，觀察等匾額以爲榮者。戊戌政變後，康梁逃海外，鼓吹保皇；時孫中山先生亦遍歷海外，鼓吹革命。淸廷聞之大懼，乃派海圻巡洋艦，訪問荷領東印度羣島，又命趙屛藩宣撫華僑，均受南洋華僑之異數歡迎。

八國聯軍之役，國威掃地。清廷遣親王載灃詣柏靈道歉。道出新加坡，時清政府方爲中外所輕，僑民尤甚；有李清淵者，福建永春縣人，久住馬來，致富，獨率埠中諸僑盡迎送之禮。載灃親書匾額以贈曰，「忠邁弦高。」（事見永春縣志獨行傳）然清廷對於管理僑務，保護僑民，迄無具體方法。其略可稱述者：（1）兩江總督端方創辦暨南學校於南京，（卽今暨南大學之前身）招致十九名爪哇僑童，回國肄業。（2）閩省亦效法設立暨南中學。此外便無足道。

辛亥革命後，頗多海外僑胞，參加臨時政府工作，迨二次革命失敗，南洋各地書報社遂爲革命中心。袁世凱頗欲用非法手段取締之，然卒不得逞。袁氏死後，北京政府，亦取羈縻政策，對待僑胞。民國七年，創設國務院僑工事務局，專司出國華工之一切事務。然究其實際，亦不過徒有其名。至十年十二月，廢止之。次年一月乃有國務院僑務局之設立，其意不過以爲海外僑胞衆多，並握相當經濟力量，對於祖國事業資助不少，以政府責任言之，不能不有僑務機關，以敷衍門面耳！故其時雖規定僑務局有以適當方法處理僑務之權，且定有華僑調查章程草案，却無實際工作。

民國十二年中山先生設大本營於廣州，組織僑務局，以陳樹人爲局長，是爲我國有專管僑務機關之始。然因戎馬倥偬，亦少成效，旋卽停頓。

民國十五年中國國民黨第二次全國代表大會決議設立僑務機關。至同年十月，在國民政府成立僑務委員會。中經政府遷漢遷寧，故不久卽由粵當局裁併於粵省政府。

至十六年，奠都南京以後，次年正月，政府念僑務之不可恝置，特於外交部設立僑務局，又於大學院設立華僑教育委員會。惟僑務局係獨裁制（置局長一人）而直隸外交部，規模狹小，難期發展，故上海華僑聯合會上書中央暨國府，請恢復十五年之僑委會。其理由略謂：

「查各國政府無不重視僑民，不但有獨立專管機關，且特予大權，以辦理僑務：如英之理藩部，法之殖民部，德之獨立殖民局；甚至荷蘭以殖民事務由國王監督，令國務大臣負責，其鄭重僑務如此。誠以殖民事業之發展，乃增進國勢之基礎，故各國僑民在外不多，其政府均出全力而保護之。今中國僑民幾徧全球……對於政府政治上，經濟上，社會上之如何應付，對於農工商及教育等事之如何指導，關係廣大，不僅對外交涉而已。是非提高僑務機關之權力，直隸國民政府，不足以資信仰，而利進行。」（見十六年十二月十三日新聞報）

十七年二月經第二屆中央執行委員會第四次全體會議議決恢復僑務委員會。十八年國府改組，將僑務委員會改隸於中央執行委員會，故稱中央僑務委員會。

二十年，立法院修改僑務委員會組織法，乃以僑務委員會直屬於國民政府行政院，稱爲僑務委員會。僑務委員會之組織要點如下：

1. 僑務委員會隸屬於國民政府行政院，掌理本國僑民之移殖，保育等務。

2. 僑務委員會設委員若干人，由國民政府任命之，並指定常務委員七至九人，就常務委員中，指定委員長副委員長各一人。

3.僑務委員會大會每年或二年開會一次，常務會議每星期至少開會一次；其議決事件，由委員長執行之。

4.僑務委員會設：一秘書處。二僑務管理處。三僑民教育處。

5.僑民管理處掌：一僑民狀況之調查與統計；二僑民移殖之指導及監督；三僑民糾紛之處理；四僑民團體之管理；五回國僑民投資遊歷參觀之指導介紹；六僑民之獎勵或補助。

6.僑民教育處掌：一僑民教育之指導監督及調查；二回國求學之指導；三僑民教育經費之補助；四文化之宣傳。

7.僑務委員會所掌事項，以不與各部會及駐外使館職權相抵觸者為限；但關於主管事項，對於駐外領事，得指揮之。

8.僑務委員會因事務上之必要，得派專員或視察員。

至僑委會工作之見於實際者，有會同外交實業兩部籌擬救濟失業華僑；籌設各通商口岸辦事處，以指導並保障海外僑民；實行華僑學校註册；籌設華僑教育師資養成所；訂立文化事業綱要；刊發定期刊物（先名華僑週報，近改爲華僑月報）；調查海外文化機關；舉辦海外通訊；編輯僑務年鑑；以及實地處理僑民糾紛等，事業日盛。（據僑委會播音）

僑委會之外，海外黨務專管機關尤關重要。溯自同盟會之成立，卽以海外各地之書報社爲會址。民國三四年間之中華革命黨，亦以海外各地書報社爲中心。十三年改組以後，特設海外部爲主管海外黨務之機關，其後組織時有變更，職權亦有大小之不同。自十三年至十六年上季皆稱海外部，設部長一人。十六年下季改爲海外委員會，設主任一人。

第四屆一中全會決議，設立海外黨務委員會，而其組織法久未通過；當二中全會在洛陽舉行時，周啓剛等委重申設立之必要，提案頗爲詳盡。全會推林森，周啓剛，陳果夫三人爲起草委員。惟因與中央組織系統有關，乃改爲諮詢評議機關；

而於十七年廢止海外委員會，由中央組織部設海外科，宣傳部設海外股。迨至二十一年五月海外黨務委員會成立，其組織分爲三科，曰總務科，曰調查科，曰設計科。置總幹事六人，暫不設科主任；而組織部之海外科，宣傳部之海外股如故。

海外黨務委員會成立後，對於將來海外黨務之影響，可以其主任委員周啓剛氏之談話窺之。氏謂其關係之顯著者有三：

「海外黨務與國內固不同，而海外各地亦各有不同。蓋各有其特殊之環境，其中有可公開者，有半公開者，有不可公開者；同一黨務事件，而處理之法，宜於甲地者，常常不宜於乙地。若以一般處理黨務之固定方式施之海外，總不免有顧此失彼，因而發生多少困難；若有此專管機關，斟酌各地情形，分別處理，自可收因地制宜之效。（一）

海外黨務，常帶有整個性的，每一事件，往往包含組織宣傳及其他幾種性質者，若一一劃分處理，事實上既不可能；若會同處理，則各部處理之見解或有不同，往返蹉商，案牘滯留，不免稽延時日，尙未解決，而海外事務，已生變化，甚且擴大。若有專管機關，自可減去此種困難。（二）

海外各地政府對本黨態度，亦時有變幻；若無相當機關爲之應付，則海外黨務之損失，殊屬重大，此尤爲吾人所當注意者。（三）—據華僑週報創刊號）

黨政機關而外，爲僑胞特設之文化機關，最重要者爲暨南大學。前清末年兩江總督端方，奉命考察歐洲憲政，歸途道經南洋，感於南洋華僑教育之缺乏，乃萌提倡華僑教育之念。回國後創立「國立暨南學堂」於南京，取書經「朔南暨」之義，欲使中國文化傳至南洋也。當時聘鄭洪年爲堂長，招徠華僑子弟回國就學；然因僑民不重學識，就學者甚少。

辛亥革命軍起，暨南學堂中途停頓。迨至民國七年，趙正平，黃炎培，袁希濤等聯名請求，教育部乃恢復暨南學堂；時僑胞已感悟學識之不足，不能與他族爭勝，回國求學者日衆，而暨南二字，乃名稱其實。惟初時所辦者，祇有舊制中學，後因學制改變，乃分設高中初中兩部。高中有文理科，師範科，商科，此外尚有補習科。民國九年，爲應南洋僑胞需要，特辦商科大學於上海，同時增設女子部於南京。民國十年以商科大學與東南大學之商科合辦，定名爲「國立東南大學暨南學校合立上海商科大學。」次年秋，復將商科退出東南大學，自行籌辦商科大學。十四年，眞茹新校舍落成，乃悉暨南學校各部遷於眞茹，惟留女子部於南京。及北伐軍克上海，時暨南校長姜琦辭職，國民政府乃委鄭洪年爲校長，而改組爲暨南大學。設立文哲學院，社會科學院，自然科學院，農學院，商學院，藝術學院等；幷附設中學部；遂爲僑胞最高學府。

十七年，創設南洋文化教育事業部，分文化，教育兩股進行，發行南洋研究月刊，國中人士之通曉南洋，厥功爲多。二十年，擴充爲南洋美洲文化教育事業部，從此該校事業，不局於南洋一隅矣。（參蔡崇光改組後之暨南見南洋研究一卷六期）

第五節　國籍問題

當光緒十二年派員調查荷屬各島僑民時，荷人以荷屬華民應爲荷人，而拒絕調查。（見本章第三節）清政府始發見南洋僑民之國籍問題，頗有糾紛；然從未向荷人交涉。至有清末年，此項問題驟見緊張。宣統元年二月初八日（一九〇九年二月廿七）商部奏請速定國籍法，以資抵制，摺中叙述當時情事甚詳，茲錄於次：

「……近年朝廷軫念僑情，保護維持，無微不至，是以各埠商會學堂次第成立。和人睹此情形，深懷疑忌，一變其威力壓迫之策，轉而爲羈縻籠絡之謀。初由國會議准華僑入籍之案，近復擬訂新律，凡久居彼屬者，皆將入殖民地籍。華僑自聞此議，函電紛馳，互相奔告，聯絡各商民開會集議，共籌對付之策，現據呈稱速定國籍法以資抵制等情到部。……業經咨商法律大臣從速釐訂。……第慮告成尙需時日，萬一和國擬訂新律，剋期實行，是時華僑雖羣起力爭，無國力以爲後援，則衆情易渙；部臣駐使，雖多方磋議，無法律以爲依據，則勝算難操，……若坐視海外百萬僑民轉瞬卽隸他邦版籍，上何以副朝廷委任之重，下何以免商民責望之殷？……擬請旨飭下修訂法律大臣，

將國籍法一門，迅速提前擬訂，尅期奏請欽定頒行，以利外交，而維國勢。……」（清宣統朝外交史料卷一）

其所謂荷蘭將訂新律者卽指荷屬東印度籍民條例也。（一九一〇年二月公布）依其條例凡生於荷屬東印度者，皆隸荷蘭國籍。（此條例全文譯本載南洋研究三卷四號）此例一行，則百萬僑民，將不復爲中國人，其關係之大，蓋無可比者。故清廷當時遍延精於法律者，立卽制定國籍法，採取血統主義，規定凡父母爲中國人者，皆隸中國籍，謀先荷蘭而公布，所以示抵制也。（中國國籍法公布於宣統元年，次年荷蘭國籍新例乃公布）

荷人聞之，乃以中國在荷屬設立領事條約爲牽制，要求於該約內加一附則曰：「和屬人民，不得視爲中國人民。」斯時主持此項交涉者，爲駐和代辦唐在復氏，呈外部主張設領不可緩，而國籍須讓步。其理由謂：

「就和屬立論，我若守寧不設領，永不棄僑之旨，爭持到底，則領約永無成議，而仍不能阻和律之在此屬地推行。壤地相隔，干涉爲難，僑民之在彼律範圍內者，將不失自失，此不便一也。其不在彼律範圍內者，自無慮新律之迫壓；惟領約不成，將失領事保護之希望。……此不便二也。僑民所最不平者，在和人特設之例，如登坡居留之字據，行動遷徙之限域，以及警察裁判之種種苛虐。現和政府雖有減除禁限之議，恐祇爲已歸籍華人地步。……至於僑民之未入和籍者，能否均霑利益，殊未敢言。又此後華民在彼，既有本籍客籍之分，和官歧視必深；若無領事爲耳目，難保無枉法偏枯之事。是又不可不思患預防者也。總之設領事不可緩，而國籍必思讓步之方；與其全體盡被吸收，不如預與劃清界限。……而於讓步中，仍定限制華僑等一日離和屬，卽一日復歸於我國籍範圍之內；倘能辦到此層，或亦兩害就輕之道。……」（清宣統朝外交史料八，宣統元年七月，唐在復呈）

爭持多日，設領之約幾毀，清廷卒從唐在復之言。宣統三年四月初五日（一九一一年五月三日）兩國代表在北平訂立中和在和蘭領地殖民地設領條約。訂約後，中國代表照會荷蘭承認華人在荷境內，照荷律解決；荷蘭代表亦照會中國，承認華族入和之人，若回中國，可歸中國籍；若往別國者，其出和籍否，聽便。但據荷律，一入荷境，卽視爲荷人。僑生以事業關係，自以居住荷蘭爲便，卽非中國所能過問矣！

國籍法之採出生地主義者，不僅荷屬已也，美屬之菲律賓亦然。但從不聞向美爭民者，蓋美之法律早定，不比荷蘭爲未定之局；且荷人將訂新律時，華僑憤憤不平，全部波動；淸廷不過爲被動之交涉，非眞有意保僑也。

然菲島國籍問題之嚴重，殊不減於荷屬，特爲菲島僑生所不覺耳。茲舉一二事，以見其概：

一、陳姓島名存實不存。「菲律賓有一個小島，住在那島上的幾百口人，沒有外姓，全都姓陳。他們那裏還懂中國話，連中國的關係，全都忘了。現在所保存的，除了名字後面有一箇中國陳字外，一無所有了。但那荒島之開拓，都是他們的祖宗——中國人，幾十年的精力造成的。前人栽桑，後人乘涼，可憐現在連「後人」兩字都稱不上了！」

二、某議員。「菲律賓有一次議會裏開會，某議員大放厥辭說：「我的祖宗雖然是中國人，但

我現在在菲人的立場，却不能不反對中國人進口的限制太不嚴。」（二條皆見章柳泉菲律賓華僑的菲化問題）

若而人者，據中國國籍法，皆中國人也，今皆由美國國籍法而化爲菲人，其將何以收復此喪失之華人耶？

一九三〇年國際聯合會有協訂國籍法公約之舉。其條文經我國立法院第一二三次會議通過。據其規定：

「關於某人是否隸屬某特定國家國籍之問題，應依該國之法律以爲斷。凡有二箇以上國籍者，各該國家均得視之爲國民。國家關於本國人民之兼有他國國籍者，對於該第二國，不得施外交上之保護。在第三國之領土內有一箇以上之國籍者，應視爲祇有一箇國籍。有一箇以上國籍之人，而此等國籍非其自願取得者，經一國之許可，得放棄該國之國籍。」（詳立法專刊第五輯）

此約果能誠意履行；更得普遍之承認，未始非解決國籍問題之道也。

第六節　中國與南洋之交通

中國與南洋之交通，自古卽以廣州地爲中心。晉法顯佛國記謂：「停耶婆提（今爪哇）五月，隨他商上船，東北行，趣廣州。」可證也。後此交通日繁，道路益熟，略有八道：

（一）自泉州浮海，直達菲律賓羣島。

元史謂：「三嶼近瑠求，時有至泉州爲商者。」可證。

（二）自廣州汎南海，過崑崙島，（Polocondore）歷普林的安羣島，（Pernantian Is.）而至馬來半島東北部。

隋書南蠻傳「常駿等自南海郡（今廣州）乘舟晝夜二旬，進至焦石山，過東南諸陵伽鉢拔多洲，（丁謙說卽崑崙島，）西南與林邑相對。又南行至獅子石，（丁謙謂卽普林的安羣島之一）自茲島嶼連接。又二三日西望見狼牙須國（今大泥地）之山，于是南達雞籠島，（丁說，卽格特勒丹島，Great Redang）至赤土界，（丁說，在今大泥，吉蘭丹，丁加奴等部地）可證也。

（三）自安南循海岸上至柬埔寨，（Kamboja）汎海至馬來半島東北部。隋書南蠻傳，「常駿等使赤土，還入海十餘日至林邑東南，（丁謙說當云眞臘東南）循海岸山，達于交阯。」可證。

（四）自占城（Cham-pura）南汎海經新加坡海岬，而至馬來半島南端。明史外國傳滿剌加，在占城南順風八日至龍牙門，（藤田豐八說，即今新加坡海峽）又西行二日即至可證。　按梁書人言頓遜，（今新加坡）市東西交會日有萬餘人，則此道之開久矣！

（五）自安南浮海沿馬來半島東北部行，再渡海，至婆羅洲。隋書南蠻傳：「婆利國（在婆羅洲上）自交阯浮海，南過赤土，丹丹，（吉蘭丹）乃至其國。」可證。

（六）自占城浮海至勾欄山，（Gelam 島）再西南行至婆羅洲。宋史外國傳：「勃泥國去占城摩逸各三十日程。」明史外國傳：「自占城放舟，十日至交欄山，其西南去麻葉甕。」（丁謙說，麻葉甕是婆羅洲西北隅海中小島）可證。

（七）自泉州歷安南占城崑崙島，假里馬答勾欄山而至吉利門(Kariman-Java)進由杜並(Tuban)而入爪哇內部。

此乃元代征爪哇之路，詳第四章。

（八）自泉州浮海南行，過崑崙島，經新加坡海峽，而至蘇門答臘。諸蕃志：「三佛齊在泉之正南，冬月順風月餘，方至凌牙門；（卽龍牙門）經商三分之二，始入其國。」賈耽記邊，「從軍突弄山，（崑崙島）五日行至海峽，南岸則佛逝國。」可證。（佛逝卽三佛齊）

以上各道，有自安南占城出發者，亦以廣州或泉州爲出發點。（先經安南，後至占城）故二州乃古代南洋交通之總會也。

昔時南洋各島，交通不便，故卽本島上之往還，亦多借航舶之便。如明史外國傳；「南渤利，在蘇門答剌西，順風三日可至。」諸蕃志：「凌牙斯加國，自單馬令風帆六晝夜可到；亦有陸程。」曰亦有者，不常用之辭也。

明代中國與南洋之交通，以廈門爲中心。時有「東西洋」之稱，膨湖，呂宋爲東洋；安南，暹羅，馬來，爪哇等地爲西洋；而婆羅洲爲東西洋分界處。蓋在廈門東者爲東洋，廈門西者爲西洋，非以全中國爲本位也。

張燮東西洋考舟師考，記明代東西洋交通甚詳。清人呂調陽，爲之校正訛誤，易其名曰東南洋鍼路。（見小方壺齋輿地叢鈔第十帙）蓋呂氏之意，以爲張氏所謂西洋者，實乃南洋，故易其名；然所謂東洋者，實亦在南洋範圍。

張氏舟師考，記載瑣細，又雜用專門名詞，殊非普通閱者所能了了，茲據其叙述，作一簡明圖表於次，以著明代與南洋交通之道路：（呂校亦有訛誤處，今參合兩本爲之）

東洋
澎湖—麻里荖嶼—呂宋—交溢—米六合
　　　　　　　　　　　　　　—蘇祿
　　　　　　　　　　—文萊

中左所（廈門）
- 西洋
  - 七洲洋（在海南島文昌縣東百里海中）—交阯—占城
    - 崑崙山
      - 暹羅
      - 吉蘭丹
      - 六坤
      - 彭亨—東西竺
        - 柔佛—麻六甲—亞齊
        - 詹卑—彭家山
          - 舊港
          - 下港
    - 吉寧馬礁
      - 馬辰
      - 勿里洞—保老岸—地悶

蓋明代規定商舶於中左所查驗放行，故遂爲總滙。再表以今名如下：

廈門
- 澎湖—菲律賓
  - 摩鹿加
  - 北婆羅洲
- 海南島—安南
  - 馬來半島
    - 蘇門答臘
    - 爪哇
  - 暹羅
  - 婆羅洲
  - 蘇門答臘—帝汶

清初出海之口有三，在福建者爲廈防廳，（廈門）在廣東者爲南海縣，在浙江者爲乍浦海防廳。（會典）其道路仍沿明之舊，觀於呂調陽之東南洋鍼路可知。

迨中外訂立通商條約以後，開闢商埠多所，東西汽船遍行於中國，而交通路線乃與以往不同。中國與南洋交通之航路有下列諸線：

新加坡，香港，廈門，上海，日本線；

海口，（海南島）馬尼剌線；

香港，新加坡，檳榔嶼，仰光，加爾各答線；

香港，海口，（海南島）新加坡，暹羅線；

吧城，香港，廈門，上海，日本，西里伯，泗水，線，

吧城，新加坡，香港，汕頭，廈門線；

棉蘭，吧城，中國，日本線，

馬尼剌，香港，廈門，上海線，（有自馬尼剌直達廈門，及直達上海船隻）仰光，檳榔嶼，新加坡，香港，

汕頭，廈門線。

新加坡，巴達維亞，馬尼剌爲南洋交通之中心；而新加坡與馬尼剌爲尤盛。新加坡爲歐亞間交通總滙，馬尼剌爲太平洋印度洋航線之中心。現時關於南洋諸地之相互交通者，如下：

新加坡有，（一）新加坡，馬六甲，巴生港，檳榔嶼線；（二）新加坡，檳城，仰光，加爾各答線；（三）新加坡，檳城，馬打拉斯，（印度地）線；（四）新加坡，勿里洞，巴東（蘇島）線；（五）新加坡，巨港，三寶壠，泗水，新幾內亞線；（六）新加坡，山口洋，坤甸線；（七）新加坡，西澳洲線（八）新加坡，彭亨，丁加奴，吉蘭丹，暹羅線；（九）新加坡，沙勞越，納閩，北般鳥線；（十）新加坡，檳城，文島，巨港線。

檳榔嶼有，（一）檳城，勿里洞，巴東線；（二）檳城，吉打，加央線；（三）檳榔嶼，天定線；而新加坡，檳城間，小輪往來如織。

巴達維亞有：（一）吧城，巴東亞齊（蘇島西岸）檳榔嶼線；（二）吧城，蘇門答臘，南岸諸埠線；（三）吧城，寥內（Rionw）新加坡線；（四）泗水，吧城，巴東，亞齊，檳城，新加坡，三寶壠線；（五）三寶壠，吧城新加坡檳城亞齊蘇島西岸爪哇諸港，泗水線；（六）吧城，邦加，巨港線，（七）吧城，勿里洞，邦加線；（八）泗水，三寶壠，吧城，新加坡，日里（Deli）線；（九）吧城坤甸爪哇諸港，馬辰線；（十）新加坡，吧城，井里汶，（Cheribon）三寶壠，泗水線；（十一）吧城，泗水，帝汶線；（十二）新加坡，爪哇，峇厘，龍目，巡峇哇，望加錫，安汶，蔴鹿加，新幾內亞線；（十三）吧城，三寶壠，泗水，望加錫，澳洲線。

泗水有，（一）新加坡，泗水，馬辰，婆羅洲東南岸，西里伯線；（二）泗水，馬都拉，峇厘，龍目線；（三）泗水，望加錫線。

蘇門答臘有：（一）新加坡，邦加線，（二）新加坡，寥內，蘇門答臘東岸線；（三）日里，蘇門答臘東岸，新加坡線；（四）新加坡，巨港線；（五）檳榔嶼，日里，阿沙汗（Asahan）線。

坤甸有：（一）新加坡，坤甸線；（二）新加坡，坤甸，三巴士線。

望加錫有：（一）望加錫，婆羅洲東岸線；（二）新加坡，爪哇，峇厘，簡那底，望加錫，西里伯北岸，婆羅洲線。（三）望加錫，東西里伯線。

菲律賓有：（一）新加坡，菲律賓（菲島各岸）線；（二）馬尼剌西貢線；（三）馬尼剌，巴達維

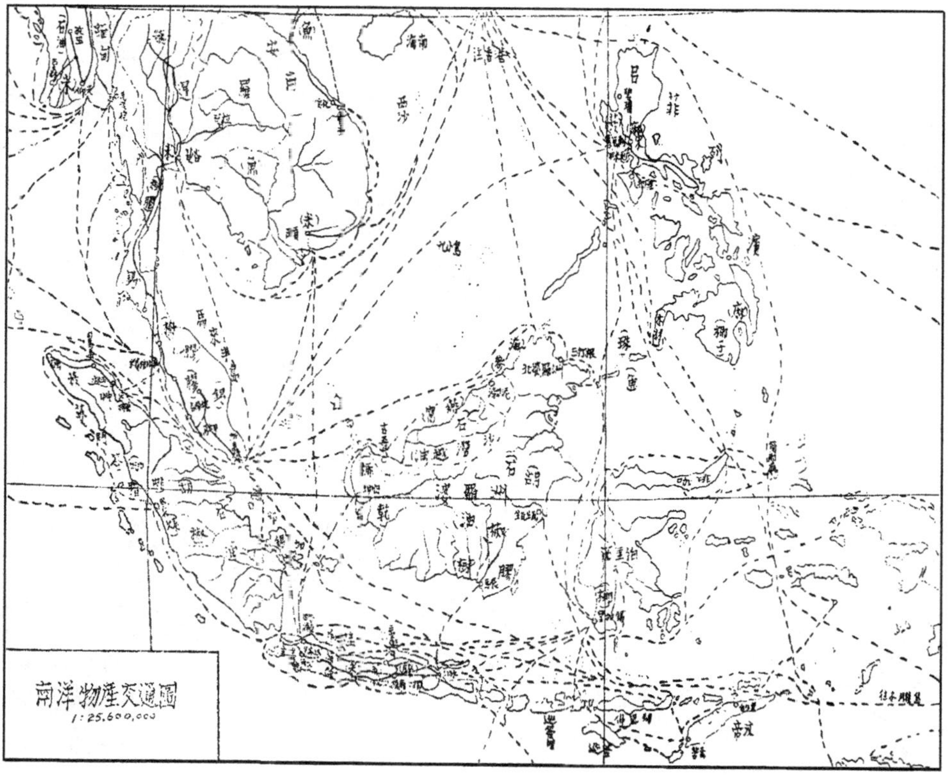
南洋物產交通圖
1:25,600,000

亞線；（四）馬尼剌，民都洛，班乃，三寶顏（Zanboanga）澳洲線；（五）馬尼剌，民都洛，班乃，三寶顏，荷屬東印度諸埠線；（六）馬尼剌，怡朗（Iloilo）新加坡，仰光，歐洲線；（七）馬尼剌，怡朗，澳洲線；（八）三寶顏，蘇祿，山打根，新加坡線；（已上島外航路）（九）描示戈(Basco 菲島極北）呂宋西北岸，米雁（Vigan 南依老哥省城）依描，（Iba三描禮示省城）馬尼剌線；（十）馬尼剌，巴撈溫線；（十一）馬尼剌，民都洛，怡朗，描高羅（Baco,od 西方黑人省省城）線；（十二）馬尼剌，宿務，呂瑪倪地，（Dumaguete）三寶顏線；（十三）馬尼剌，三描，禮智（Leyte） 蘇利戈（Surigao）三寶顏線；（十四）加絲遇蘭（Casiguran） 米哥，（Ricol）各埠（呂宋東岸）線；（十五）蘇祿，棉蘭老西岸，納卯，馬地（ Mati 棉島東岸）線。（以上島內航路）

在各島內地，各國皆努力於鐵道，汽車路之建設，交通甚便；而郵電尤無地不達，迴非往日比矣！惟南洋航船，無慮數百家，皆係外人辦理；其為華人創辦者甚少，茲列舉華商輪船公司於次，鳳毛麟角，彌足珍貴也。

（1）經營遠洋航路者：

和豐輪船公司

林推遷所創辦，有一千五百噸以上之船四艘，航行于仰光，檳榔嶼，新加坡，海口，香港，汕頭，廈門間。總公司設于新加坡。分設辦事處于檳城，吉隆坡，巴生等埠，爲華僑在南洋規模最大之輪船公司。但仍向英政府註冊，隸屬英籍。南洋人士稱之爲福建船，以其股東皆閩人也。

福記輪船公司

川走廈門馬尼剌間，殊山那號爲其代理。

岷廈安記輪船公司

有四山馬輪船，川走馬尼剌廈門間。

以中國與南洋關係之密切，南洋僑民出入之衆多，僅有此數家輪船公司，爲溝通中南之工具，餘悉聽命外人，其影響自不待言。十七年，交通部召集全國交通會議，其議決案有發展南洋航線一條，誠今日之急務也。

迄今海南島猶以航船爲補充中南交通之工具。其出發也，由舖前，清瀾，卜鰲，籐橋，三亞，海頭，等港，（皆海南島地）而往來于安南、暹羅、及南洋羣島之間。順風十餘日可至，逆風或一二月始達。此等帆船，容量自千餘石至一萬石不等。每年出入船隻，平均約百餘艘。各季北風期，趁季候風由海南島出發，待翌年夏季南風期，乃得駛回原港。此等帆船除載貨外，亦附搭客人；每人取費僅數元，乘客亦夥。（見海南島志）在此物質文明時代，而我猶以帆船爲遠洋交通之利器，是眞時代之落伍者；此何異以弓箭與槍礮競。即此一端，已可見發展祖國與南洋間之航路，需要孔急矣！

（2）經營沿岸航路者：

和豐公司

航行蘇宜島（Pulau Soegi）每週二次　柔佛哥打丁宜（Kota Tinggi）每週二次　柔佛龜咯（Cucob）每月一次　蘇島之碩坡及北根馬路（Siak & Pekan Baru）每週一次　蘇島之石馬丁宜（Tebing Tinggi）每週二次　柔佛龜咯及新加蘭（Singarang）每週二次

滙通公司

航行蘇島之巨港及文島（Muntok）每週一次

陳嘉庚公司

航行柔佛蔴坡（Muar）每週二次

瑞豐盛公司

航行柔佛東岸，豐盛港（Mersing）及丁加奴每週一次

和興隆公司

航行荷屬東南婆羅洲馬辰每週一次

同益公司

航行荷屬西婆羅洲坤甸每週一次

和益公司

柔佛巴株峇轄（Batu Pahat）每週四次　哥打丁宜每週三次　蘇島加里汶（Kerimon）每週三次　巴円島（Batam）及檳黨島（Bintan）巴株峇轄　以上皆每週三次

黃成美公司

荷屬麥內每日一次　蘇島之望加利 (Bengalis) 石叻班讓 (Selat Pandjang) 及峇眼亞比 (Bagan Si Api Api) 每週一次

協榮茂公司

吧城井里汶三寶壠每週二次　泗水二週一次　蘇島勿里洋，檳港，及流石等埠 (Blinjoe, Pangkal Pinang and Patoe Roesa) 每週一次

砂勝越公司

砂勝越每週一次

順美公司

蘇島詩誣 (Sibu) 烈港 (Sungei Liat) 七島 (Pulau Tuju) 每週一次

荷屬波羅洲詩誣 (Sibu) 二週一次，蘇島，望加利，石馬丁宜，便拔埠則十日一次　武盧 (Muro) 詩誣二日一次　加里汶，布路 (Buru) 洪加 (Hunga) 三日一次

張元記

泗水及馬辰二週一次

亞細亞航業公司（新創）

航行新加坡，檳榔嶼，爪哇棉蘭間

巨港中華輪船公司

未詳

彬彬行（Loe Teng Siny Hermanos）

備大輪自用，曰北京號，川走菲律賓地雅拔（Tayabas）馬裊俞基（Marinduqul）兩省間。行設于馬尼剌。

萬益行（A. Yu Singco Hnos）

有楊昇高號輪船，行駛菲島樹里交（Surigao）嘉牙焉（Cagayan）等埠。

蔡燕運輸辦事處

專營運輸，自備小輪小艇數艘，川駛菲島各埠。

鄭正益行（Ty Camco Sobrino）

經營出入口貨及匯兌航務航業部自置輪船五艘川行菲島各埠。

泉益行施先銘有限公司

專營大宗出入口糖米苧麻設公司于馬尼剌備有同益號及千里世示號輪船，往來于朗泷武難，目牙，然禮示，葛西羽難，樹使汶，老踮等埠運售貨物。

第七節　中國與南洋之貿易

我國之對外貿易，向以東南洋爲最鉅，通常佔百分之五十以上；歐洲次之，佔百分之二十左右；北美又次之，佔百分之十五以上觀於下列近五年中國對外貿易數字，可見東南洋貿易之位置：（單位百萬兩）

年代＼地別	東南洋	%	歐洲	%	北美	%
1929	入713.3 出602.0	55.7 59.3	294.9 272.7	23.0 26.9	269.3 139.9	21.0 13.8

1930	入800.3 出511.8	60.3 57.2	279.3 246.6	21.0 27.6	245.9 135.4	18.5 15.2
1931	入76[illegible].4 出5[illegible]5.3	53.1 58.9	231.9 244.3	22.9 26.9	343.7 22[illegible].9	23.8 13.5
1932	入490.9 出277.7	46.2 56.3	270.4 133.2	25.4 27.0	185.8 62.2	26.9 12.6
1933	入213.4 出10[illegible].8	48.7 56.6	138.7 40.8	27.7 21.4	111.0 36.4	22.2 19.1

（據三菱經濟研究所東洋及南洋之貿易）

東洋日本距中國既近，而中國又爲工業落後國，其貿易額之多，殊無足異；南洋貿易，則完全因華僑而見重也。茲將近兩年中國對南洋貿易出入口大宗貨物數量及價格列表於次：（一金單位約等於一元九角）

一、由南洋輸入中國大宗貨物數量價值表（以金單位爲單位）

品名及單位	年份	荷屬東印度		英屬馬來		英屬婆羅洲		菲律賓	
		數量	價值	數量	價值	數量	價值	數量	價值
火蔴綠蔴等（石）	1932								
	1933	42石	382						

錫錠塊	1932 1933			2239石 2818	181,211 297,530				
海　參（石）	1932 1933	2,617石	101,136	8,796	321,136				
散裝蝦乾蝦米（石）	1932 1933	914石	36,260	7,427	278,182				
不列品魚介海產	1932 1933				1,0[illegible]0,229 245,370				
茶　葉（石）	1932 1933	6,419石 44石	105,898 1,089						
不列名茶食日用雜貨	1932 1933				121,441 163,335				
米　穀（石）	1932 1933			21,059	71,592				
不列名雜糧雜糧粉	1932 1933	127,897石	359,773 572,587	29,019	121,905				
未列名果	1932 1933								80,241
不列名藥材及香料	1932 1933				585,214 560,811				
糖　漿（石）	1932 1933							27,757 145,965	32,276 153,325
精　製　糖	1932 1933	73,139石 141,119石	561,455 744,415						

其他糖	1932 1933	876.440石 2.064.246石	6.128.590 9.650.999						
菸葉（石）	1932 1933							2580	73.587
火酒（加侖）	1932 1933	1.580.364加 605.710侖	709.986 262.615					261.880 377.742	99.867 146.977
不列名藥品	1932 1933		33.392 213.335						
不列名染料顏料	1932 1933		208.979 64.733		2[illegible]7.300 269.558				
汽油石臘汽油扁陳汽油等	1932 1933	8.041.2[illegible]5侖 14.225.961	3.299.210 4.63[illegible].695			2.700	3.423		
柴油（噸）	1932 1933	169.011噸 237.913	5.776.148 6.544.560						
精油	1932 1933		44.484 78.522						
滑物油	1932 1933	78.577加侖 1.503.290	606.215 630.120						
石蠟油蠟	1932 1933	234.903石 29[illegible].778	2.808.655 2.94[illegible].160						
不列名油膠蠟等	1932 1933		73.354 159.015		58.560 88.385				
鞋底皮（石）	1932 1933			4.105石 1.465石	259.585 83.865				

平常重木材（百方呎）	1932	46,949 百方	228,536	71,882	497,8?0			44,404	357,818
	1933	61,341 呎	236,816	89,959	562,231	192,318	916,095	68,103	317,687
平常輕木材（百方呎）	1932								
	1933			697	2,877				
柚木（百方呎）	1932								
	1933			4,968	95,726				
檀香（石）	1932			8,493	246,866				
	1933	2,552	60,265	2,593	71,709				
不列名木材	1932				183,530				
	1933				143,553				
籐條籐片籐心籐皮	1932								
	1933	6,673石	77,535	89,423石	1,001,406				
不列名木竹籐及製品	1932								
	1933								434,404
煤（噸）	1932	125,686噸	1,132,971						
	1933	115,702	9 5,775						
地瀝青	1932	716石	7,444						
	1933	831	3,585						
橡皮鞋底（雙）	1932				749,111				
	1933			824,406	283,853				
橡皮車輪胎	1932				175,866				
	1933				80,879				
不列名橡皮樹膠及其製品	1932				325,612				
	1933				229,068				

其他物品	1932				5,460,278				85,037
	1933				772,134				407,678

二、由中國輸出南洋大宗貨物數量價值表（單位國幣圓）

品名及單位	年份	荷屬東印度		英屬馬來		英屬婆羅洲		菲律賓	
		數量	價值	數量	價值	數量	價值	數量	價值
帶殼家禽及鮮蛋（千）	1932			5,011	70,890			48,241	895,654
	1933			5,891	89,838			27,181	457,675
不列名蛋及蛋產品	1932								
	1933				86,205				
鮮凍肉（石）	1932							10,092	331,059
	1933							102	3,887
製過肉	1932								313,312
	1933				47,953				347,787
散裝猪油（石）	1932			5,622	196,048			20,973	694,439
	1933			5,836	203,051			2658	79,414
魚介海產品	1932				62,339				
	1933				44,903				
黃荳（石）	1932	555,253	2,540,061					18,850	106,357
	1933	2,190	12,758					18,003	101,856
不列名荳及豌荳（石）	1932	41,764	306,541					72,507	257,217
	1933	42,550	228,117					39,207	211,249

不列名子餅及雜糧製品(石)	1932 1933			9.951	55,079				
果品	1932 1933				594.438 713.212				
藥材香料	1932 1933				179.975 198.547				
花生油(石)	1032 1933			69.170 36.551	1.588,125 826,402			87,160 7.744	850.927 159,800
花生仁(石)	1932 1933							2[illegible].189	195.105
綠茶(石)	1932 1933			4.635	283.627				
紙菸(石)	1932 1933			4.704 2.689	375.174 206.571				
不列名菸等	1922 1933		1,041.025 125.2[illegible]1		355,148 266.079				
粉絲通心粉(石)	1932 1933					12.893	219.873	6.453	109.992
菜蔬及未列名植物產品	1932 1933				1.551.260 1.376.978				681.160 374.032
煤(噸)(船用)	1932 1933			23.860 50	189.414 500			62.952 7.661	520.647 73.658
紙	1932 1933		189.341		793.539 1.260.113				

白絲（石）	1932								
	1933	368	257.369						
棉紗（石）	1932	11.484	1.050.091					10.216	732.005
	1933	27.637	1.861.825					12.731	862.480
抽紗品 挑花品	1932		98.?93		8.445.794				113.257
	1933		31.873		6.765.317				89.540
花邊衣飾	1932				2.356.068				
	1933		172.398		1.684.758				
絲繡花品（石）	1932			80	194.256			58	124.104
	1933	88	137.331	101	215.537			8	18.305
粗細斜紋布（石）	1932			1.027	80.806				
	1933			1.065	76.725				
市布粗布（石）	1932	6.108	706.618						
	1933	6.054	489.715	4.939	633.043				
土布（石）	1932			10.145	820.824			1.390	162.420
	1933	763	86.536	9.065	727.546			946	9?.372
絲蠶絲綢緞（石）	1932	219	377.?19					305	?53.339
	1933	360	544.?54					131	232.346
純人造絲或與其他纖維交織綢緞（石）	1932			471	249.484				
	1933			488	277.057			40	39.857
繭綢（石）	1932								
	1922							33	29.942
毛地毯（石）	1932							472	113.067
	1933							412	109.764

不列名及其他紡織品及衣著零件	1932 1933		916,990		1,232,787 1,397,489				568,546
不列名金屬及製品	1932 1933				131,994				105,?57
磁器(石)	1932 1933			26,513	126,975				
不列名泥土砂石及其製品	1932 1933		113,283						353,788
不列名化學品化學產品	1932 1933				2?4,326 397,741				
蓆及地蓆	1932 1933				113,115 161,977				
其他物品	1932 1933		1,033,600 1,130,326		1,767,526 2,114,324				924,673 446,726

三、中國對南洋貿易佔出入口總額百分比表（單位千元）

地別		民國二十一年	百分比		民國二十二年	百分比
荷屬東印度	入口 出口	九一·七一七 八·五五四七	一五·五五 一·一一	入口 出口	七九·四七七 七·三九一	一五·八四 一·二一
英屬馬來	入口 出口	一六·六七三 一三·一一三	一·〇〇 一·七一	入口 出口	一四·五六七 一三·六四五	一·〇七 二·二三

英屬婆羅洲	入口 出口			入口 出口	二·二二五	〇·一六
菲律賓羣島	入口 出口	三·八六三 九·九八一	〇·二三 一·三〇	入口 出口	四·二五四 五·四四九	〇·三一 〇·八九

（以上據最近海關報告製成）

從上表觀之，入口貨以魚，糖，汽油最爲大宗；出口貨以黃荳，花生油，棉紗，挑花繡花品，綢布等最爲大宗。黃荳之輸出，向約三百萬元，去年一落千丈；蓋黃荳出於東三省，今已爲日本刼持以去，此覽貿易册者，感慨無已者也。磁器向亦爲出品大宗，今亦因關稅關係，成本過重，而悉爲日貨所排斥。今日成爲中國輸出南洋之大宗者，惟在衣料一類，蓋南洋之工業較中國尤爲落後，而中國出品價廉質堅，爲彼土所喜，尚有發展之餘地也。

第十二章　南洋華僑成功之路

第一節　近世南僑之成功人

本節敍述之意，在於鼓勵國人之經營南洋，不過以此爲則，非欲求備；且限於聞見，亦不易詳備。又所舉限於已故者，其並世諸賢，概不列入，懼涉於標榜也。據短淺之見聞，南洋華僑之成功人可稱述者如下：

林明　福建永春州人，壯年遊英屬之馬來半島，冒險入關丹；地初開，巫族土人屢爲梗，弗恤也。嘗於所營錫礦地左近大樹上，刻「林明」二字。後人當其地立市，卽以其名名之，未幾卒。

自華洋交通以來，永人在英荷各屬以商起家者甚衆。咸同間（一八五一——一八七四）豐山鄉陳氏最有名，其致富在李清淵（見前引）林明前；而仙嶺沈愈及子景昆松茂在荷屬加剌巴（吧城）

相繼爲甲必丹亦頗爲時所稱。（永春縣志獨行傳）

高楚香　楚香名廷楷，字宗賢，粵之澄海玉窖鄉人也。楚香幼受庭訓，惇敏豁達，佐其父服勞田畝，雖倦勿休，見稱宗族鄉黨。既冠，辭親游，徒步千餘里，沿嘉惠趨省會，附商舶遠達暹羅，遂棲棲於其宗人高元盛處。時元盛商於暹羅，局面宏敞，見楚香勤儉有爲，使司市舶事，且爲之納金氏爲婦。暹俗婦女習貿遷，金氏夙能勞苦工籌畫，既歸高氏，同心一志，井臼不疲，鉛華不御。楚香亦安步當車，晚食當肉，如是者近二十年，累寸積銖，生計日益饒裕。楚香遇事有先識，其在新加坡也，利市三倍，知其事者不可以長處，約風方順，帆遽收，是以不遭波累。其於香江元發也，見元盛之子所好非事，所任非人，知必將敗，苦諍不見從，轉舉元發以與之，俾重振基業，利賴至今。于其創萬安公司也，堅却勸阻，是以洋人不得擅權利。楚香天性純篤，其弟甫壯而沒，遺孤男女各一，楚香均撫育之，俾皆成立。元盛之子敗其先業，先後貸以金數千，家果復振。楚香與人交矢誠信，其爲善也不近名。穗城創八邑會館，香江創東華醫院，均竭力規措贊成，而恂恂衆中，未嘗自異。豐順丁中丞捐賑山西，舉楚香董其事，知不可辭，而後出爲盡力，多所全活，未嘗自功。世徒見其晉崇階，致高貲，慶多男，謂昊蒼偏鍾厚福，庸知積福惜福所致也！生於淸嘉慶二十五年（一八二二）十二月二十四日，終清光緒八年（一八八二）正月十日。遺囑捐贈棉衣千件，奉旨建坊，得「樂善好施」四字。子九人，振綱、學能、常宏、常勤、常昭、學潛、學修、學濂、學賢，均克紹箕裘，光耀宗閭者。所遺商業日益不振，暹羅、香港、新加坡、汕頭，均有商號德澤綿遠，久而彌芳。（溫雄飛高楚香傳）

黃福：福字彥廷，號莆田，廣東新甯縣人也。富顯而後，以單名不類縉紳閥閱中人，遂又改名福基；然社會稔悉既久，遐邇傳播，恆以黃福呼之，不能改也。君父懋朝，隱於鄉，業農。君以道光十七年（一八三七）生，十八歲遭太平天國之禍，家產蕩然，赤身蹌踉，奔竄至新甯縣城，露宿郊野，其族人憫而賙恤之，遂輾轉至廣州，尋附賈舶至新加坡，傭於其族人之某木肆。時新客之至星洲者，其舟資例由雇主代支，以故一年中無工值，僅給制錢二百文作零用而已。聞君將此錢貫之於袴帶中，年僅用四十餘文，其樸儉如此，以故得東主歡。數年之間，頻施拔擢，使司店務。未幾，店東以故歸國，委君代理店務，並給紅股若干與之，君自是稍稍獲交際於社會中。其時柔佛蘇丹暱一粵妓，將納爲後宮有日矣。然妓固稔君誠篤，特請於君一言以決。君力贊之，妓遂歸柔佛蘇丹。適妓亦黃姓，以兄妹稱，與君通餽遺，以故柔佛政府之土木工程及各項船碼，開闢港門等種種大役，皆君爲之承辦，著手成春，富逾千萬。君晚年創辦廣益銀行於星洲，爲國人創立銀行之始。該銀行以任用非人，遂致倒閉。君負責清理賠償，變產清償猶不足，乃與各債權者署約五年而盡清償之。君益致力貨殖，僅二年而廣益銀行之宿債竟清理完畢；以故信譽益隆，中外人士咸爲讚歎。不數年間，其前之損失於廣益銀行者，至是乃盡恢復舊觀。君生平約己勤物，其施與恆先親後疏，先鄉後國，資助善堂醫院義田而不要聲譽。無女色之好，服玩之娛，糟糠白頭，始終莊敬。卒於民國七年，享壽八十有二，葬于星洲碧山亭之第三亭。長子景棠，先君三年死。次子兆鋭、兆鎭、兆珪、兆源均留學英國畢業。諸子繼襲遺產甚富，能自樹立，不求助于人，然亦不助人，蓋薰陶于英國之民風云。（溫雄飛黃福傳）

·陳啓沅· 啓沅，字芷馨，粵之南海人。清咸豐四年（一八五四）至南洋，徧遊各埠，考求汽機之學，留南洋近二十載，至清同治十一年（一八七二）返粵，於其南海簡村鄉故里創設繅絲廠，名曰「繼昌隆」。初用足踹機器，以人力代火力；其後又即用蒸汽原動力，廠容女工六七百人，出絲精美，行銷於歐美二洲，價值之高，倍於從前，遂獲厚利。鄉人妒之，禁其設廠，經多方勸解，始獲寧息。今則粵之全省繅

絲，均用機器，多至百餘家，婦女之仰食於是者，十數萬人；實啓沅提倡之力也。（南海縣志藝術傳）

戴忻然 忻然，粵之大埔人，名春榮。少岐嶷異于常兒，幼入鄉塾，每試輒冠其曹，然數奇，試不獲售。家赤貧，二十四歲卽赴南洋。初爲人掌書記，月糈僅數金，碌碌無以異于人也。至三十六歲，始獨立自營商業，會其時英人方經營馬來半島，馬來諸邦，胥歸保護，銳意獎勵農礦諸業。君洞燭機先，應弦合節，着手農礦，寶蘊無量，稍稍富裕矣。顧君殖產雖富，商餘之暇，猶不忘學，手不釋卷，游心于古聖賢治經致用之殊效，益復究心民生利弊，思有以改革之。清季不政，庚子之辱，尤爲僑民所切齒痛恨；君端居深念，以起衰救敝，在于培植人才，故凡潮州、大埔、星加坡、檳榔嶼各處之學校，經君發起贊助而成立者十餘處，費十餘萬金。其他賑貧恤困之舉，更屬書不勝書。清吏聞其風而賢之，以君興學特具熱忱，贊歎不已，迭派充檳榔嶼領事及新加坡總領事。君自奉儉約，然好行慈善，清末大埔饑，君輸粟數十萬石爲平糶，蓋出於天性也。君卒于民國八年五月，年七十一。遺囑劃其遺產之一部，不許變動，而殖息以其子金爲捐助慈善公益之用。有子六人，皆能自立。君遺愛在人口碑，載道君子之澤，歷久不斬，信然。（溫雄飛戴忻然傳）

陳聚良　聚良閩人。幼有大志，遭清末朝政不綱，內地多事，遂商於馬尼剌；得同鄉某君之助，設肆於市，持籌握算，昕夕操勞，君又深于人羣社會之組織，稔悉其中心勢力之所在，業餘之暇，輙與菲人之首領及西班牙人之官吏往來，故所營之業，蒸蒸有起色。貨屯如山，運轉如流，市場伸縮，預燭機先，出入之際，瞬成巨富。華人之流寓者有所爭執，或所識貧乏，輙就君受調處及丐其恩恤，時西班牙人知君已有華人魁長之資格，遂任爲甲必丹，使司華人事務。西班牙人之治菲律濱也，本視爲外府，嚴刑峻法，貨賄是求，雖胥吏警察，亦索苞苴，是以通衢大道，負販之氓，與列肆之商，輙遭索勒，不饜其慾，則拳足交加，遍體鱗傷，受之者自諳難以抗衡，亦惟有飲泣吞聲，含痛忍受而已。君素稔此弊，就任甲必丹之後，日巡於道，見警察之橫暴索賄毆人者，遙前執而呵之。問此華人之觸犯者何罪，若輩之擅加體罰，所根據者警章何條，遂扭而俱至政府公署。君述其故，兼揭其隱，繼復大言曰：華人在菲島者，守法律，納租稅，其有梗法抗稅者，有甲必丹在，負責而執行之。今政府官吏，法外而取賄，又犯法以毆人，政府體面，其謂之何！且甲必丹固有使華人守法納稅之責，然有向華人法外索賄恃凶毆打者，甲必丹亦義爲之抗議也。侃侃而談，西班牙當局固袒其屬吏，徒漁者，因慴于君之理直氣壯，卒撤革該警察，而謝君。自是警察勒賄歐人之東，弊絕風淸。南歐民俗夙著淫靡，尤有餘桃斷袖之癖，每當夕陽西下電炬燎亮之際，歌場酒肆，時有孌童豔女徘徊其中獻姸鬥媚。華商之富于財者，亦染其風，于是唱小旦之優伶與謀夜合之娼妓，先後麕至目挑心招，爭炫固寵，往往因爭嘗一臠之故，牽動械鬥。君深惡之，乃集僑衆公議禁止之。于是娼優絕於境。當菲人反抗西班牙獨立之際，華父菲母之土生，多往從之。西班牙政府不問其參加獨立運動與否，一律逮捕之，置諸囹圄，擬處極刑。君聞訊挺身往爭，以此當求事實，不能以華父菲母所生之子女概目爲菲人。良以此輩雖屬華父菲母所生，其偏於菲化者，自屬菲人參預革命獨立之運動；若深于華化者，則純粹華人也。西班牙政府經君解釋力爭後，釋放者甚多。君於甲必丹任內，善舉仁政，口碑載道，茲三者其犖犖大者耳。君又組善舉公所，爲恤賑貧乏排難解紛之機關。又組中西學校於某甲必丹衙署之內，教育僑衆子弟。迨菲島歸美人統治，復變更甲必丹制度，而承認領事爲管理僑民之正式官吏。清政府稔悉君在菲之政績甚多，乃任命君之子陳剛爲第一任中國駐菲領事，繼君之德造福同僑，君子之澤，久而彌芳。君卒於光緒二十八年七月，僑胞思念君德，爲立銅像於崇仁醫院，以誌遺愛。南洋甲必丹之能造福僑民德澤長留者，君其第一人已；（溫雄飛陳聚良傳）

李士祚　士祚字繼如，永春縣之董埔人。寓南洋四十餘年，凡設立會館學校，多所贊助。妻黃氏，性慈善，奉佛好施。祚後移新加坡，創立華僑醫院，氏首捐萬金焉。其卒也，印光法師銘其墓。（永春縣志）

鄭安邦　安邦字蓮舫，永春縣人。豪邁善交游，久歷南洋，爲各地僑民所倚重。安邦族兄昭明，生長外洋，精法文，後寓越南堤岸。法人夷越南爲殖民地，苛遇華僑，昭明常與之抗，虐爲稍紓。宣統初卒。（永春縣志）

黃乃裳　婆羅洲婆勞越境內有大河名拉讓者，源出腹地高原，沿江土地肥沃，氣候溫和。其下游有都市名詩誣(Sibu)者，爲越境首要之埠。今之遊是土者，所見皆樹膠之園，生氣蓬勃，令人驚服。其地卽吾人俗稱之新福州也。新福州爲詩誣之近郊，乃一大平原，廣袤可數百里。光緒庚子年黃乃裳氏遊其地，乃與當地英政府締約開墾，先後凡三次在閩招募鄉人前往墾殖。其時所闢之地，僅新厝灣六區，上坡黃師來下坡數地。其後因拓殖日有進步，鄉人移住者與日俱增，故三十餘年來僑民人數由一千餘人增至十萬餘人，所闢地域較之當年何啻十百餘倍。若過港亞山港興化巴英基羅新路南平廠，新巴南村大塢新南村丹章羣集木桂蘭羅馬灣開叉港，以及明邦，丹木諾古魯僕泗里街通達坡芙蓉坡蘆渤港等處，今日盡爲燦爛繁榮之地，盡皆吾僑胞許多生命心血辛苦之歸宿，而黃氏領導之功也。黃氏卒於民國七年。遺著紱丞七十自敘，曾述及開墾新福州初期之情形頗詳，茲節錄如下，以見先進經營拓殖事業之苦心云。

「戊戌，余居京華八閱月，視察官場與社會及滿州人狀態，知非革命不足以救亡拯弱。八月歸閩，因決往南洋羣島覓一地曠人稀之處，可容數百萬人以業農者，爲桑梓窮無聊賴之同胞闢一生活路徑，不至槁餓而死，且以遠女主之淫威與夫專制之虐毒。已亥季秋，挈眷南行至新加坡，以辦報館爲着手，一面遍行英荷各屬覓農地，然非區域狹小，種類糅雜，則水土惡劣，泥質磽薄，多不如意。及庚子四月，適英屬沙羅越，循其南向行七八日，無一可藉手處。嗣北行過羅洋江口（按即拉讓江 Refang R.）見江流汪濊，揣其發源必甚長，乃沿江入，見兩岸叢林蔚茂，土著不多。左右望不見有山，知其源野廣邈，及二百里，曰詩誣埠。英人設官其間，有漳、泉、潮、嘉商人二十餘家，與土著之獵耶人（按即拉仔 Dyak）互相交易。其人雖狀猾獰，骨格異於馬來種族，而略同漢人，不知其如何飄至者。再沿流而上二百里，曰廿拿逸，有英之分治所，土著稍多，而平原止此，再上兩岸皆山。其江發源千八百里，恰倍于閩江。流域所經，皆叢林，多開闢以來未經斫伐之木，有大數十圍者。余沿江覓地，擇其平源，四百里之中，於詩誣附近之上下，流連十有三天，察其草木，嘗其水土，知地質皆沃，無虎豹豺狼毒蛇害人之物。乃請沙京頭目泉州人王君長水為介紹，與沙王訂立條約三十一款。五月約成，向王家（按卽政府）借款三萬元為開辦費，約五年陸續還，以余婿林文慶與同年邱菽園為擔保。約成，卽由新福州僑人蓋農屋數十間，為初次農人居處，擬招農千名往。八月與力君昌歸，分往招農。奔走侯官、閩清、古田、永福各邑，選擇有身家妥實強壯者充之，得五百餘人，皆侯官、閩清、古田所招集，屏南、尤溪、閩縣、永福不過三十餘耳。而籌備一切農種與農具，以及銅鐵竹木薙髮諸工匠，中西醫教師，手續綦煩。至十二月初，力君先以六十人往為設備，二十餘日抵新福州。余率四百餘人後二十日行，辛丑（光緒二十七年）正月燈節後二日始達。壬寅正月復拜擋招農，經閩侯、清、永、古、屏、福七邑，復得五百餘人，乃專賃美國商舶一艘，透港至越之古膣（按卽古晉 Kuching）京，次船價八千五百元，飯食自理，幷購帶藥材、鐵網及諸農用品，出發時已需萬六千元。五月半始得成行。船由馬江（按卽福州馬尾）起錨，經菲律賓羣島之北十餘度，橫過婆羅州北端，折而西南，直抵沙京古膯，僅歷六日有半。計前後三次，共得千七十餘人，挈眷往者百三十餘家，自是主持墾務者，祇余一人矣。竊喜壬寅、癸卯、甲辰，穀稻收穫甚豐，有下種一斛得四五百斛者。時値胡椒價昂，多趨植之，間有種乳樹（按即樹膠）者。余以墾務既成，志願已遂，且有美國敎師富雅各君，可以託總場政，重以多數同盟會會員，責余以革命要圖，遂與王家商議，除自己虧蝕四萬三千餘元外，請以農人所欠四萬餘元賬目，抵還四萬之借款。回溯自己亥覓地，至庚子得羅洋江流域二百餘里平原，招農開辦，及甲辰，歷五載有餘，始獲成功，其間冒艱險，糜金錢，竭心力，任勞怨，洵如孫中山所云，須自願始終貫澈，負悲哀痛苦之責任也。噫，任事之難，往往如是!』（南洋研究二卷五號）

林推遷　推遷，福建海澄縣人，少貧，詩書不能深造，然性沉毅，好任俠，爲人排難解紛，有朱家郭解之風。壯歲困於衣食，遂飄然浮海至南洋之新加坡及龍汶港等處，操舟子業，未幾，以勤儉漸致富裕。海上經驗亦饒有心得。初業航務，創辦和豐公司，轉運貨物於馬來半島東岸暹羅、丁加奴、星加坡之間。繼業礦務、種植，如椰園、樹膠園之屬，均次第經營。然其天性蘊蓄之俠烈心腸，亦與年增長，凡有災難，需其援助者，莫不披髮纓冠往救。兩造紛爭，片言折獄，糾紛立解，無不佩服。而君又不自以爲德，謙讓不遑，故人多稱之。民國某年國慶日，新加坡華僑擬於是日爲提燈慶祝之舉。英律此種舉動，須得當地政府核准方能舉行，然適是時華僑間有自相械鬥之事，往往於夜深暗陬之處，互相斲殺，傷斃人命，迄不能得其主謀。乃詢問請求慶祝國慶日者，能否負責該日華人間不發生暗鬥案件？皆驚愕不能置答。林推選乃奮然曰：國尚未亡，焉有國存而不慶祝國慶者，如需負責，我當負之。我更沿門逐戶勸導華僑於該日勉爲國家留一點元氣，各宜停止私鬥。聞者稱善。於是林君乃詣殖民地政府稱述來意。政府中人問之曰：「國慶日華人羣衆遊行，爾能負責該日無一暗鬥案件發生乎？」林君答之曰：「能。」曰：「設該日有暗鬥案件發生，爾能署名於約劵爲證，將來惟爾是問乎？」林君又應之曰：「能。吾不僅于國慶日發生暗鬥事件負責而已，且國慶之前三日與國慶之後三日，如有發生暗鬥事件，亦惟我負責。」林君言罷，意態閒適，不亢不卑。殖民地政府中人大驚，以華人向公署陳說公事者，祇見唯唯諾諾之人，未聞侃侃諤諤之聲，咸肅容起敬。乃就林君之意草擬一稿，令林君署名其上。林君一揮，與之大笑而出。于是華僑全體乃着手籌備慶祝國慶矣！富商大賈，尤爲鬧熱，具洋酒美食，備屆時狂嚼，助興吶喊。惟華僑間之暗門事件尚日加擴大，人皆隱為林君憂，而林君則豫暇如常，亦未見其奔走勸阻也。至十月六日尚有暗門警署中人負暑狂趨，汗流滿面，且喘且走，往來彈壓。十月七日暗門之事寂然無聞。政府中人奇之，猶以為偶然適逢其會耳。至國慶日，華僑皆如儀慶祝，秩序安寧。十四日後暗門之事又復連綿發現。政府中人乃大驚服林君之信望能力，且駕警署而上之。蓋華僑間本有無數小團體，其始也本以互助之義相號召，及其弊也則結黨尋仇，互圖報復，故往往以睚眦之怨，牽連不解，僵尸路隅。林君蓋幼年時往來貿易各處，盡稔其魁首，自向政府簽名負責後，即召集此輩魁首，勗以大義，激以愛國，勸令停止活動，一星期衆韙其議，片言九鼎，一諾千金，故能生效如是之强也。或曰，林君蓋天地會之首領也。觀其慷慨任俠，急人之難，一擲千金，不稍吝惜，疑若可信。君卒于民國十三年，享年五十有四，運柩回國之日，執紼者達萬人，可謂盛矣！長子嫣地，辛亥光復漳州海澄時，被推為民軍統領云。（溫雄飛林推遷傳）

陳新政　新政，本名文圖，清季著籍同盟會，遂署今名以行。君福建思明縣之禾山人，體貌魁梧，目稜稜有威，性剛果明敏，强幹有為。年十九，浮海至英屬海峽殖民地之檳榔嶼，佐父業操舟，貲入寖豐，始創商號曰「寶成」，轉輸土產，計贏牟利，不數載，遂為殷商，蜚聲同僑間。然君愛國負大志，不自囿于商總理暨趙聲、黃興、汪兆銘、胡漢民等先後之南洋規革命，句同志。既抵檳，黃金慶吳世榮熊玉珊丘明昶與君等十數人實首加盟同僑之謹厚或頑舊者疑駭勸阻誹議之情交作甚或目以叛逆，君等激義憤，誓不反顧焉。自是鎮南關河口諸役，每舉義旗，華僑同志罔不踴躍輸將軍需以濟；比事敗，黨人亡命投荒，亦罔不周恤安置無使失所。君年壯勇為意氣方盛，奔走尤力。孫黃趙諸領袖於庚戌之冬大會同志于檳榔嶼，告圖粵大計慷慨陳辭。座中同志感動奮發，一席而立署八千餘元，乃分向各屬募捐，卒售得十數萬元，以有辛亥廣州之役，殉國者七十二烈義聲震鑠海內外，世固罕知決策醵資皆發軔于檳，君卽其中呼號奔走最力者之一也。武昌起義之報達南洋，同志大喜過望，檳城為籌款中樞，君與在檳同志組機關，通力合作，日不暇給，匯款數十萬至香港轉之閩粵兩省，資其接濟，相繼光復。君受同志推任代表回國抵閩垣，卽電南洋各埠乞將伯，應者又數十萬。癸丑之變，民黨散之四方，各樹派別，意見紛歧；君委曲周旋，苦心調解，復感國事之無可為，則積極提倡僑民教育，檳城諸校，凡經君規畫建設或得其贊助者，到今勿替。又以報紙為民喉舌，宣傳革命，發揚文化，唯此攸賴，乃與同志謀，庚戌創光華日報于檳榔嶼，甲寅創國民日報于新加坡，丙辰創民鐸報于廈門。三報迭受挫折，君辛苦維持，危而復安，屹然爲言論界之重鎭。君以氣矜之隆，峭直敢言，意有所不平，輒義形于詞色，奮其筆舌，異已者甚君甚，嘗中傷諸英吏，傅君至官署，訊君所爲參預國事黨務者甚詳，而戒以勿爾，不則行遣君出境矣。君廷辯振振有辭，謂吾愚忱愛國，事誠有之，然未嘗敢犯貴政府法律，亦決無不利于殖民地之言行。英吏無以難，然固心識君而嚴憚其人矣。民國十年，海峽殖民地及馬來聯邦諸僑校，憤于殖民政府頒學校註冊條例，意在束縛學生也，呼號力爭，以達廢止條例爲鵠的。方事之亟，君心以爲危，嘗著論報端，言條例非專爲華僑設，白人與其他客民有興學者，咸同受約束焉，若必強要以其所必不能聽納，恐所爭將無絲毫之果。不如就其甚不便者，條舉而請修訂焉。否則長此相持，非同僑之福。激進者方以爲迂，張皇僨興，孤行其意，而積憾于君者，已伺機而媒孽之，君言不幸而中，君亦以是年十月被逮，旋解新加坡，繫獄逾月。僑紳林推遷者，雅知君爲言于海峽殖民地英總督，力白君枉；英督曰，陳某居是間，於吾英宰制殖民地，甚蒙不利之影響，決令出境矣。推遷居星洲久，與英吏稔，能博其歡，有所關說，未嘗不得請，至是惘惘出公門，不懌者久之。君以一羈旅革布之氓，而見憚于人，隱若敵國，雖被誣罔，名益傾動海內外。既浩然被遣歸返故里禾山，興學校，擬鄉約，倡自治，奮欲有爲，以淑其父母之邦。乃閩中百度廢弛，君蒿目心傷，喀然南渡。初君在檳營就暹之南部佛頭廊設米廠一，至是躬駐廠中益恢宏其夙所營工商之業，以厚貨殖，業駸駸日隆。無何粵軍許崇智間關入閩，龔李厚基李脊逋，林森被推任省長亟電君歸襄閩政。君方謀設肆暹京籌備稍就緒，而閩同志望君綦切，遂毅然返福州抵省逾月，政日泯棼，知無可爲再去暹羅，自是遂不復出，以民國十三年九月十五日卒于佛頭廊，年四十有四，同僑聞耗，識與不識皆深慟之。君既歿之四年，國民政府奠都金陵統一全國，始下令褒恤君。君有子三，長某於君歿後一年殤，仲季方幼讀；弟民情民志由義能世其業，昆弟並戮力公益，以繼兄志云。（陳宗山陳新政傳）

陸祐　陸祐，廣東新會人，生於清道光二十五年，即西曆一八四五年。幼時家況貧苦，年十三，即走廣州至香港，附輪至星島謀生。到星島後，即在中街 Mraket St. 一商店傭工，越四年，積有工資九十九元，乃以之爲小資本，自經營小商店於新瑪結街 (New Market St.) 名曰「興隆」，此即陸祐置身商場之始。時僅十七歲，黽黽五年，境況平常，陸乃委託其商店於夥伴，自往霹靂至刺律 (Larut) 其地錫礦有名于時，懷利者咸趨之，祐乃與陳某吳某結伴開採錫礦。於是經營礦務於刺律者十五年。及英政府討伐霹靂蘇丹之役，陸祐與政府立約，供給討伐軍之糧秣，境況自是稍稍富裕矣。然其鑛務自經戰事蔓延後，大受影響，錫價大跌，損失至一萬四千萬元之多。又加以亞齊入寇，鑛區村場，均被刼掠，繼以大火，而陸祐在霹靂十五年經營之心血，至是盡矣！嗣後陸祐雖銳意奮鬥，繼續經營，屢起屢敗，迄不如意。最後使之一躍而為百萬富豪者，厥為承辦霹靂政府餉碼之事。陸祐既承辦霹靂政府餉碼，繼續六年，利益豐盈，溢息無算。又以其溢息投資於開礦事業，在上霹靂吉林巴苛(Kling Bahur)尋獲一鑛，蘊藏甚富。此外兼為其他四商業公司之司理，多財善賈，陸祐至是乃富有矣。陸祐既成其事業於霹靂，遂轉而南顧于雪蘭莪，並分一支店於吉隆坡，名曰「東興隆」。其時雪蘭莪與森美蘭之開展，亦一日千里，與時俱進，如樹膠與咖啡之種植，礦務之開採，汽車之販賣與運輸，凡沾手於任何一業者，莫不如意生發，故凡有經營經其手者，致富十倍。而其獲利之最富者，厥惟承辦總餉碼，包含酒當烟賭數者，遍及於馬來聯邦四被護國之中。雖其承辦之始，分別而投，以價多者得，然過半操于陸祐手中。要之此數種餉碼之事業，從政治社會兩方面而論，均為惡德，蓋吮吸工人之血汗以為利者。然陸氏末年富而好善，有足多者。惟生平不喜中國，多方捐其資于英，入英國籍。歐戰時，餽一商艦于英政府，大得英政府之獎勵。及民國五年病篤，英人派查賬員記錄其一切財產，隨即發封其所有倉庫。祐臨終頗悔其

媚外之非是云。（溫雄飛陸祐傳）

黃仲涵　仲涵，閩人，生長於爪哇之三寶壟。其父原爲洪秀全餘黨，太平天國失敗，各省剿捕洪楊黨羽，其父在國內不能安處，乃逃至爪哇，在爪哇成家立業，積資數十萬，遺之其子。仲涵憑藉先人餘蔭，長袖善舞，人既精明，事又順遂，至歐戰前已積資三千餘萬。仲涵最大部分之事業在其偉大之糖廠。爪哇出產以糖爲大宗；全球各地殆均須用爪哇糖，所以銷流極大。歐戰前，仲涵只有兩所糖廠，每一所糖廠，竟有五六千人作工。迨歐戰發生，各國忙於應戰，實業製造，爲之停頓，百物昂貴，糖價亦驟高數倍；仲涵乘時趨利，遂年添設糖廠，及歐戰停止時，已有九所糖廠。其時仲涵之收入，有類潮湧。核其私產，能計算出者達四萬萬以上，其計算不出者，猶不在內。所謂「收天下之利聚之一人」者，仲涵此時殆足以當之。仲涵治事縝密，擘畫周詳，雖營業宏大，而事多躬親；且知人善任，所用員司，鮮有對之不忠實者，此其成功之主因也。仲涵因中國貧弱，不願自居爲中國人，後先入英、荷、日之國籍。既歿，英荷日三國均科極重之遺產稅，而家產承繼權仍歷年不能決。仲涵不眷祖國，致有此象，誠一大遺憾也。（梁紹文南洋旅行漫記）

第二節　南洋華僑之事業

以今日而論，華僑之在南洋，尚不失為中心分子。菲島近年排華風潮甚烈，某君正告菲人曰：「設一旦華僑完全離菲，則菲島將頓失其繁榮而菲人所需之一切生活品咸不可得。」此種情形，非僅菲島為然也。如馬來米產，向不足供土人消費，故一百數十萬之馬來華僑不得不自謀供給之道。適鄰近之暹邏，米產甚豐且其精米廠及米商權均為僑暹華商所掌握，而馬來華僑又適能以疋頭雜貨供給旅暹華僑之所需，貿易遂以成立。初或限於華僑間之通有無，繼乃推廣其範圍而使土人及其他僑民均霑其利。一九二六年初，馬來木炭因雨量過多，炭廠停工，市價遂暴漲二倍有奇；越南華僑與馬來華僑聲息相通，乃由越南輸入大批木炭，不旋踵而價復平。使南洋而無華僑之特殊社會呼吸相通，烏能保社會經濟之平衡耶？

此又不獨在英屬美屬爲然也。荷屬東印度之政府收入，大半仰給於華僑之稅收；故支持荷蘭東印度者非荷人非土人，乃二百萬華僑耳！使一旦二百萬華僑咸返其故里，則東印度之崩潰，可指日而待也。

華僑在南洋地位之重要如此，其事業若何，當亦爲國人所注意；惜向來缺乏調查，茲舉其見於記載者，閱者作嘗鼎一臠觀可也。

（一）菲島華僑之事業　據吳承洛菲律濱工商考察記所載，馬尼剌一埠，華僑所營之事業已有可觀者：（此書係一九二九年考察所得）

出入口及輪運業　凡五十六家，以鄭正益行爲最大，創於一八七八年（光緒四年）內設米絞部，航業部，匯兌部三部，設分行于菲島各大港埠及香港，上海。

國貨業　凡三家。

銀行業　凡三家，曰中興銀行，曰華興銀行，曰民興銀行。中興銀行最大，資本一千萬元，設分行于廈門；上海；香港，歐美，日本並有通匯機關。

信託業　凡三家，曰益同人，曰貽記公司，皆營水火洋面保險。

代理業　凡十四家。

糧食行　凡二十家，以泉益行施先銘有限公司爲最大，專營大宗出入口糖米苧椰。設有支行於非島各大埠，並自備輪船兩艘。

糧食廠　凡三十九家。

酒釀廠　凡九家。

礦水廠　凡三家。

醬食園廠　凡十七家。

醃魚行廠　凡二十四家。

旅食館樓　凡七家。

布疋莊廠行　凡二十四家。

帽廠　凡四家。

鞋廠　凡七家。

裁衣店廠　凡十五家。

百貨業行　凡十六家。

肥皂廠　凡三十八家。

燭廠　凡十五家。

油廠　凡六家。

粉廠　凡二家。

製革廠　凡十家。

烟廠　凡十五家，以福源興廠爲最老，創于五十年前。地球煙廠爲最大，精製雪茄，經理林秉義，林朝發，設有批發處于天津。

箱盒廠　凡二十六家。

袋籃廠　凡八家。

馬具廠　凡二家。

傘廠　凡三家，三合興隆爲最老，業各莊笠傘六十餘年，主人蔡咸。

梳廠　凡六家。

鏡廠行　凡十二家。

權度製造廠　凡三家。

Ampao及 Apa 等廠　凡十二家。

印刷業行　凡十一家，

照相行　凡七家，福經綸日夜照相館爲最大，設有分館于廈門鼓浪嶼，專製出入口大字像。

藥房　凡八家。

戲樂院社　凡六家。

五金行　凡十八家，黃聯興，福隆興，蘇泉益，楊協記，瑞興隆，詹成發，仁順等爲最著。

金飾樓　凡二家。

翻砂廠　凡十二家。

機廠行　凡四家。

錫作廠　凡十六家。

本廠及建築廠　凡十八家，李成美，李鋒銳，吳合成，陳崇茂，振益，吳大生，吳合茂等爲最著。李成美，李鋒銳二家，并有林廠。錦輝公司曾包工嘉年華會之建築，頗負聲譽。

傢具廠　凡十八家。

門窗廠　凡五家。

石灰廠　凡四家。

以上爲業四十四，凡五百四十家，此僅在菲島馬尼剌一地之調查也。昔日出入口及零售業幾大半爲華商所操，迄今仍佔重要部分。出入口業以鄭正益行，彬彬行，萬益行，讓順行，信興行，合益公司，遠勝公司，成記公司，李成業公司，泉興公司，新合美公司，吳霍記公司等爲最著。百貨之中，除布疋衣着，糧食貨品外，華僑經營什貨批發及零售業者甚多；而尤以後者爲最。大批磁器，料品，五金器，鐘錶，玩具，唱機，唱盤，電料，香粧品等，華商經營進口，而復分配於各埠，頗有大部分勢力。此華僑在菲島事業之大概也。

（二）英屬馬來華僑事業之一斑　據潘醒儂，吳承禧，鄭桂淸，潘培能四君合編之新嘉坡指南，調查華僑在新嘉坡一埠之營業甚詳，謂新埠華僑之小經營，多至不可勝數，其書謹誌其著者。茲取其書觀之，僑民在新嘉坡之重要事業有如下述：（此書係一九三二年調查所得）

衣着業　有綢緞商十五家　洋布疋頭商十八家　零剪商二十五家　洋布雜貨商十二家　濅布商八家　洋服店八十四家　女衣店四家

食宿所　酒樓十三家　席館（祇定菜，不設食廳）七家　西菜館十二家　咖啡店七十八家　飯店（售粥飯兼於街旁之設攤，人多樂其便宜，相習成風，不以就食於攤上爲不美。）十二家　旅店（頭等旅館）二十七家　客棧（地址較狹，而旅費亦廉）三十八家　寄宿舍（久住者比較廉）

四家　理髮店三十一家　洗染店十三家

娛樂所，舞臺八所，以天演舞臺爲最　影戲院四所　游戲場二所

金融業　銀行有六家，曰和豐，曰華僑，曰華商，曰四海通，曰利華，曰廣利。今和豐，華僑，華商三家已合倂。

匯兌信局（吾僑付款寄信概託之商設之信局。）八十家　找換店五家　保險業七家　當典二十五家

土產業　土產九八業二百一十七家　海嶼郊十五家　柴炭業五十三家　火鋸業六家　坊廊業九家　柚木業五家　煤業二家　魚乾業二十三家　皮料業十一家　籐業十家

藝術事業　畫室十七家　樂器店十二家　照相館二十四家　影片公司七家　雕刻業七家　製版業十一家

日用品業　米商三十三家　紙煙公司十六家　呂宋烟公司二家　紅煙業十二家　大酒牌（批發酒廠店）三十一家　小酒牌（零沽酒店）三十八家　茶商三十六家　肉號二十家　鹽棧五家　醬店十八家　鞋店五十一家　蓆店六家　袋業五家　鏡業十家　燈業三家　國貨公

司七家　百貨公司十家　鐘錶業二十六家　紙簿業九家　中西雜貨業七十四家　京菓臘味
業一百零八家　磁器業十九家　磁竹業十六家
建築製造業　建築業七家　測繪局六家　電火公司十四家　眼睛公司十一家　汽水公司五家
麵包業五家　食品罐頭公司三十九家　糖菓業七家　餅乾公司三家　糕餅業九家　皮箱
業六家　籐布噫床八家　木器公司四十五家　籐器業十三家　帳褥業六家　抽紗業六家
帆布旗式公司四家　樹膠用品公司十五家　紙盒廠四家
生鮮業　菓業二十九家　菜業七家　生花業三家　鮮魚業二十家　鷄鴨業六家　鳥獸業五家
鴨仔業十二家
運輸業　出水（進出口）業二十九家　南暹郊十八家　港粵郊二十七家　汕郊二十九家
廈門郊九家　印度商十六家
藥業　生藥行（中藥）十四家　熟藥舖（中藥）一百二十七家　西藥房七十六家
五金玉器油漆業　金店二十一家　金銀店三十三家　收找舊金公司四家　鑽石珠玉店四家

電鍍廠九家　銅店十五家　鐵店十三家　油漆索路店三十一家　車油器具店三十八家　古玩公司五家　汽車公司四家　牙科用品公司三家

其他營業　凡三十四家

工廠　銅鐵廠九家　機器廠十七家　灰磚廠六家　肥皂廠六家　餅乾廠四家　染坊五家　黃梨廠四家　樹膠廠十家　冰廠五家　皮籐廠九家　修理汽車廠三家　其他工廠十六家

文化事業　書店十七家　印刷公司三十一家

以上凡爲業一百二十五種，共二千五百一十五家，此僅新加坡一埠華僑事業之重要者也。至如個人事業，亦有可觀者：新加坡一處，華僑之中業醫者一百八十人，業西醫者七十四人，業讓牙者五十七人，業助產者四十七人，充律師者十人，雖內地通商大埠，未必有此勝觀；豈非海闊縱魚躍，天空任鳥飛者耶？國人但知搶奪飯碗於內地，而不放眼以觀海外之新天地，何哉？

大抵馬來工業，集中於新加坡，而絞膠業尤著；不但馬來所產樹膠，由此製成，即荷屬樹膠之粗製品，亦多由新加坡複製而後輸出。營是項工業者十九爲中國人，而陳嘉庚公司及明美公司（林義順所辦）爲最著。絞膠廠，因同業間競爭劇烈，故其設備如何，營業狀況如何，均不得而知。據普通觀察，明美公司管理較優，而陳嘉庚公司最大，分廠亦最多也。嘉庚，閩之同安人，少時隨其父商於星洲，父沒後，逐步進展，兼營膠廠，黃梨，皮鞋，呢帽等業，勝算獨操，以有今日之盛。生平以興學爲己任，初於廈門集美同安等處，設立中小學數十所，猶以爲未足，復捐資四百萬元創設廈門大學，其宣言曰：

「專制之積弊未除，共和之建設未備，地方之實業未興，此三者欲望其各臻完善，非有高等教育專門學識不足以達。吾閩僻處海隅，地瘠民貧，莘莘學子，難造高深者，良以遊方求學則費重，省內興辦則政府難期，長此以往，吾民豈有幸福之日耶？且門戶洞開，強鄰環伺，存亡絕續迫於眉睫，吾人若復袖手旁觀，放棄責任，後患何堪設想？鄙人久客南洋，志懷祖國，希圖報效，已非一日，不揣冒昧，擬倡辦大學校，並附設高等師範於廈門……」（南洋聞見錄）

壯哉言乎，是可以風矣！樹膠與錫，爲馬來生產中心，錫礦亦爲華僑一大事業，已見前述，茲不復贅。

膠錫而外，椰油爲馬來人之副食品，亦爲大宗。經營是項工業者，以新加坡，檳城爲盛，因兩地爲椰子集散地也。此項工廠，亦大半爲華僑所開設。新加坡則有林秉祥所創之和豐椰油廠，新加坡椰油廠，及殖民椰油廠；（此廠未知何人所創）檳城則有林清德之萬德美椰油廠，伍法文之新加隆椰油廠，皆其最著名者也。至若小規模之經營，遍地皆是，不可勝數也。

（三）荷屬東印度華僑事業之一斑　吧城有華僑商店約二千二百家，其中煙草店及小雜貨店約八百二十家；印花布店約二百家，金飾店，食料店，藥店，皮鞋店，魚類店，家具店，裁縫店各約百家，共約七百家；油米店，麵包店，各約五十家，共約一百家，其餘爲銀行，保險業，旅館，書籍文具店，醬油工廠，肥皂工廠，汽水工廠，修車工廠等。

華僑在荷屬所設之工場多爲小規模者，然甚佔勢力，觀荷屬工業名錄（一九二二年）可見其概：（歐戰以後，華僑事業并無多大變更）

廠別	工人在五人以下廠數		工人在六以上廠數	
	華僑	歐人土人合計	華僑	歐人土人合計
燒瓦場	二〇	七四〇	三八	一五二
燒磚工場	三五	二六五	七三	二一五
燒石灰場	三三	二〇五	四一	九八
米場	一六	二二五	一四一	三六
麵包餅乾廠	一六四	三九	六三	四二
脂油工場	二六	六	三五	三五
火酒類工場	五	—	一七	一二
鑛泉及汽水場	三八	六	三五	四六

製冰工場	一三	二	二四	四二
切烟草廠	—	—	二五	—
雪茄及香烟廠	四二	一七	七六	二九
製油工場	一九	—	七	—
炒咖啡工場	一一	—	八	四
麵類工場	四〇	一〇	一三	一
煙火工場	一三	一	一〇	三
單寧酸工場	一四	二六	五〇	四
肥皂工場	四一	一	二四	一五
鍛冶工場	一二三	六八一	二〇	四〇
汽車工場	四九	三七	一三	八五
金銀飾工場	一四二	二九二	二〇	二五

採木及製材場	一八	一八	八一	六五
家具工場	三二三	三一四	二〇四	三五
車輛工場	二八	三〇	一七	二三
印花布場	二五七	一六六	一七八	二三九
籐具工場	七	—	一四	一
皮革乾燥場	二五	四	一〇	五
鞣皮工場	三	一九	四	一二
製皮鞋場	一〇九	五九	五九	二六
印刷所	六八	三四	四二	一〇一
木炭掘採	二〇	—	三	一
製茶工場	—	—	二四	一八七
糖工場	—	—	二〇	一七四

樹膠工場	—	—	三一	五七八
精油工場	—	—	二八	四一
裁縫所	一〇〇	一三九	一五	四〇
共計	一七九〇所	三三三六所	一四六三所	二四二一所

觀於此表，可見華僑工業在荷屬東印度之地位矣。及外尙有可述者爲華僑在荷屬所佔有之土地。

荷印向持保護土人地產及提倡大規模農業主義，所有土人與歐人及東方人訂立售地合同概不發生效力而租與外人種殖之土地，亦受嚴格之限制。（據一八七〇年（同治九年）之土地法居民祇能租用未開墾無主之土地。）迨至東印度統一時，Daendels 及 Raffles 相繼爲總督，曾因財政支絀而售出一部分土地。後又設法收回，然因財政不濟，未能達到。華僑所佔有之土地，卽在其時所購人，未被收回者，但因世界不景氣之影響，大概甚多，有因此而被荷人扣賣者。今日所存之土地佔有數目如下：

荷屬東印度華僑地產調查表

地別	面積	價值	附註
巴達維亞	1663	1,702,000盾	
文登	18,991	2,000,000	Tangerang
干冬圩	6,257	1,144,000	Cornelis
甲呇出郎	780	56,000	Kabajoeram
白克昔	94,921	12,092,000	Bekasie
茂物府	11,154	1,338,000	Buite zo g
			(以上西爪哇)
三寶壠	4,133	5,598,000	

古都市府	315	67,000	Koedoes
			(以上中爪哇)
泗水府	2,080	1,756,000	(東爪哇)
孟加錫府	2,852,200	538,000	(西里伯)

（此表據二十一年十二月二十日駐巴總領事館報告。爪哇面積以 Bouu 爲單位，1 Bouu =0.7096 bectare， 1 bectare=1.7537 acre, 1 acre=6.587 畝。西里伯以 Sq Meter 爲單位。1 Meter 等於現行市尺三尺。）

（四）華僑在南洋之金融事業　南洋之金融，咸操於英美荷諸國之手，僑民所辦者，大抵規模甚小，而其數量亦不多。先是新加坡有廣益銀行；蘇門答臘有日里銀行，工商銀行；爪哇有馬淼泉銀行，中華保險公司；泗水有中華銀行；怡保有中興銀行。此七家皆先後於民國二十年倒閉，其現存者如下：

三寶壟泗水　黃仲涵銀行　資本四百萬盾。

棉蘭　中華商業銀行　資本二百萬盾。

馬尼刺　中興銀行　資本一千萬元，設有分行於廈門。

新加坡　華商銀行　資本百萬元。民元開辦。

和豐銀行　資本四百萬元。分行設於檳城，馬六甲，吧城，巨港，芙蓉，督株，蔴坡。民六開辦。

華僑銀行　資本五百二十五萬元。民國八年開辦。分行設於檳城，馬六甲，吉隆坡，仰光，吉蘭丹，占碑。

國民銀行　資本未詳。

四海通銀行　資本二百萬元，設有分行於盤谷。

利華銀行　資本三百二十萬元。

民國二十一年一月，華商，和豐，華僑三行，合併爲一行，稱曰「華僑銀行有限公司，」三行之資產負債，皆歸新行承受，由新銀行發出新股票，每股四十元，一次收足。該項股票分給三行，以爲代價。華商得六萬一千二百十二股，計銀二百四十四萬八千四百八十元。和豐得八萬一千六百一十七股，計銀三百二十四萬四千六百八十元。華僑得十萬零七千一百二十二股，計四百二十八萬四千八百八十元。所餘四十九股，計一千九百六十元，公同售賣。總共新股二十五萬股，資本總額一千萬元，現爲南洋華僑資本最雄厚之銀行，亦華僑金融界之好現象也。（海峽殖民地政治經濟調查報告見工商半月刊六卷三號）

南洋華僑對國內之投資，亦頗不少。閩廣兩省事業，多賴其經營；即他省所創實業，南僑之投資亦多。如南洋兄弟煙草公司，中南銀行，張裕釀酒公司，其最著者也。惟國內向鮮調查，臚舉不易，今姑從闕，以待他日之補苴焉。

結論

愚等寫此書既竟，略述愚等之願望，以為此書之結語：

1. 在中央方面，應從速實施僑民教育計劃，以提高僑民智識，改進僑民社會。

2. 應特設南洋營業指導部，研究何種貨物適合土人之需要以及每年每地需要之數量，以指導製造家及商人從事經營。

3. 應特設包裝及轉運機關，務使運往南洋之貨物，敏捷應時，而無有損傷，致招虧折。

4. 中央應與荷蘭改訂平等互惠之商約，以利僑民。因舊約既已滿期，不可長此遷延也。

5. 應設法使土生僑民，常常回國，以喚起眷念祖國之情感。

6. 應特設南洋金融救濟機關，以資僑民之周轉。

7. 國內專家，應抱犧牲主義，往南洋實地研究，調查以爲僑民之領導。

8. 僑民應力求與土人融洽凡有可引起土人之惡感者，如少數僑民自尊自大，以及放債盤剝等行爲，皆宜悛改。

9. 僑民應有國族的覺悟，化除畛域協力應付目前之難關。

10. 僑民應具有進無退之精神；國內人士亦應竭其精神財力，爲僑民之支柱。

敬啟

『民國專題史』叢書，乃民國時期出版的著名學者、專家在某一專題領域的學術成果。所收圖書絕大部分著作權已進入公有領域，但仍有極少圖書著作權還在保護期内，需按相關要求支付著作權人或繼承人報酬。因未能全部聯系到相關著作權人，請見到此説明者及時與河南人民出版社聯系。

聯系人　楊光
聯系電話　0371-65788063
2016年3月28日